网络直播的
内容建设与产业发展研究

WANGLUO ZHIBO DE NEIRONG JIANSHE
YU CHANYE FAZHAN YANJIU

贾毅 著

U0330390

中山大学出版社
SUN YAT-SEN UNIVERSITY PRESS

·广州·

图书在版编目（CIP）数据

网络直播的内容建设与产业发展研究/贾毅著 . —广州：中山大学出版社，2023.9

ISBN 978 - 7 - 306 - 07891 - 9

Ⅰ. ①网… Ⅱ. ①贾… Ⅲ. ①网络营销—研究 Ⅳ. ①F713.365.2

中国国家版本馆 CIP 数据核字（2023）第 162348 号

出 版 人：王天琪
策划编辑：陈　霞
责任编辑：陈　霞
封面设计：林绵华
责任校对：周擎晴
责任技编：靳晓虹
出版发行：中山大学出版社
电　　话：编辑部 020 - 84110283，84113349，84111997，84110779，84110776
　　　　　发行部 020 - 84111998，84111981，84111160
地　　址：广州市新港西路 135 号
邮　　编：510275　　传　　真：020 - 84036565
网　　址：http://www.zsup.com.cn　E-mail：zdcbs@ mail.sysu.edu.cn
印 刷 者：广东虎彩云印刷有限公司
规　　格：787mm × 1092mm　1/16　17 印张　352 千字
版次印次：2023 年 9 月第 1 版　2023 年 9 月第 1 次印刷
定　　价：48.00 元

广东省教育厅"影视产业创新研究团队"（2021WCXTDO17）

佛山市高层次人才扶持资金资助

目　　录

第一章 研究缘起与规划

1995 年 5 月 17 日，在世界电信日这一天，我国宣布向国内社会各界开放因特网业务，此后互联网在中国迅速发展。根据麦肯锡全球研究院在 2014 年的推算，预计 2013 年至 2025 年，互联网将有可能在中国 GDP（国内生产总值）增长总量中贡献 7% 到 22%，这相当于每年 4 万亿元到 14 万亿元人民币的年 GDP 总量。① 互联网在发展过程中，为人类带来了新的文化现象、新的经济模式、新的生活方式……并不断以自身拓新与人类发生新的链接，也对人类生活产生了巨大的影响。1996 年，尼古拉斯·尼葛洛庞帝（Nicholas Negroponte）就预言 "the daily me"（我的日报）的到来。2004 年，个人化媒体运动的先行者之一丹·吉尔默（Dan Gillmor）提出 "we media"（自媒体）的概念，自媒体又称为 "公民媒体" 或 "个人媒体"，是指私人化、平民化、普泛化、自主化的传播者，以现代化、电子化的手段，向不特定的大多数或者特定个体传递规范性或非规范性信息。在实践中，自媒体从以博客、微博为代表的文字自媒体，逐步走向以直播、短视频为代表的视频自媒体。众多种类的个人化媒体在开放式网络结构下，通过 "自组织" 向社会发布信息、传播情感，形成了曼纽尔·卡斯特（Manuel Castells）于 2007 年提出的自我能够控制和定义信息的 "大众自传播"。网络视频直播（live video streaming，简称 "网络直播"）是一种借助互联网技术和电脑、手机等终端视频浏览器以及相关软件，随机展演、即时观看、共同创作、同步互动的流媒体视觉影音平台和传播形态。2013 年后，网络直播开始得到广泛的应用并快速发展，但在迅速发展的同时，也逐渐暴露出一些问题和不足，如内容质量参差不齐、产业发展凹凸变化、媒介的社会引领力表现不足、对文化强国战略的响应不足。

---

① 参见麦肯锡全球研究院《中国的数字化转型：互联网对生产力与增长的影响》，见麦肯锡大中华区网站（https://www.mckinsey.com.cn/wp－content/uploads/2014/08/CN－MGI－China－ES.pdf），引用日期：2023 年 3 月 5 日。

第一节　研究背景

一、文化强国需要优质的网络直播

2021 年是建设"文化强国"长远战略提出十周年,通过创新与创造进一步解放文化生产力成为文化强国建设的应有之义。习近平总书记高度重视文化强国建设并在党的十九大报告和二十大报告中对文化建设和网络建设都做出重要指示。党二十大报告中指出"繁荣发展文化事业和文化产业""网络强国""健全网络综合治理体系,推动形成良好网络生态"[①]。《中共中央关于制定国民经济和社会发展第十四个五年规划和二〇三五年远景目标的建议》明确提出实施文化产业数字化战略,加快发展新型文化企业、文化业态、文化消费模式。互联网既是当今文化生产和传播的平台,也是建构与展示文化软实力的平台。互联网技术的每一次革新、互联网使用方式的每一次迭变,都是社会文化和社会经济的撬动点。网络空间不仅是亿万民众的精神家园,更是文化生产的万亩良田。互联网的内容建设和产业发展是文化强国战略的重要组成部分。

网络直播作为互联网技术的新生儿强势登陆并迅速发展,已经成为从小孩至老人、从城市到乡村的一种普遍性使用媒介。它打破了电视媒体视频直播专属化格局,以及生产主体与生产设备的行业封闭性,把视频直播从"高端仪式"变为"日常行为",人人可以开办"电视台"、持有麦克风、编排播出剧目……麦克卢汉认为"媒介即人的延伸",随着互联网的发展,我们人类的思维得到了更大的延伸与拓展。网络直播深入社会经济、文化、思想建设等多个领域,社会影响力凸显。基于此,探索网络直播内容生产和产业运行的规律,建设品质直播,引导主流价值形塑,十分必要且意义重大。

二、网络直播的四大发展阶段

以往"直播""主播"这种似乎高大上的称谓独属于广播电视这类大众媒体。不过在互联网直播的推动下,广播或电视直播逐渐成为过去时。2016 年被

---

① 《习近平:高举中国特色社会主义伟大旗帜 为全面建设社会主义现代化国家而团结奋斗——在中国共产党第二十次全国代表大会上的报告》,见中青在线网（http://news. cyol. com/gb/xwzt/articles/2022 – 10/25/content_4Ppv6TB5Y. html）,引用日期:2023 年 3 月 5 日。

称为"网络直播元年",网络直播国内用户规模达到 3.25 亿,占网民总体的 45.8%①,2022 年以来,我国网络直播用户平稳保持在 7 亿以上。自媒体完成了 "文字—语音—图片/表情—视频"的演变过程。值得思考的是,与电视直播相比,网络直播是极致的"业余",没有专业的团队保障,没有严格的播出流程,没有专业的传播主体……却能赢得"使用率",能吸引"土豪"一掷千金,能培养出极具人气的"网红",能一小时销售出几千万元的产品。网络直播在发展过程中逐渐深入众多垂直领域,且有不俗表现。比如直播购物中,不仅各路当红明星,就连主流媒体知名主播、政府领导、集团总裁等也都纷纷开直播推广品牌和销售货品。董明珠下场直播时带货,创下惊人销售业绩。2020 年,电商直播爆发式崛起,数据显示仅第一季度,就有 100 多位县长、市长走进直播间为当地产品"代言"。② 用户看到了世界各国明星、政客、素人等参与直播、开设直播,看到了社会各个阶层的群体收看直播的社会景观。

世界第一家网络直播平台 Twitch,于 2011 年在美国成立,2014 年被亚马逊收购。2015 年,Twitter 通过收购直播网站 Periscope 拥有了自己的直播平台。2016 年年初,马克·艾略特·扎克伯格(Mark Elliot Zuckerberg)对外表示,直播是目前最让他感到激动的事,并且他已经被直播迷住了,随后 Facebook 推出了 Facebook Live;2016 年,全球最大的图片社交应用 Instagram 推出直播功能。回看国内,在互联网应用技术的支持和市场需求的促使下,国内直播产业发展的迅猛程度甚至远超西方国家。各大资本纷纷介入,专业直播网站接连诞生,综合性网站争先恐后地开出直播服务。虎牙、斗鱼、龙珠、花椒等专业的视频直播网站异军突起,百度、腾讯、阿里、搜狐、爱奇艺、小米、微博、陌陌等力推视频直播,淘宝、京东、拼多多、苏宁易购等电商也都纷纷推出各具特色的电商直播平台。世界上很多产业在利润期来临之前有很长时间的蛰伏期,如微软在最初的十年中利润微乎其微,联邦快递曾多年惨淡经营,但网络直播一经出现就非常迅速地进入了爆发期和收益期。

十年的发展,网络直播已经经历了四个大的发展阶段,即 2013—2014 年的登录起步期,2015—2016 年的新奇爆发期,2017—2018 年的波浪平稳期,以及 2019 年至今的融合发展期。在内容建设方面,则从简单的"我型我秀",走向多维度的"纵深创新"。有专家认为,网络直播已从"千播大战"的 1.0 时代进入不断规范化发展的 2.0 时代,再进入到全面推动社会创新发展的 3.0 时代。在 3.0 时代,直播行业在赋能传统产业、推动文化普惠、推动社会创新创业等方面

① 参见中国互联网信息中心《中国互联网发展状况统计报告》(第 38 次),见国家互联网信息办公室官网(http://www.cac.gov.cn/2016-08/03/c_1119328043.htm),引用日期:2023 年 3 月 5 日。

② 《今年一季度 100 多位县长市长走进直播间为当地产品代言》,见百度网(https://baijiahao.baidu.com/s?id=1664754021868861873&wfr=spider&for=pc)引用日期:2023 年 5 月 10 日。

表现出特有价值。在 2020 年，直播在商品交易、在线学习、文化娱乐、复工复产等多个方面扮演了重要角色，发挥了重要社会价值。

三、"主播"和"内容"是被关注的核心

本研究对 2016—2019 年共四年的报纸新闻报道以关键词"网络直播"在中国知网进行检索。结果显示，中央级综合性报纸有 7 种①，共 73 篇报道；法制类报纸有 9 种②，共 80 篇报道；财经类报纸有 8 种③，共 55 篇报道；文艺类报纸有 5 种④，共 69 篇报道。上述各类报纸每年都有关注网络直播，每年对网络直播的报道数量基本持平，数量差别在个位数内；而且各类报纸对网络直播做了年度性多篇跟踪。中央综合性报纸的关注，说明网络直播是一个被持续关注的全国性话题；文艺类报纸的关注，说明网络直播是一种文化现象；法治类报纸的关注，说明这一新兴媒体的发展过程中存在不规范和需要规制之处；财经类报纸的关注，说明网络直播具有经济属性，是一种具有经济价值的产业。

按照年度和报纸类别划分，通过 python 编程进行词频检索，词频排名前 20 位的关键词（"网络""直播""平台"这三个研究对象名词和"中国"这个区域性名词除外）如表 1-1、图 1-1 所示。

表 1-1　2016—2019 年报纸新闻报道关于网络直播的核心词（前 20 位）

序号	年份				媒体			
	2016	2017	2018	2019	法制类报纸	财经类报纸	文艺类报纸	中央级综合性报纸
1	主播	主播	内容	主播	主播	内容	内容	主播
2	内容	内容	视频	内容	内容	视频	文化	行业
3	行业	发展	庭审	行业	监管	行业	发展	内容
4	监管	行业	行业	文化	管理	主播	行业	发展
5	发展	传播	用户	用户	法律	用户	传播	用户
6	用户	文化	传播	发展	信息	监管	主播	文化

---

① 《人民日报》《光明日报》《工人日报》《中国青年报》《环球时报》《解放军报》《人民政协报》。

② 《检察日报》《人民法院报》《法制日报》《人民公安报》《民主与法制时报》《河南法制报》《江苏法制报》《浙江法制报》《四川法制报》。

③ 《中国财经报》《中国经济时报》《经济参考报》《经济日报》《中国商报》《中国消费者报》《中华工商时报》《21 世纪经济报》。

④ 《中国新闻出版广电报》《中国文化报》《中国花卉报》《中国艺术报》《文学报》。

续表 1-1

序号	年份				媒体			
	2016	2017	2018	2019	法制类报纸	财经类报纸	文艺类报纸	中央级综合性报纸
7	文化	管理	答题	视频	行业	发展	用户	传播
8	传播	监管	主播	传统	传播	社会	表演	粉丝
9	视频	用户	文化	网络游戏	用户	公司	传统	监管
10	信息	粉丝	发展	传播	相关	打赏	技术	服务
11	管理	社会	相关	规范	服务	市场	媒体	管理
12	自律	信息	信息	技术	视频	违规	视频	视频
13	服务	服务	服务	社会	责任	违法	音乐	答题
14	执法	法律	监管	音乐	粉丝	制度	作品	信息
15	粉丝	打赏	部门	管理	庭审	网民	观众	网友
16	表演	表演	管理	监管	广告	相关	艺术	打赏
17	市场	直播间	法院	相关	发展	管理	版权	社会
18	违规	提供	责任	粉丝	部门	执行	社会	传统
19	游戏	网友	表演	关注	执行	发布	相关	吸引
20	广告	相关	企业	观看	直播间	表演	活动	低俗

　　通过对表 1-1 的分析，我们不难发现，无论是按照年份分类，还是按照报纸类别分类，"主播"和"内容"基本都是最高词频，这说明媒体最关心网络直播的传播主体和传播内容；"行业"和"发展"是紧随其后的两个核心词，这说明媒体关注直播这一新兴行业该如何发展；"监管"和"管理"这两个词出现在除"文艺类报纸"外的所有类别报纸和年份，尤其是"监管"出现的频率很高，这说明网络直播在发展过程中存在一定问题，需要对应的监督和管理。网络直播媒介词频分析如图 1-1 所示。

　　本研究又在中国知网中对报纸的新闻报道进行"电商直播"主题检索，时间段是 2016—2020 年，共检索到 356 篇报道，中央级综合性日报和财经类报纸报道该主题居多，其中 2016 年、2017 年、2018 年三年分别有 18 篇、18 篇、11篇相关报道，2019 年的报道量是 54 篇，2020 年则达到 255 篇。这说明电商直播作为一种社会现象和经济现象受到持续关注，而且随着 2019 年的快速增长和2020 年井喷式发展而备受关注。通过 python 编程进行词频检索，在剔除掉"直

图 1-1 网络直播媒介词频分析图

播""电商""平台""互联网""网络"这五个必须性表述名词后，排在前 5 位的词频分别是：主播（1530 次）、消费者（1234 次）、发展（1080 次）、产品（957 次）、行业（821 次），电商媒介词频分析图如图 1-2 具体所示。对这些关注点加以分解和重构，即为"主播把什么产品卖给消费者，行业如何发展"，也即探索或关注在直播平台上主播为什么或者如何能把产品卖给消费者，行业如何发展。

图 1-2 电商媒介词频分析图

艾媒咨询数据显示，75.70% 的直播用户认为直播内容需要改进，60.20% 的用户觉得主播筛选机制仍有改进的空间。综上所述，无论就网络直播总体而言，还是其中的某个垂直领域，主播和主播的生产、行业和行业的发展都是媒体关注的主线，也只有在此基础上才能探讨如何实现媒介的社会价值引领。

四、网络直播必须提升内容质量

亨利·戴维·梭罗（Henry David Thoreau）曾说过一句非常著名的话：我们正在匆忙地建设从缅因州到得克萨斯州的电磁式电报，但是缅因州与萨斯州之间或许根本就没有什么重要的事情需要传达。但是他却未能抓住更加重要的事实，即电报的出现将会促进缅因州与得克萨斯州之间主动寻找需要交流的东西，不管其重要与否。① 这也正是网络直播的发展过程，在其诞生后不断被人们发现和延伸其价值。网络直播为人们创造了一个新的文化活动空间和社会交往空间，在信息传递、文化娱乐、商贸流通等方面显示出其功能性和影响力。但网络直播UGC（User Generated Content）的内容生产方式和传播模式决定了它在拥有创新性和活跃度的同时，必然存在信息传播不确定性，以及由此带来的难计量的社会影响。审视近年网络直播的状况，一方面"行业高速发展"，对社会经济、文化带来一定影响；另一方面"低质内容丛生"，同质化、低俗化内容大量存在，甚至某些主播为了吸引眼球赢得受众，不惜违背伦理道德、法律法规。网络直播从一开始就伴随着低质内容和失范传播，各种负面报道常见于各大媒体，如何规制一直是关于它的重要话题。从 2015 年开始，相关部委就在不断加大对网络直播的规范力度。

低质量内容一方面会阻碍直播产业的发展，因为媒介是以内容为核心的产业；另一方面会模糊大众的价值导向，因为低质量内容会在一定程度上对大众意识形态产生影响。2018 年"一直播"因整顿被勒令关停，2019 年"熊猫直播"因竞争而关停，同时也有大批主播被封杀，等等，都说明行业繁荣背后的残酷与问题。但与此同时，顶级互联网巨头还在不断布局直播产业。2021 年 2 月，欢聚时代发布公告称，将 YY 直播业务出售给百度公司的交易已基本完成。百度以36 亿美元收购了欢聚集团国内直播业务——YY 直播。快手、抖音这些传统的短视频平台都纷纷把注意力分向直播。这充分说明直播业发展潜力巨大，直播产业如何以优质的内容和科学的产业模式实现社会效益和经济效益双赢，成为学界和业界必须思考的问题。为此，必须深入研究网络直播的本体特征，研究其与社会深层次的互动关系，并在充分认知现存问题与发生原因的基础上，探索内容建设和产业发展的路径、方法。

---

① 参见［美］兰斯·斯特拉特《麦克卢汉与媒介生态学》，胡菊兰译，河南大学出版社 2016 年版，第 43 页。

第二节 研究现状

作为一项创新技术和传播现象，网络直播被社会广泛应用，但当前网络直播主要靠市场自由发展和管理部门应对性治理，这也导致其发展无序和管理滞后。时下，网络直播正在被 5G 技术助推应用升级，应用面也在不断拓宽，实践效果会再次提升，迫切需要"内容建设"，以优化内容实现价值引领和推动产业发展。对网络直播的相关研究主要是从 2013 年其规模化发展后开始的，由于时间较短，研究的广度和深度都很有限，缺少针对内容建设、产业发展的系统性研究。

一、广泛社会影响对内容质量提出要求

对媒介影响力的研究主要分为内容影响论和形式论影响论。内容影响论关注传播过程对受众心理、思维、认知的影响，以及对社会、文化层面的影响，并产生了很多著名理论，如魔弹论、使用与满足理论、二级传播理论、议程设置等等。形式影响论研究者主要研究技术差别巨大的媒体会以什么样的方式以及在何种程度上影响整个社会。媒介即信息。媒介的变化导致社会情境的变化，而社会情境决定人们的行为。媒介对社会形态、社会心理都产生深重的影响。人在媒介使用和发挥影响中具有重要作用。传媒影响力的本质，是作为资讯传播渠道而对其受众的社会认知、社会判断、社会决策及相关的社会行为打上"渠道烙印"。由于媒介影响的增长，社会、文化制度以及互动模式发生了变化。

互联网对社会和个体的影响也从一开始就被学界加以关注和研究。数字化生存具有"分散权力""全球化""追求和谐"和"赋予权力"四大特质。社交媒体对社会的影响有三方面：①身份日益多元化；②地位日益民主化；③权力日益分散化。人们热衷于在社会化媒体上展现自己的行为，而社会化媒体也给个人、组织很大影响。Anatoliy Gruzd 等人认为社交媒体的影响力已经变成了网络化的影响力。他们通过分析有影响力的人及其性格特征、行为、有影响力的观点后，认为影响力被网络化有两条路径：出现在社交网络中和通过在线交流网络增殖。赵云泽等指出，社交即是社会上的人际交往，其核心就是人们各自的信息及思想、感情的交流。社交媒体使大众传播渠道重新建立在人际传播网络上，这种关系首先是人际关系。而人际关系对人们的影响力是最大的。由此可知，媒介存在即有社会影响，而互联网给予了大众更多权利，也对社会产生更广泛的影响。

网络直播因兼具自媒体、实时媒体、视频媒体、社交媒体等多种媒介属性，继承甚至延展了以往媒体的各种功能，对社会权利、关系、文化，对大众行为、

心理、思想等产生影响。直播带来了一种新的视频化的生存方式，真实的观看体验在社会影响线索和消费者行为意图之间起着重要的中介作用，成为新的重要的社会连接方式，建构了广泛多层的表达空间，出现媒介所造就的行动场域与社会场域，解构了由传统媒体垄断的大众话语权、精英舆论场，通过影响受众的行动、流通的意义从而形成新的逻辑与制度对整体社会形态、关系规则、实践逻辑均产生深刻影响。网络直播在政治、经济、文化、社会等层面的作用和意义将愈发重要，可见网络直播具有远远超越技术自身的社会影响。而社会影响最终效果的呈现，除了媒介形式，就是内容质量。

二、内容生产与产业发展满足多主体利益

网络直播能够迅速成为全民性文化传播平台，根源于它实时传播、即时互动、视频社交的媒介功能。直播给予人人开播或参与的权利，于是人人都可以是产业开办人、内容生产者和消费者，并在生产与消费过程中获得多种利益满足。多主体利益主要体现在以下两方面。

一是网络直播内容生产消费过程中能够为主播和用户带来欲望满足和快乐享受。Lottridge，Bentley and Wheeler 以及付晓光、王长潇、王艳玲等多位学者认为，网络直播是群体性狂欢活动，具有娱乐、孤独陪伴、情感释放等功能，并满足了人们的窥私欲、表现欲、被认同欲等多种欲望。Scheibe，Fietkiewicz 和 Stock、刘怡、陈伟军等认为，直播中的角色扮演、心绪转换、欲望释放等可产生超越现实的满足感和自我价值。曾一果侧重研究女主播利用身体表演进行内容生产等现象。Hamilton，Garretson 和 Kerne、尹心航、赵准等认为，直播是对人们社群归属感的满足，这些满足最终都带来快乐的获得。费斯克指出，大众把文化商品转变成他们感兴趣的事物，并将这些商品用来创造属于他们自身的意义而从中获得快感。

二是网络直播内容的生产消费过程，也是主播、平台及相关机构经济收益的过程。如 Rein 和 Venturini 认为，直播促进了产业转型，有巨大的经济收益。（胡鹏辉、余富强，2019）网络主播直播过程就是一种情感劳动，其实质就是资本对情感的控制。布迪厄认为经济资本、文化资本和社会资本之间可以相互转换。网络直播内容的生产与消费过程即体现着三种资本的转换。直播中，主播通过传播积累的文化和社会资本与用户的经济资本形成无法估价的等价交换。柯林斯认为情感能量是一种重要的驱动力。余富强指出网络主播的情感劳动过程伴随着情感消费。Tang 和 Inkpen 指出主播们想通过直播建立个人品牌或达到商业目的。谭天认为直播空间成就了网红，网红也助推了直播发展。

三、内容质量是价值引领和产业发展的核心

主流文化的传播与价值引领需要媒介的正确使用与合理满足，主流文化内容是其得以传播的核心因素，内容质量建设至关重要。互联网内容建设是国家文化建设的重要组成部分，网络直播应该发挥其价值承载和引领功能，同时对于当前网络直播内容质量和价值引领的不足要有较清晰的认识。当前某些网络直播过于沉溺于经济利益，而忽视了本身的价值和使命，其场域仍普遍存在导向偏差与价值迷思问题，对青少年价值观的消极影响明显，整体价值导向一般或偏低。网络直播需要在商业价值、社会价值和文化价值之间寻求合理的平衡。内容建设一般包括内容规制和内容生产，现有研究主要集中于前者，对后者的研究较少。

社会对于网络直播的失范现象和治理的必需性有较高共识，某些学者认为低俗内容、低质内容带来社会审美、价值取向、意识形态等的偏离，也严重影响直播自身的发展。研究者提出自律与他律结合的规制思路——多部门协同治理，政府、平台、用户和公众相互配合监管的理念，具体措施包括行业自律、主播自律、行政监管、法律监管、技术监管、全民监督等。但由于网络直播缺少有效机制，监管耗费精力大、成本高，难以将不良内容彻底肃清。

关于互联网治理，阿尔温·托夫勒、约翰·奈斯比特、尼古拉·尼葛洛庞帝、曼纽尔·卡斯特、米切尔·崴因等多位西方学者很早就从不同角度提出了网络社会的问题或风险。大卫·普斯特表示，网络社会冲突已对传统法律控制工具提出严峻的挑战，必须重构网络空间的规则体系。于是，"技术约束""行业自律""网络自律""政府监督"等治理模式被提出。媒介使用与风险强调的研究线路贯穿具有交互性特征的社交媒体研究，内容风险（contentrisks）、交流风险（contactrisks）、行为风险（conductrisks）被界定为网民的三种使用风险。众多学者，如 Acquisti Alessandro 和 Gross Ralph、Bradley Tony、Brandon Charles Hoffmann，对社交媒体的信息安全和隐私保护做出研究。但西方学者针对网络直播的规制研究很少，对如何保证网络直播的内容质量的研究就更少。内容规制实则包括积极规制和消极规制：积极规制是鼓励或要求播出何种媒介内容，消极规制是限制或要求不得播出某种媒介内容。规制的核心其实也是内容生产。

关于内容生产，学界对其生产特征、生产动机、用户需求等有一定探索，但缺少系统的建设性研究。曼纽·卡斯特指出，全球网络社会的发展也依赖于社会参与者的能力，并根据他们的兴趣执行和修改这些程序。网络直播是以 UGC 为核心的媒体形式，但很明显 PGC（Professional Generated Content，专业生产内容）更容易受到平台或者观众的喜爱。本研究通过比较"用户在线生成内容对于需求的满足"和"用户线下参与对于影响互联网中用户生成内容的水平"之间的差异，认为用户线下参与的态度、行为都将提高心理授权的程度。Meyer 从社会

学的动机理论和用户生成内容背景中的经验研究来理解参与式的消费行为。内容是受众与社区关系的重要驱动力，内容满意度是受众选择直播的关键因素，这说明用户对高质量内容有强诉求。Törhönen 和 Sjöblom 认为内容生产的内在动机（如享受、社交）要重要于外在动机（如收入、声望）；Licoppe 发现，主播对用户的互动积极、生产手段多样，其内容生产更优质；Cardon 指出通过巧妙地设置算法和界面可影响直播终端用户；Rein 和 Venturini 指出，技术基础设施和合作计划会影响直播内容生产，建议平台与优秀的内容制作者建立合作关系，产生示范效应。朱庆华、谢佳琳和张晋朝指出影响 UGC 用户生产意愿的因素主要集中在预期贡献、预期报酬、工作协同性等几个方面。实践中，平台性媒体均已意识到大众内容生产的重要性，并实施激励措施。比如，腾讯的"芒种计划"、阿里的"W＋量子计划"都投入 10 亿元专项资金用于扶持 UGC；YouTube 则用分红收益激励大众生产更出色的作品。

四、产业发展的认知与策略不充分

对于媒体而言，内容是核心，内容与产业本身就是相互依存的关系。易旭明和黄熠对包括传媒业内人士的调研结果显示，"优质内容"是网络直播的最重要竞争力。但学界更多把网络直播作为一种产业，对推动其持续发展的研究并不多。"直播＋"是目前被最广泛提出的产业模式，直播＋电商、直播＋体育、直播＋教育、直播＋政务、直播＋非遗等。正如高文君等在《网络直播》一书中指出，垂直化发展是网络直播未来的主要趋势，将直播工具化，从单纯的内容生产工具发展到业务工具。但是，学界对于垂直发展的内在逻辑和规律却没有深入探索，已有研究大多针对直播与某一具体领域链接的说明，主要集中于技术支持和物理链接层面。

网络直播被很多学者认为是营销的重要工具。Stelzner 发现，直播作为一种新的内容分发机制，75% 的市场人员希望进一步挖掘它在市场推广中的作用。罗贽、吴昊等多人指出"视频直播已经成为营销、公关的重要方式"。杨琨和杨伟指出"网络直播＋"模式逐渐成为企业进行产品或品牌营销的重要方式，并总结了"网络直播＋明星""网络直播＋线下活动""网络直播＋平台""网络直播＋电商"四种模式。马春娜提出了四种网络直播品牌营销策略：设计引爆点话题，促使人际共享传播的病毒式营销策略；策划趣味多元化互动手法，提高用户参与性，满足用户需要的互动营销策略；细分用户需求，甄选符合品牌气质的主播精准营销；开展线上与线下整合的精准营销策略。郭全中指出，媒体作为平台将"人流、物流、信息流"汇集；而平台式商业模式是通过建构巨型平台，凭借多元化的产品和良好的产品体验，吸引用户，强调在平台中的产品营销。

现有关于直播产业的著作基本局限于直播的实践应用层面，如《直播：平台商业化风口》《直播营销》《直播营销：互联网经济营销新思路》等，其中重点关注直播平台本身的营销和直播作为营销工具的使用，缺少系统性的学术论证。

关于网络直播产业方面的学术研究目前很少，能够指引产业前瞻性发展的研究成果更是零星存在，如廖秉宜、索娜央金提出网络直播平台的差异化战略，包括内容争夺构筑竞争壁垒、渠道建设瞄准目标用户、资源活化创新商业模式；朱丽萍指出直播产业要加强品牌塑造；张凯提出"网红＋"经济模式。现有研究成果并没有系统阐释直播产业，缺少内在逻辑的理论梳理和发展规律的有效探索，理论研究明显滞后于实践发展。

五、相关研究评述

已有研究多采用相关理论与直播现象结合分析的思辨研究法和个案研究法，对网络直播在使用动机、社会影响、内容规制等方面做出了一定探索，对其价值引领的重要性给予了充分肯定，对 UGC 内容生产模式也有一定认识，这些是对本研究的方向性认可和基础性铺垫，但不足之处亦很明显。

（1）理论认知与实践应用高度不足。网络直播是国家文化建设和传播战略的重要组成部分，对大众思想价值和社会发展有深度影响，但目前相关研究没有从文化强国战略高度形成系统性理论总结，这也直接影响到实践应用，使之更多落脚在娱乐、商业等功能层面，其价值释放高度不足。

（2）内容建设与产业构建认知片面、方式单一。相关研究对于网络直播内容建设多聚焦于内容规制，但单一地以内容监管实现内容规范，缺少以高质量内容生产实现积极规制，以品质内容实现文化建设和价值引领的认知；对产业建构多强调模式，但缺少对产业本身特质的深入剖析，以及缺乏产业与内容关系的深入研究。

（3）系统规划和科学设计弱。社会化媒体内容建设与产业发展是一项综合工程，看似针对性的规约管理并不能从根本上解决问题，只有在厘清各种内外因素和关系，通过系统规划和科学设计，才能实现整体提升。为了全面提升网络直播的品质，积极响应文化强国战略，突出其社会价值引领力，必须以媒介本有特点和功能为基础，对内容质量和产业发展进行系统性规划和行之有效的路径方法设计。

第 三 节 研 究 规 划

一、研究价值

内容是网络直播的根本和基础，是网络直播价值引领的核心和方式，是媒介服务社会的最重要体现。网络直播的发展以内容为基本支撑；产业化是网络直播发展的方向和必然，也对内容做出指引和提出要求。因此，对网络直播内容建设与产业发展的研究，具有理论和实践的双重意义。

（1）学理层面。应推动视频自媒体内容建设的理论构建，完善互联网内容建设尤其是社会化媒体内容建设相关理论，拓展视听传播和交互媒体理论，为国家制定自媒体和视听媒体管理政策提供理论依据，这也是对互联网环境下文化建构理论的拓展，是网络空间命运共同体时代提升国家文化软实力、建设社会主义文化强国的理论组成部分。

（2）应用层面。应激活多方主体动能，生产高质量内容产品的同时净化网络空间，使其自我价值与社会价值双实现，以及文化建设和产业全面发展；以品质内容推动网络直播经济效益和社会效益互动共进，在文艺娱乐、商业贸易、乡村振兴等多个领域践行媒介功能，助力社会多领域积极发展和传播优质文化；成为网络自媒体建设的示范案例，为微博、短视频等各种社会化媒体建设提供方法借鉴。

二、思路框架

本研究从网络直播的现实状况和本体特征入手，分析其受到市场追捧的内因和外因，同时挖掘影响网络直播发展的主要因素，探讨网络直播带来的巨大社会影响，进而梳理出主播生产优质内容的市场需要和社会期待，以期为攻克各种现实瓶颈和困难、制定内容规制和生产提供有效模式、路径、方法等，使优质内容与产业发展相互制约和推动，从而促进直播产业持续健康发展，本研究思路框架如图1-3所示。

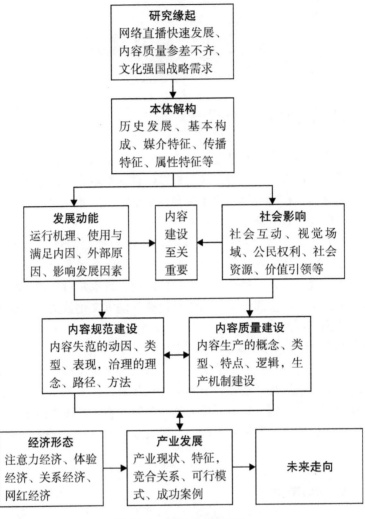

图 1-3　本研究思路框架

本章小结

作为一种新的视频传播方式、一种新的社会文化传播方式和一种新的媒介形态，网络直播一经出现迅速引得围观，使用规模迅速扩大，成为具有广泛影响的社会化媒体。但问题是，网络直播参差不齐的内容质量会严重影响它的社会价值和产业发展。在对媒介本体和社会影响力充分认知的前提下，本研究从网络直播的内容建设和产业发展两个相互关联的角度入手研究，以推动网络直播内容整体性的优化提升和行业不断发展。

第二章　网络直播的本体解构

　　1960年9月26日，在美国哥伦比亚广播公司的一个电视直播间里，当时的两位总统候选人——理查德·米尔豪斯·尼克松（Richard Milhous Nixon）和约翰·肯尼迪（John Fitzgerald Kennedy）进行了美国总统竞选历史上第一次电视辩论。正是"电视直播"成就了当时还只是一名资历尚浅的州参议员的肯尼迪，他战胜了副总统尼克松。因此，直播并不是起源于互联网，广播和电视都具备直播功能，而且都有广泛的应用，并发挥了巨大的社会价值。由于电视的传播手段更为丰富，因此电视把直播发展到了一个相当高的阶段，这里的"高"指的是直播技术和传播方式，因此，一旦提到"直播"，人们的传统思维中第一反应就是"电视"。但在互联网技术创新和互联网普及度的支撑下，直播已发展到了一个新的阶段，这亦是不争的事实。网络直播音视频同步表达，其中每一个符号都被即刻传播，没有经过蒙太奇剪辑处理的画面，就如同观看周围人的生活一般简单而真实。直播是一个巨大的真人秀舞台，在这里，科技与创意有效结合，演员与观众自然互动，演出场所提供的也不仅仅是一个舞台。本章将对网络直播的发展历程、要素特点、多重属性等进行立体剖析，这是对网络直播深层次研究的必由之路。只有深入了解网络直播的内涵，才能在探讨其功能影响的基础上进而探索其如何更好地建设和发展。

第一节　网络直播的发展历程

一、电视直播开启视频直播序幕

　　电视即"televison"，原意是远距离观看；"直播"即"live"，是指现场播出或直接播出的意思；而"电视"与"直播"组合在一起，即指远距离观看现场的播出。1925年，苏格兰发明家约翰·洛吉·贝尔德（J. L. Baird）用自行装置的电视设备，第一次将移动的图像传向远处的接收机现场。"直播"伴随着电视的诞生也就自发性地存在了。贝尔德当然不会有"直播"这一后来非常专业的传播概念。直播就是对传播对象毫无修改地即时的拍摄并同步播出，即信息采集、传播、接收同步完成，事件的现场目击者和电视受众同步感知。《广播电视词典》将直播界定为"广播电视节目的后期合成、播出同时进行的播出方式"，今天的直播被分为"现场直播"和"演播室直播"。电视媒介的直接传输有很强的社会影响力，扮演着重要的社会角色。

1958 年 5 月 1 日 19 时，北京电视台（中央电视台前身）开始试验播出，这是中国自己的电视播出信号第一次出现在空中。当年 6 月 15 日，也就是开播后的 46 天，北京电视台在狭小的演播室里直播了我国第一部电视剧《一口菜饼子》；9 月，直播了电视剧《党救活了他》；10 月，上海电视台直播了电视剧《红色的火焰》。直播的即时传播形态，使得观众要想重新看一次，就只能由演员再去电视台演一遍。当时受技术条件的限制，除了纪录片、科教影片，其他电视节目全是直播。很显然，不可重复性和不能修改性是直播的特点，也是其传播的缺憾。1959 年，美国安培公司开发出了四磁头录像机，录播节目才开始逐渐取代直播节目。但电视直播从未停滞，约翰·埃利斯（John Ellis）认为："在频道——其实是媒介——倍增的时代，电视正在越来越多地依赖对'现场直播'展现特殊事件（特别是体育赛事）的强调和通过'真实电视'这样的娱乐体裁对独占现场的新节目形式的生产。"① 风靡欧洲的真人秀节目《老大哥》，BBC 纪实性肥皂剧《机场》等都是典型案例。第一季《老大哥》的制片人露丝·瑞格里（Ruth Wrigley）就曾表示，没打算让节目成为制作精良的电视剧，而是希望通过真人秀的现场感让大家感到兴奋。这个节目正是因为展示了人性的真实而吸引了受众。电视在当时毋庸置疑是人们心目中最具制造现场感能力的媒体，电视直播则成为最具真实性现场感的媒介传输方式。

在中国，电视直播在各类节目中不断发展，取得了辉煌的传播效果。1984 年 10 月 1 日，中央电视台现场直播庆祝中华人民共和国成立 35 周年阅兵式和群众游行，并将现场盛况通过卫星发送到国外。这是中央电视台最早的有意识的大规模直播行为。1987 年，中央电视台对党的十三大开幕式采用了现场直播，这是在党的代表大会报道中第一次使用直播。之后，央视媒体对重大会议的直播运用越来越广泛，1988 年关于两会的报道，中央电视台现场直播大会开幕、闭幕、记者招待会的实况等共计 7 次。1997 年香港回归，中央电视台对香港政权交换仪式、特区政府宣誓就职仪式、首都各界庆祝香港回归祖国大会等 8 场重要活动进行了历时 72 小时的直播报道。这一年也被称为"中国电视直播年"，至此直播更加快速地发展。后来，直播逐渐成为重大事件、突发事件的标志性传播手段。在文艺节目中，始于 1983 年的中央电视台春节联欢晚会就是目的明确、意图鲜明的直播，一年一度，延续至今。对体育节目来说，直播是必须行为且至关重要。1990 年北京举办亚运会，这对当时的中国来说是最具国际性的体育盛会，为了做好亚运会的直播报道，中央电视台做了充分的准备以保证现场直播工作万

---

① ［英］转引自尼克·库尔德里《媒介仪式》，崔玺译，中国人民大学出版社 2016 年版，第 115 页。

无一失。最终，中央电视台成功转播 120 场比赛实况，累计 230 多小时，平均每天 14 小时之多，受到境内外的一致好评。从这以后，中央电视台对大型体育赛事的直播就越来越多，也越来越成熟。

电视创作者不断试图探索新的直播节目形态和使用方式，从新闻到科教，从综艺到体育，从大事到小事，从对内传播到对外传播等，直播都被以不同手法加以应用。受众对第一时间真实性的需求则是直播最根本的动力。"有大事，看中央电视台节目"①，已经成为中国观众的共识。第一时间传播已经成为电视台实力的展示，尤其面对重大事件，是否能够最早传播成了电视媒体能否留住受众的重要因素。直播在让大家第一时间真实获知信息的同时，还让大家经历共同体验。因为直播在同一时刻把处于不同空间的人聚合在一起，包括现场主体、现场观众、电视观众，构成了一个跨越空间的盛大仪式。这一仪式，使人们能够同时聚焦社会某一点，并同时形成关于这一焦点的存在感和非常接近的体验感。

电视直播在遵循社会历史发展的必然规律时，也必然顺应这一历史潮流。传统媒体在新媒体大潮中不断寻找突破口与结合点，努力寻找媒介融合之道。于是，电视与网络有了新的结合。2017 年 2 月，中央电视台与 37 家省市级电视台共同宣布成立电视新闻融媒体联盟，专门为记者打造"正直播"系统，遍布全球的中央电视台记者可以通过中央电视台新闻移动直播平台在现场完成信息采集（拍摄）、编码、传输等环节。在新的发展阶段，电视直播既发挥了对新的媒介形态和技术的融合利用，也是对主流意识形态的呼应。

二、网络直播的诞生与发展

互联网从发布文字和图片开始就具备了直播功能，只不过信息发布者还不能或没有被称为主播。如此追溯，网络直播大约可以分为以下三个发展阶段。

（一）第一阶段：文字图片时期

1996 年，19 岁的詹妮弗·林利（Jennifer Ringley）建立了直播网站 Jennicam，通过摄像头 24 小时不间断地向全世界呈现自己的生活。当时的直播是"每 15 秒更新一组静态图片"，更新一共持续了 7 年。这大概可以被认为是世界上最早的网络直播。当时，直播内容很简单，比如一些空房间、盯着电脑、坐在床上学习，或是一系列动作。但即使这样，聊天室人数一直在增长，最高曾在一日内吸引 400 万人观看，要知道当时全世界家庭电脑保有量还不足 7%。② 詹妮

---

① 赵化勇：《中央电视台品牌战略》，中国广播电视出版社 2008 年版，第 71 页。
② 参见爱秀美网《第一个在网上直播的人是谁？每天直播些什么内容？》，见爱秀美网（http://www.ixiumei.com/a/20170206/225618.shtml），引用日期：2023 年 4 月 1 日。

弗·林利也成了网络直播第一人。当时的网络设施和速度是今天很难想象的——"拨号上网",通过俗称"猫"的调制解调器做媒介,要上传一帧画面到某个网站,通常需要数分钟。因此,这种互联网条件对于直播首先是对受众"耐心"的挑战。而文字传输对网络要求较低,也就成为可选择的手段了。

20世纪90年代末,互联网文字直播逐渐广泛应用,满足了许多无法观看电视及网络视频的受众对信息的及时掌握的需求。当时对体育比赛的文字直播较为普遍,比如新浪NBA文字直播,力求将实地比赛信息文字化。在这种直播方式中,直播员成为中枢,其理解力、专业度和文字表达力决定着最终的直播质量和传播效果。文字直播时代,人们已经开始尝试利用互联网的互动功能进行互动,如"有奖竞猜"。2010年以后,微博成了直播平台。2010年12月,在英国威斯敏斯特治安法院对维基解密创始人朱丽安·保罗·阿桑奇(Julian Paul Assange)的保释听证会中,记者向法官申请使用Twitter进行实时报道。此后,通过微博发布文字和图片直播成为常态,如体育赛事、社会事件、国家大事、法院庭审等;微博直播的范围很广,如玉树地震、郭美美事件、"7·23"动车追尾事件等微博都是重要的即时信息源。

(二)第二阶段:台网融合专业视频传输

台网融合下的互联网直播视频基本是PGC生产并传输。"网络视频直播"是流媒体技术的高级应用,借助专用系统和宽带网络,利用有线或无线网络,在同一时间点,通过互联网将视频信号以组播等传输形式,传送到发出观看请求的PC客户端的一种网络视频服务形式。视频直播在体育节目、新闻节目领域开始被广泛应用。1998年,中央电视台央视国际网站推出了网络直播。2002年,中国广播网、人民网、新华网、央视国际网站和国际在线依托中央传统媒体的优势,加强台网互动,同步在线直播了党的十六大开幕式及中央政治局常委会见中外记者等多场重要活动。央视新闻网每天对《新闻早8点》《新闻30分》《新闻联播》等几档重点新闻节目进行网上同步视频直播。2003年,中央电视台进一步发挥网络宣传优势,栏目上网率超近55%,实现了新闻频道和第四、九套节目24小时网上同步视频直播。2006年2月8日,新传宽频获得了NBA网络直播的独家版权,这是我国也是世界上第一次通过网络技术进行NBA比赛的直播。2008年北京奥运会,央视网成为第一次、唯一全程直播所有奥运赛事的新媒体机构。对神舟九号载人航天飞行任务的报道,央视网推出总时长5小时20分钟的多场并机现场直播。2014年索契冬奥会上,央视基本实现所有赛事直播信号"一网打尽",并实现真正意义上的多媒体传播,采用电视与新媒体"差异化、深度互补"的新台、网联动传播。有人回忆说:"体育节目的发展经历了网络带宽不足的文字直播以后,进入宽带发展的网络视频阶段,也由此带动了一批视频网站的兴起。"①

（三）第三阶段：大众化网络视频直播

在这一阶段，大众通过摄像头和网络就可以在任意空间进行任意长度的视频直播。网络视频直播是一种将音频或视频信号经压缩后，传送到多媒体服务器上，在互联网上供广大网友收听或收看的技术。2005 年，由加拿大 ComVu Media 公司开发的用于手机上传视频的软件 PocketCaster，被认为是移动直播的开端。该软件实现了手机现场拍摄视频直接传上网以及交互功能。2007 年，美国华裔小伙简彦豪，将摄像头固定在自己的帽子上，在网上 24 小时直播自己的生活，传递到网站 www.Justin.tv 的服务器上，再通过复杂的网络服务器软件以视频直播的形式展现给全球的网友。他的这一举动引发了"生活直播"的潮流，推动了视频网站发展进入一个新阶段。2008 年 7 月，Qik 网站正式推出大众测试版，"生活直播"的升级移动版实现了一周 7 天、一天 24 小时的同步直播。只需拥有一部带摄像功能的手机就可以完成整个直播过程。② 当然也有不少研究者认为，2014 年移动直播软件 Meerkat 的流行是移动互联网进入直播时代的真正标志。Meerkat 集合了 Twitter、Instagram、弹幕等优势，用户可通过手机移动客户端直播。雅虎 2016 年的数据显示，在美国总人口中，有 36% 的人收看直播。其中，13～17 岁未成年人中，有 53% 的人观看直播，有 32% 的未成年人自己创作直播内容；18～34 岁的成年人中，有 63% 的人观看直播，有 32% 的人会自己创作内容。③

在国内，网络视频直播同样开始于 2006—2007 年，比如六间房网站彼时就有了直播功能，最初只是用于很小的一部分业务。2007 年，奔驰汽车公司花费人民币 30 万元在六间房网站上直播了一场活动，通过这种方式扩大服务规模，让人们可以在观看直播的同时彼此聊天，并交换虚拟礼物。从这一年开始，直播成为六间房的主业。但这时的直播内容存在不规范、打"擦边球"现象，有"线上夜总会"的标签，也频繁被有关部门执法。这也反映出早期直播的经营思路和产业状态。直播界的大腕 YY 起源于 YY 语音，最早被用于魔兽玩家，其团队通过语音指挥通话，逐渐吸引了部分传奇私服用户，最后发展为穿越火线游戏用户必备的团队语音工具。2009 年初，YY 娱乐用户已经形成了数量上可以和游戏用户抗衡的用户群，YY 语音的娱乐公会开始逐步超越游戏公会，人气也日渐

---

① 肖鹏、郑景惠、张旭东：《体育节目网络直播历程及发展探讨》，载《山东体育科技》2008 年第 1 期，第 2 页。

② 参见周莹《手机直播：网络视频新风向》，见中国论文网（https://www.xzbu.com/3/view-1357668.html），引用日期：2023 年 4 月 1 日。

③ 参见高文珺、何祎金、田丰《网络直播：参与式文化与体验经济的媒介新景观》，电子工业出版社 2019 年版，第 46 页。

增长。2012 年，YY 推出游戏直播业务，即 YY 直播（虎牙直播的前身），成为国内首家开展游戏直播业务的公司。2014 年 11 月，YY 直播注册用户数量突破一亿大关，成为行业首家"亿人俱乐部成员"。

2013 年，资本开始关注和注资直播领域。2013 年，腾讯投资秀场呱呱直播，2014 年又投资教育直播平台红点直播，此后还一路投资了多个直播平台。2015 年开始，果酱直播、映客直播、易直播、腾讯直播、斗鱼直播等直播平台陆续获得风险投资。2016 年，中国迎来了自己的"网络直播元年"，这一年年底，直播用户规模达到 3.44 亿，占我国网民总体数量的 47.1%，月活跃直播用户数量高达 1 亿。① 其后，直播进入平稳增长期。百度、腾讯、阿里、搜狐、爱奇艺等互联网公司都以直接开设或投资的方式加入直播领域。与此同时，网络直播还从 PC 端发展到了移动端。2013—2014 年智能手机普及，移动直播被大量应用。移动直播的发展使得直播范围大幅度拓展，而与原有自媒体平台挂钩又大大加速了直播应用。这一阶段还有一个重要标志，就是直播类型和内容的进一步丰富。从"秀场"发展到"游戏"领域，从唱歌、跳舞发展到美食、美容、教学、购物等，垂直领域成为网络直播重要的发展方向。

三、直播样态的对比分析

Karin van Es 认为直播（live/liveness）是一个存在悠久历史且非常复杂的概念，从电视广播到新媒体和互联网，本质上它是一种制度、技术，是用户互动所形成的产品和建构（construction）。② 网络视频直播与电视直播虽然本质相近，但功能与表现却有明显区别，主要有七大区别点（见表 2 - 1）。一是传输载体。网络直播以互联网宽带作为传输载体，电视直播主要使用微波或光纤通信器材。二是直播设备。网络直播需要电脑或手机摄像头，电视直播需要转播车等大型专业直播设施。三是视觉呈现。由于直播设备不同，网络直播呈现的是小景别、单一画面；电视直播多机位、多种角度甚至航拍，一般是多种景别，视觉效果丰富。四是准入机制。网络直播对于进行直播的一方没有特殊要求；电视直播的载体主要是各大电视台，电视台的开办、频道的增设、人员的聘用等都有严格要求。五是传播主体。由于准入机制不同必然导致大众化传播主体和专业主持人、记者有多方面显著的区别。六是传播方式。电视是专业传播人的单向传播，受众是观看者和信息接收者；网络直播中受众可以多种方式随时互动。七是空间感

---

① 参见中国互联网络信息中心《中国互联网络发展状况统计报告》（第 40 次），见国家互联网信息办公室官网（http://www.cac.gov.cn/2017 - 08/04/c_1121427728.html），引用日期：2023 年 4 月 23 日。

② 转引自高文珺、何祎金、田丰《网络直播：参与式文化与体验经济的媒介新景观》，电子工业出版社 2019 年版，第 49 页。

知。虽然网络直播与电视的终端并无实质性区别，甚至可以是同一种终端设备，用户本身都不能置入情境之中，但因为直播的参与性很强，可使处于不同时空的参与主体被不知不觉地纳入同一空间当中；而电视受众之间以及受众与电视内部场景之间存在很大的空间距离。

表2-1　网络直播与电视直播的区别

区别维度	网络直播	电视直播
传输载体	互联网宽带	微波或光纤通信器材
直播设备	摄像头和网络	转播车 （车内配置视频切换台、调音台、录像机、微波发射机等）
视觉呈现	无镜头切换单一景别	多景别切换
准入机制	零门槛	高门槛
传播主体	普通大众	专业主持人、记者
传播方式	互动传播	单向传播
空间感知	开放性感受	封闭性感受

视频直播与图文直播因为传播形态不一，同样带来传播表现与效果的区别（见表2-2）。一是由于表现方式不一样而带来受众观感体验的区别。图文直播是"转述式"表达，仅传递信息，而视频直播是"直接式"表达，同时传递表情。虽然图文字传达的意思更精确，但表情给人感觉更自然和真实。约书亚·梅罗维茨（Joshua Meyrowitz）认为，美国人之所以认为电视是所有新闻来源中最"可信的"，很重要的原因是电视中充满大量的表情信息。二是画面信息更易于理解，加大了传播面。保罗·埃克曼（Paul Ekman）和瓦利塞·菲雷森（Wallise Friesen）指出，门外汉对表情讯息的解释常常与专家的解释相吻合。三是视频直播是无间断性的流动，即全运动传播；文字和图片是被人们不断转发传播的，因此是间歇性流动，即半运动传播。四是受众体验。上述这些区别直接导致两种直播带来感受区别，即视频直播带来的"现场感"（"同在感"）和"真实感"是难以企及的。媒介越是能轻松地"捕捉"到场景和场景内所发生的事情，讯息就越真实。"讯息与真实的行为和事件联系得越紧密，它们就越不易被操纵和控制。"① 现场感一直是电视所引以为豪的功能，其口号常常在无意间展示这一特性，比如探索频道的宣传语"与世界一同见证"。很多专家都认为，电视所能使

---

① ［美］约书亚·梅罗维茨：《消失的地域：电子媒介对社会行为的影响》，肖志军译，清华大学出版社2002年版，第103页。

用的现场直播，使其在连接大众和事件中优于其他媒体。而连接人与人、事件与事件是现代国家发展的必需议题。

表2-2　视频直播与图文直播的区别

区别维度	视频直播	图文直播
表现方式	直接式	转述式（主要指文字）
理解难度	更易于理解	有文化要求
出现效果	流动性无间断性信息	半流动性间歇性信息
受众体验	同在感强	同在感弱

四、网络视频的发展历程

网络视频节目始源于 2004 年，涌动于 2009 年。2004 年伴随着宽带的普及和流媒体技术的发展，网络视频开始在世界范围内兴起。2005 年 4 月 15 日，我国第一个网络视频平台土豆网正式上线，这也是全球最早上线的视频网站之一。2006 年，优酷、酷六平台成立，此时，各路精英和资金纷纷投入网络视频领域。据不完全统计，截至 2008 年，国内各类视频网站有 600 多家。2006 年，胡戈创作的网络短片《一个馒头引发的血案》走红全国。自此，网络视频开始引起国人的关注。但那时还停留在播客视频阶段。2008 年，在规范管理和金融危机的背景下，视频网站经历了一轮大浪淘沙，留下的规模性视频网站基本上开始以传统影视节目转播为经营模式。而国内视频网站真正开始提供内容丰富的高清视频节目则始于 2009 年，包括电视剧、新闻资讯、综艺娱乐、文化科教、体育等各类节目。从 2009 年起，人们可以绕开传统的电视机，绕开电视对收视时间、收视空间、收视方式的规约，从远远富足于自家电视机所能提供的视频资源中任取所需，任意体验。然而，从严格意义上讲，"播客视频"和"网络电视"还不能算作"网络视频节目"，这两种视频传播仅仅是网络集纳或传输功能的体现。

网络视频节目的自制高潮开始于 2008 年，涌动于 2011 年。2008 年北京奥运会举办，搜狐、新浪、网易、腾讯等九家网站，不仅获得授权转播奥运会，还原创并制作了不少节目，比如搜狐视频的《冠军面对面》《奥运辩论会》《搜狐北京播报》等多档节目都受到市场认可。但视频网站真正把自制节目作为战略性发展举措，并制作不同类型的常规节目，则开始于 2009 年。2011 年，面对当时不断陡升的版权价格，各大视频网站开始加快步伐，重磅出击，迅速推出了脱口秀、综艺、访谈、专题等多种类型的节目，如《微博乐不同》（腾讯视频）、《我为校花狂》（乐视）、《大鹏嘚吧嘚》（搜狐视频）、《全民相对论》（凤凰视频）等，都颇受欢迎。尤其是《罗辑思维》（优酷）一经推出就迅速火爆，彻底让国人明白了视频网站不仅是节目中转站，还是节目制造商。郭德纲、杨锦麟、朱丹等众多知名人士也纷纷"参战"网络自制节目。2012 年上半年，优酷视频综艺频道播放量前 20 位的节目中，有 8 个是网站自制节目。在这次发展的高潮中，网络媒体完成了从"传播平台"到"传播媒体"的蜕变，网络媒体不仅因其视频资源的丰富性和收视方式的灵活便捷性吸引受众，也因高质量的独有节目狠抓受众眼球。这次发展的浪潮还正在汹涌地进行着，视频网站自制节目的创意不断在涌现、质量不断在提升、类型不断在多元化。网络视频媒体从电视媒体的"渠道竞争者"开始转变为"全面竞争者"，同时网络视频媒体之间的"差异化竞争"也开始呈现。

网络视频自媒体发展高潮的来到表现为直播和短视频的兴起。2010 年，谷歌旗下 Youtube 就开始推出网络直播服务。网络直播大范围风靡始于 2013 年左右，在时间上网络直播稍稍早于短视频，但两者都是一经推出即迅速受到市场青睐。直播与短视频在基本特性上有明显区别，但都因为技术门槛低、创作门槛低具备被广泛使用的先决条件，同时又能带给使用者身心和经济方面的收益，于是又一次形成发展高潮。这次发展高潮的典型特点是全民参与，即全民创作、全民传播和全民观赏，与之前以专业机构制作为主，通过网络有序播出的产业形态有了一定的区别。网络视频自诞生以来，在短短的几年中不仅带来了全民媒体使用行为和趣向的转变，也不断被创新化使用，在综艺、教育、购物、游戏等诸多方面都有不俗的表现。

总体看来，在网络视频的发展过程中，"传播渠道"的障碍或优势正在一同消亡，竞争对手越来越多，竞争方式越来越直接。在内容创作方面，无论是本土自制节目、引入国外节目、联合制作节目，还是自媒体节目，网络视频媒体都充分利用了自由性和开放性的媒体特点，使其节目与传统的电视节目在定位、风格、言论度、创意度等方面均有一定区别，表现出鲜明的小众人群节目供给趋势，实现了网络"全媒体"的"全民众"传播，也实现了"分众化"个性传播。网络直播是网络视频一连串发展高潮中的一次，它的发展也必然会继承以往视频的一些经验和手段。

第二节 网络直播的构成要素

一、内容生产与经营的基础——平台

社会化媒体包含三个层次：底层是社会化媒体技术，中间层次是社会化媒体应用和产品，最高层是社会化媒体的平台。① 直播平台是网络直播技术终端实践的必备设施和效果保障，其在各方面的设计都将直接影响终端使用群体、使用方式和体验度，主要包括以下五方面内容：第一，直播平台的整体设计风格带来的视觉效果，是登录平台后的初步浅层体验；第二，网络直播决定着内容的垂直分类，即设置哪些直播频道，如户外直播、二次元直播、脱口秀直播、购物直播等，将会直接影响主播和用户群体；第三，直播平台决定着内容的生产方式，弹幕、打赏这些语言的表达都由平台做出基础设定；第四，直播平台的经营理念和管理制度，如主播收入模式、推送主播的算法、主播奖惩制度等，直接决定主播和用户的行为以及最终传播内容；第五，设置直播平台的各种功能，如打赏功能、互动功能、魔法表情功能等，直接决定主播和用户的使用方式和过程感受。由于平台是直播技术落地的先决条件，也是应用的基本架构搭建者，因此，直播平台凭借各种优势权利而影响直播的内容生产、传播行为、消费方向等等。

目前，直播平台主要有以下四种大的类别（见表2-3）。

表2-3 直播平台种类

平台种类	举例说明
专业直播平台（游戏、比赛类）	龙珠直播、企鹅电竞、说球帝、直播吧等
综合直播平台（生活娱乐类）	虎牙、斗鱼、哔哩哔哩、YY等
短视频直播平台	抖音、快手、火山视频等
电商直播平台	天猫、淘宝、蘑菇街、HIGH购等

二、内容生产与经营的核心——主播

有人开玩笑说，1998年美国电影《楚门的世界》里的男主角楚门，是这个世界上最早的网络主播，还坐拥千万粉丝！因为他的每一天的每时每刻都暴露在观看这款节目的观众眼皮底下。在这个电影里楚门被24小时直播，除了他和老婆私密生活镜头不被播出以外，其他所有的生活细节都被仔细地记录着。在网络直播时代，人人都可以成为主播，近乎零门槛地成为拥有世界传播范围的传播人。但这种权限并不意味着人人都会去尝试，或者说有传播的意愿。Katrin Scheibe等三位学者调研发现，想要开设直播的受访者只有45%。② 其中，认为

---

① 参见彭兰《社会化媒体——理论与实践解析》，中国人民大学出版社2015年版，第2～3页。

② Katrin Scheibe, Kaja J. Fietkiewicz & Wolfgang G. Stock, "Information Behavior on Social Live Streaming Services", *Journal of Information Science Theory and Practice*, 2016, vol. 4, No. 2, pp. 6-20.

自己的能力不足，是主要原因。

（一）主播是直播频道的开设者，也是内容生产和经营的责任人

　　"主播"包括直接出现在视频中的主持节目人、做各种表演的人，以及只通过摄像头传输信息，但自身并没有出镜的泛视频信息直播人（即泛视频信息传输主播）。泛视频信息传输主播在本书中也被包含于主播这一概念之中，因为他们都是自己直播频道的控制主体，控制着传播内容和频道经营。泛视频信息传输主播手中的摄像机就是话语代言器，视觉语言是他们主要的表达方式。出镜主播主要包括秀场主播、游戏主播和电商主播三大类，可以细分至多个垂直领域。秀场主播是脱口秀表演、音乐表演、舞蹈表演等各类展示性直播间的主人；游戏主播主要是对网络游戏的解说，有声语言是其主要传播方式；电商主播是指以售卖产品为目标的传播主体。主播们往往也是自己节目的策划者、摄像师、化妆师、舞美等，拥有如有声语言、服饰语言、空间语言、色彩语言等多种传播手段和符号的组合。在网络直播节目中，主播就是绝对核心，甚至全部。因为自媒体大多属于个人行为，就好像微博一样，明星的微博有专业团队运行，而普通人的微博一定是由个人通过采写编来组织生产内容。在本书研究所做的"您怎样看待主播在直播节目的重要性"调研中，选择"重要"和"非常重要"的被访者分别占 22.04% 和 24.69%，具体如图 2-1 所示。

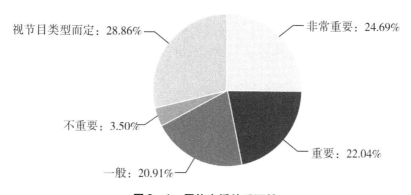

图 2-1　网络主播的重要性

（二）年轻是主播最鲜明的画像

　　《2018 主播职业报告》显示国内网络主播中，"90 后"占 68.40%，"95 后"占 15.70%；而职业主播中，"90 后"更是占到了 72.50%。女性主播占主导，

比例高达 78.80%；而男性主播仅占 21.20%，男女主播比接近 1：4。① 电商直播领域，"90 后"占比一半，是绝对的主力；年龄最大的主播是 109 岁，最小的是"00 后"；女性是淘宝直播主力军，超过 65% 的主播是女性；但是男性主播增长迅速。②职业主播占比呈增长趋势，据陌陌《2019 主播职业报告》，受访主播中，有 33.40% 为职业主播，2018 年这一比例为 31%，2017 年仅为 27.60%；"赚钱""兴趣爱好""打发时间"是其选择做主播的主要目的。③ 全职的创业型主播依旧是少数派，但社会已经普遍认为主播是一种职业。

（三）主播的专业背景呈现出一定的规律性

艺术学专业学历背景的最多，占比 38.70%；其次为管理学、经济学专业，占比分别为 12.20%、9.10%；文学、工学、教育学专业相对较少，占比分别为 7.90%、7.10% 和 6.80%。④ 数据还显示，主播收入、稳定性均与其学历高低成正比。本科学历主播直播 2 年以上占比为 22.80%，硕士以上学历主播直播 2 年以上占比为 31%，但均远高于平均水平。⑤ 有不少主播为了长期从事该职业并保有职业竞争力，每个月都会花费一定费用进行自我能力提升和直播设备升级。

笔者为了对主播的播出行为进行较为详细的描述，选取了虎牙直播排名前 10 位的主播进行参与式观察。观察的时间段为播出高峰期（22：00 - 22：30），连续 5 天跟踪，对主播传播内容录制后进行详细的分析并得出其播出具体行为表现、语言表达的内容和频率如图 2 - 2 所示。首先，可以看出直播过程中知名主播们的行为是比较灵活多样的；其次，直播中互动性具有明显的体现，也就是说他/她们把直播的互动功能进行了充分的利用，如"回复观众弹幕和评论""提出打赏的要求""和其他主播连麦"等；最后，直播的随意性很强，吃东西等都成了播出内容。

① 参见《2018 主播职业报告》，见陌陌社交平台（https://www.pcpop.com/article/5142695.html），引用日期：2023 年 4 月 10 日。

② 参见《2020 淘宝直播新经济报告》，见新浪网（https://tech.sina.com.cn/roll/2020 - 04 - 01/doc - iimxyqwa4390398.shtml），引用日期：2023 年 4 月 10 日。

③ 参见《2019 主播职业报告》，见陌陌社交平台（https://www.pcpop.com/article/5142695.html），引用日期：2023 年 4 月 10 日。

④ 参见廉思《关于中国网络直播发展态势调》，见新华网（http://www.xinhuanet.com/zgjx/2018 - 01/12/c_136889831.html），引用日期：2023 年 4 月 10 日。

⑤ 参见《2019 主播职业报告》，见中国报告大厅网（https://news.chinabaogao.com/wenti/202001/0194K0402020.html），引用日期：2023 年 3 月 10 日。

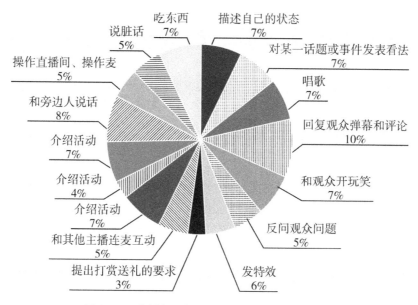

图 2-2 主播行为频次统计（以虎牙主播为例）

资料来源：图片及数据均为作者自己整理。

（四）网络主播与电视主播的区别

网络主播与电视主播、主持人，称谓重合或接近，依附媒体的特征和传播形态也非常相近，但二者之间却有以下三个方面的差异：第一，传播模式差异。电视传播主体是通过单向传播进行内容推送；网络主播与受众可以自由互动，在互动中共创节目内容。第二，内容生产方式差异。电视传播主体内容生产的背后是专业团队的支撑，由策划、拍摄、制作到播出均呈专业一体化；网络主播的内容生产往往依赖于主播个体，内容生产与传播比较随意。第三，角色任务差异。电视传播主体专心于主持节目、生产优质内容，但网络直播不仅需要生产和传播内容，还要全面进行媒介运营与管理。因此，"播主"或许是网络直播主体更恰切的称谓，"播"指"播出"，"主"指"主人"，更为强调角色的综合管理特征。网络主播和电视主播的上述差异，还会在本书后面相关章节的论述中得以深入体现。两种媒介的传播主体多方面的明显区别，既是对技术的应用体现，也是人们充分利用传播机遇的体现，"技术媒体使个人和他人以新的、有效的方式传播交往，个人调整其传播行为以便和技术媒体的配置所提供的机会相一致"①。

---

① ［英］约翰·B. 汤普森：《意识形态与现代文化》，高铦等译，译林出版社 2008 年版，第 251 页。

三、内容传收主体——受众/用户

受众是指收看直播或收看并参与直播互动的主体，包括有意受众和随意受众、参与型受众和旁观型受众。有意受众是指自觉或比较自觉地连接网络直播并接收信息的受众。这部分受众一般有着较为明确的动机和目的，其收看、参与直播互动的频率相对比较稳定。随意受众是指虽然有连接直播和观看的行为，但对直播无主动需求的受众。随意受众因为在主观意识上是可有可无的状态，所以不会努力寻找观看和参与直播的机会。参与型受众是指积极互动深入参与直播的受众；旁观型受众是指只观看直播，不互动和深度参与直播的受众。

网络直播的受众既是信息的接受者，也是信息的传播者，拥有话语表达权和沟通权，即在直播中受众有随时发言的方式和渠道，渠道为"连麦""弹幕"打赏，方式为语音交流、各种符号的自由组合和货币购买的打赏符号。因此，网络直播受众也可以称为用户，是平台和主播频道的双重消费者，是内容和价值的双重创造者，还是体验服务的共同制造者。

（一）网络直播用户黏性强

陌陌《2018 主播职业报告》显示，66.20% 的用户每次看直播时长超过 30 分钟，44.90% 的用户每天看直播超过 1 小时。男性对于直播更感兴趣，68.4% 的男性用户每天观看直播时长超过 30 分钟，女性的这一比例为 60.20%。每天观看直播超过 30 分钟的用户中，"90 后"占 52.70%，"80 后"占 24.50%，"95 后"占 15.70%，上述数据充分说明网络直播用户的黏性很强。[1] 本书研究所做的一项名为"网络直播用户关于收看直播的频次"的调查结果显示，59.91% 的受访者选择"不一定"，每天至少一次及以上的占 25.12%，如图 2-3。

有调研显示，关于网络直播使用时间，无论是在平时还是在周末，大约有近六成的用户主要集中于晚上 8—11 点使用视频直播平台；约有近三成的用户于傍晚 5—8 点使用。[2] 中国电信对网络新闻、网络购物、网络直播等六类常用型 App 的用户行为统计结果显示，19:00 到第二天 2:00 这一时间段，网络直播都有明显的使用优势，如图 2-4。这充分说明网络直播是人们下班后重要的娱乐和陪伴性场域。

---

[1] 参见《2018 主播职业报告》，见陌陌社交平台（https://www.pcpop.com/article/5142695.html），引用日期：2023 年 4 月 10 日。

[2] 参见周葆华《谁在使用视频直播？——网络视频直播用户的构成、行为与评价分析》，载《新闻记者》2017 年第 3 期，第 5 页。

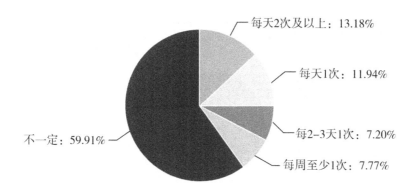

图2-3　网络直播的用户收看直播的频次

资料来源：图片及数据均为作者自己整理。

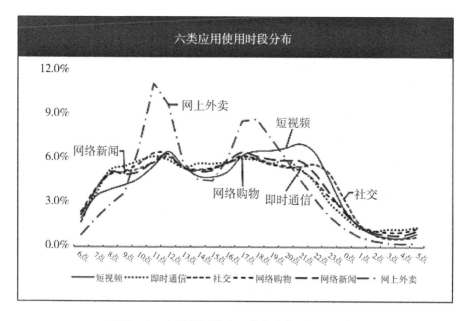

图2-4　六类常用型 App 的用户使用行为示意

（资料来源：中国电信。）

（二）网络直播用户是以年轻人为主

有数据显示，网络直播平台用户中 30 岁以下的用户接近八成。① 本研究通过问卷调研发现，超过半数的用户并不会固定使用某一个或者某几个直播频道，

_____

① 《直播平台用户以年轻消费群体为主　行业步入稳定发展阶段》，见中国报告大厅网（https://www.chinabgao.com/info/1243354.html），引用日期：2023 年 3 月 15 日。

如图 2-5 所示；而且跟收入、学历没有直接关系，但与性别呈现出一定关联性，男性选择固定频道的比例高于女性近 11 个百分点，如图 2-6 所示。

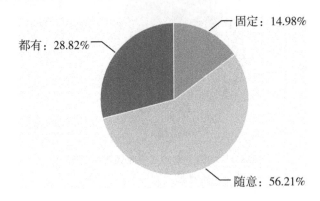

图 2-5　用户选择直播频道的行为习惯

资料来源：图片及数据均为作者自己整理。

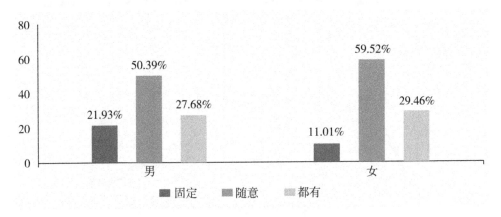

图 2-6　用户性别与选择直播频道的关系

资料来源：图片及数据均为作者自己整理。

《2020 中国网络视听发展研究报告》显示，男女用户喜好不同类型的直播，整体来看，喜好排名前 3 位的是游戏直播、娱乐直播、美食直播，排名最次的是美妆服饰类直播。男性用户直播喜好排名前 3 位的是娱乐直播、游戏直播、新闻直播，最不感兴趣的一类直播是美妆服饰直播；女性用户直播喜好排名前 3 位的是美食直播、美妆服饰直播、娱乐直播，最不感兴趣的一类直播是教育直播；从数据占比来看，男性用户对于各类直播的喜好表现明显，数据差距较大（例如游戏直播占 56.50%，美妆服饰占比仅 8.70%）；女性用户对各类直播的喜好表现差异不大，数据较为平均，差距小。由此可以看出，女性用户对直播内容的接受度较高，属于大范围涉猎型。①

（三）受众是媒介的核心

"受众商品论""受众本体论""注意力经济说"等理论均说明了受众是媒介的核心。无论是媒介的宣传功能还是商业价值，其实现的途径都是影响受众。任何一个受众对于媒体而言，都是其成长或衰败的重要因素，对于网络直播来说更是如此，受众决定着直播频道的内容、位置、收益和氛围等。

四、信息交流手段——弹幕

媒介即关系的学术论断，充分说明个体是通过工具相互沟通和相互联系的。网络直播具备传统视频传输的基本表达手段——声音和画面。有声语言和各种副语言都是主播可使用的表达手段，由于网络空间相对自由，呈现出五花八门的表现方式，服饰、空间、道具等都被充分利用。与电视直播不同的是，网络直播赋予了用户表达沟通和参与节目的权利，弹幕是主要的实现手段。"弹幕"一词来源于军事领域，意思是炮弹疾风骤雨地攻击敌人。媒介领域首先出现"弹幕"一词是在射击类游戏中。它是指一方用密集的子弹攻击另一方，子弹像"弹雨"一样从屏幕划过。视频弹幕从日本引入，2007年6月我国第一家弹幕视频网站Acfun（简称"A站"）成立，这一年也被称为我国"弹幕视频网站元年"。视频弹幕是指在视频播放过程中，用户将自己想表达的意思通过各种文字或符号组合形式在屏幕上以滚动的方式即时播出。

网络直播更把视频弹幕推向了"即时互动"时代。而"互动"一直被认为是社交媒体区别于其他媒体并保持活力的根本所在，用户在互动的过程中形成关系连接并且维持社会网络。② 使用者不仅能够自主创新符号进行意义的交流，而且能够同时发生多向度的互动，在互动过程中实现其表意功能。弹幕的表达除了符号本身的组合之外，还包括在视频中的位置、字号、颜色、覆盖方式等。表达的内容多与视频播出内容有关。问讯性信息、评价性信息和情绪性信息是弹幕的主要信息类别，也有三类信息融合表达。有调查显示，77.27%的被调查者选择登录弹幕视频网站是因为可以围观、吐槽，68.18%的被调查者享受集体吐槽的感觉，49.68%的用户认为弹幕可以使人心情愉快。③ 36%的观众通过发送相关

① 《2020中国网络视听发展研究报告》发布：《透视行业发展，洞察未来趋势》，见澎湃网（https://www.thepaper.cn/newsDetail_forward_9553462），引用日期：2023年3月15日。

② Pauline E. W. van den Berg, Theo A. Arentze and Harry J. P. Timmermans, "New ICTs and Social Interaction: Modelling Communication Frequency and Communication Mode Choice", *New Media & Society*, 2012, Vol. 14, No. 6, p.10.

③ 参见郭磊《我国弹幕视频网站的受众研究》，云南大学2015年硕士学位论文，第23页。

评论引起主播的注意，希望主播能够回答自己的问题和点评评论。① 应该说，弹幕是一种即时自由的观点表达方式，没有语法、修辞、格式等规则限制。某公司把一个演讲视频放到了 B 站，其本意是宣传公益，没想到，其中的观点却引来网友们的集体嘲讽。有人统计，40 万的流量引来了 7000 多条弹幕、9000 多条评论，视频完全被批判的声音淹没。

可见，弹幕的传播弱点也很明显。一是自由表达很容易形成群体性情绪宣泄。有时发出者也不能清楚解释其使用的不规则符号组合的意思，这就造成不规则性的自我解读。二是意义表达浅层。因为单条弹幕在视频画面中停留的时间大约为 3 秒钟，所以通过弹幕的交流是瞬间的一种浅层交流，语言影响力上还有一定局限性。评论有用性研究证明，评论长度是评论有用性的重要影响因素。因此，弹幕表达观点简单但情绪明显。尽管如此，可以肯定的是，弹幕不仅是一种新的技术和新的沟通方式，更是大众话语表达权的扩展。本研究调查显示，超过半数的人偶尔会发弹幕，5.24% 的用户选择"经常发"，仅有 40.86% 的受访者选择"从不发"，如图 2-7。上述数据一方面说明直播用户对弹幕的使用较为广泛，另一方面说明对弹幕的使用比较轻松、自由，"想发就发"是其用户的行为写照。

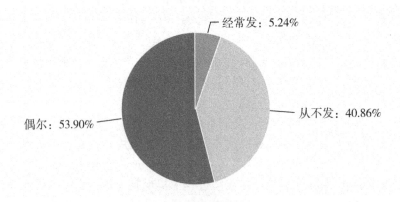

图 2-7 弹幕使用现状

五、交流与交易的双重手段——打赏

打赏是指为感谢别人的服务而给予一定的财物回报。它并不是一种完全新鲜的支付方式，比如我国古代戏曲、相声、杂耍表演等都有这样的付费习惯。西方国家的"小费"也与此类似。随着互联网技术的发展，打赏成为一种网络商业模式，文学网站、微博、公众号等均在使用。网络秀场 9158 在 2005 年创始时便

---

① 参见倪琼《从传播心理学分析网络视频直播》，载《新闻传播》2016 年第 11 期，第 99 页。

以打赏作为主要的盈利模式。① 今天，打赏是网络直播重要的交易模式和盈利方式，即用户通过在线打赏的方式给予主播资金回报，主播与直播平台分成获得最终演出收益。对于打赏的金额，主播要与平台分成。目前各大直播平台主播和平台的分成比例大致情况为：映客 6.8∶3.2；花椒 3∶7；陌陌 6∶4；火山 4∶6；美拍 6∶4。

陌陌《2017 主播职业报告》数据显示，看过直播的用户中，66.80% 都有过打赏主播的行为。《2019 主播职业报告》数据显示，79.40% 的用户每个月会在直播中进行付费；而且年纪越轻的用户在直播中付费习惯越成熟，付费金额也越高②。调查还显示，82.20% 的"95 后"用户每月都会在直播中进行付费，其中29.60% 的"95 后"用户月均打赏超过 500 元，21.60% 的"95 后"用户月均打赏 1000 元以上。此外，经济越发达的沿海城市用户，越爱在直播中付费。③ 本研究中的问卷调查显示，参与打赏的用户人数占比接近 50%。这说明，由于调研人群不同，打赏的主动性有一定差别，但基本证明，打赏是直播中一项普遍性行为。"喜欢主播"和"喜欢节目内容"是用户打赏的最主要的原因，还有很多被访者说不出具体原因，如图 2-8。这说明打赏是一个综合性多因素促动行为。

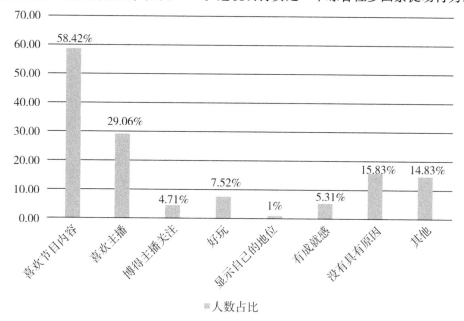

图 2-8　用户打赏动因

①　参见徐切《微博打赏商业模式探析》，载《青年记者》2015 年第 24 期，第 64 页。
②　见陌陌社交平台《2017 主播职业报告》，见网易（https://www.163.com/dy/article/D7QAM1US0518D0F5.html），引用日期：2023 年 4 月 25 日。
③　见陌陌社交平台《2019 主播职业报告》，见观研报告网（https://news.chinabaogao.com/wenti/202001/0194K0402020.html），引用日期：2023 年 3 月 10 日。

关于打赏额度和打赏人群，今日网红网站发布的《2018年中国互动视频行业研究报告》显示[1]，在统计花椒、映客、一直播三大直播平台的数据后，发现各平台打赏金额排名前1万共计3万名"土豪"用户数据，其中男性"土豪"占比59%。这3万名"土豪"在1年内为主播打赏了35.092亿元，占三大直播平台流水的43%。站在打赏金字塔上的38名"土豪"用户，1年的打赏均超千万元；打赏金额超500万元的也有96名。这三大平台中，累计共有5652名用户年打赏超50万元。其中，一直播平台曾有用户累计打赏女主播共1.3亿元，成为年度打赏冠军。[2]

直播平台通过设定代表一定金额的打赏图形来帮助用户来完成打赏。比如，虎牙直播中设置了从价值1毛钱的荧光棒和宝剑到代表4999元的藏宝图。虽然这种支付方式的雏形早已有之，但作为一种广泛使用的支付方式被应用于互联网社会还是具有相当的创新性和意义的。首先，打赏改变了媒体必须打广告盈利的传统模式，尤其是为自媒体提供了一种重要的获利模式。凯文·凯利（Kevin Kelly）的一个1000名铁杆粉丝理论告诉我们：创作者，如音乐家、摄影师、演员、设计师等，即任何创作艺术作品的人，只需拥有1000名铁杆粉丝，就能养家糊口。如此说来，网络主播只要拥有1000名铁杆用户，在打赏渠道畅通的情况下，其自媒体频道就具有存在动力了。其次，改变了传统的定价主体，即把卖方定价变为买方定价，而且有权力定价为"零"，即不打赏。这也意味着把硬性收费改为自愿付费。最后，打赏解放了付费时间。用户可以在消费过程（从开始到结束）的任何时间自由支付，而且可以自主决定支付次数，从零次到无数次。打赏把支付从一种瞬间行为变为一种过程性体验，从个体私下交易行为变为群体展示性行为，从一次性心理决定行为变为持续性心理决定行为。打赏与媒介付费的区别见表2-4所示。

表2-4　打赏与媒介付费的区别

付费方式	打赏	媒介付费
支付特征	情绪情感体验的过程	瞬间必须性行为
	支付金额自我决定	按照定价支付
	零至无限次支付	一次支付
	支付过程可视	支付过程不可视

① 《揭秘网红直播现状：有人一天赚10万 但大部分都在" 吃土"》，见网易（https://www.163.com/dy/article/DPLAOVQ3053110SR.html），引用日期：2023年3月10日。

② 《2018年中国互动视频行业研究报告》，见网易（http://www.360doc.com/content/17/0828/12/14193150_682729821.html），引用日期：2023年4月10日。

续表 2-4

付费方式	打赏	媒介付费
支付结果	物质+情感	物质
	用户间情感竞争	用户间无黏连关系
	群体展示与认同	无展示和延伸功能
	主播与打赏者快乐共享	媒体人无直接感受

"礼物"不仅具有货币支付功能，还具有情感表达价值。互动情境有两个维度，一是相互关注的程度，二是情感连带的程度。代表不同货币价值的趣味符号，不仅是表达相互关注的一种方式，更被注入了多种情感，如"开心""兴奋""喜爱""感动"等，因为符号在互动情境中会获得情感意义，同时这些情感会随着符号在会话空间传播，久而久之还会影响人的思维方式。直播打赏也充分体现出文化或符号与经济的相互支持、相互作用。直播互动过程中的主导要素是情感和符号，但物质是必要性保障条件。

综上所述，打赏这种支付方式，由于在网络直播中以符号的方式公开性展示，因此就具有了语言交流的功能；同时，因为打赏可以影响到主播的传播走向和内容，所以，打赏既是一种传播权利和交易方式，也是一种传播手段。

第三节 网络直播的传播特征

一、真实拍摄、真实分享、成本低廉

无论直播内容健康与否，也无论被直播对象是原生态还是具有表演成分，被拍摄和传播对象均被客观地真实拍摄，并未经过修剪地传送出去，直播是场景的"真实搬运工"。"真实"是媒介的本性，也是媒介的立足之本，如果没有真实性，大众媒介的监督功能就会出现故障，媒介的仪式性也难以成立。"现场感"不仅是一个媒介形态的术语，更是一个社会建构的词，其依赖于媒介生成自身所能实现的"真实"。这便是电视媒体为什么对大型活动、仪式要采用直播的方式予以呈现的原因。本书前面章节已经论述，回归到早期电视，所有节目都是现场直播，电视就是直播媒介，看电视就等于看现场直播。"直播"本身所意味的真实性，甚至超越了被直播对象的真实性，也就说"直播"二字本身就意味着传播的仪式性和非虚假性。仪式通过重复性的形式生产着观念，无须明确暗示，无须以信仰作为中介。主播坐在摄像头前，每开始一次新的播出，也就是在"继续"着由个人创造的仪式链。梅洛维茨认为，编码的过程越是抽象、有阻隔和缓慢，讯息则越不像它们所代表的东西。相反，媒介越是无须花大力气简单地就能"捕捉"到一个场景内所发生的事情，讯息则越能真实地反映行为。由此可知，一般仅有一个摄像头的网络直播就极具真实性了。

Novak 发现，与录播电视节目相比，观众认为直播节目更具真实性、权威性、互动性和信息价值。[①] Frasca 和 Edwards 则发现，能够引起用户争议的"开放的"媒体来源通常被认为比"封闭的"媒体来源更加可信。比如 Facebook 上的不实信息能够通过用户评论予以纠正；直播观众能够与媒体内容进行互动和评论，这种能力有助于受众获得更高层次的可信度的感知。[②] 所以，真实传输的特性和互动讨论的功能相加，就可以认为直播传输的真正意义在于其对真实世界的"接入性"。

直播中所有的演出都被真实分享，所有的情感都真实地流露。朱丽娅·伍德（Julia Wood）提出的八条朋友的交往原则被广泛认可，第一条就是"分享成功的喜悦"。这从一个侧面显示出"分享"对人与人之间关系的重要性。分享行为首先基于节点对于信息的价值判断。互联网实时性信息更新改变了大众的价值判断习惯，不再受传统媒体时代品牌价值凝结的忠诚度驱使，而是接收新闻信息处于不断完善、从不完美到完美的过程，并在分享和讨论过程中逐步还原、重塑、修正事实真相。[③] 在网络直播中，传播主体分享自己的感知、判断、选择的信息，分享自己的表演、着装、情绪等。在这一过程中，主播们分享全视听的信息，包括自身信息、他人信息和环境信息，并且使多种符号、多种文本得到综合性传播。主播是信息网的圆心，用户刻画出圆周，用户越多，范围越广，圆的面积越大。每个主体都是信息节点，也都是信息的创造者、分享者和消费者。这种分享权利基本无须授权或购买，门槛很低，边界很远、影响很广。所有分享节点与内容生产节点共同构成传播的社会协作。喻国明等人认为，使用者的表达欲和分享欲在微博中能得到极大满足。[④] 直播则让使用者的表达欲与表现欲得以充分实现，用户虽然无法复制信息转发，但可以通过弹幕、礼物、连麦等形式分享自己的所思、所想和所感。

客观真实分享的对象即拍摄内容，拍摄内容即传播符号，传播符号即接收符

① Christopher Craig Novak, "Live Versus Recorded: Exploring Television Sales Presentation", University of South Florida, 2012. p. 5.

② K. J. Frasca and M. R. Edwards, "Web-based Corporate, Social and Video Recruitment Media: Effects of Media Richness and Source Credibility on Organizational Attraction", *International Journal of Selection and Assessment*, 2017, Vol. 25, No. 2, pp. 125 – 137.

③ 参见喻国明、张超、李珊等《"个人被激活"的时代：互联网逻辑下传播生态的重构——关于"互联网是一种高维媒介"观点的延伸探讨》，载《现代传播》2015 年第 5 期，第 3 页。

④ 参见喻国明、欧亚、张佰明等《微博：一种新传播形态的考察——影响力模型和社会性应用》，人民日报出版社 2011 年版，第 26 页。

号。这种真实而简单的操作流程直接带来视频制作与传播的低廉成本，因为其削减了后期制作费用、拟像制作费用等。网络直播呈现出"三低"的特点：制作成本低、传播成本低和分享成本低。这些特点也带来了网络直播的失范成本低、行为捕捉困难等问题。

二、即时互动、视频呈现、观赏式交流

米哈伊尔·巴赫金（M. M. Bakhtin）认为，无论在何时、何地、何领域中，就何原因使用语言，也不论语言表达的内容是什么，都存在着对话关系。巴赫金说："人的存在本身，便是最深刻的交际。存在就意味着交际，生活本质上是对话性的。"① 因此，他认为人的生活是通过语言来表达的，而生活本身就是没有终结的对话。媒介活动亦是如此。与对话一样，发出声音也是人类共有的需要。但在传统媒体时代，普通大众随时"自由发声"是难以实现的。"互动传播"是随着新媒体的普及才在传播领域被广泛应用的，但媒体人一直就有着互动节目思维，并一直尽力实现互动。在 20 世纪 20 年代广播刚刚在中国诞生不久的上海，就有《唐小姐信箱》这种以书信方式互动的节目。但这种互动被很多学者认为是"模拟人与人的互动"，"人与人身体的互动关系缺失是现实存在和无法完全恢复的"。从信息传播的角度讲，对信息的有效表达是建立在对反馈信息的深度理解和把握之上的。梅尔文·德弗勒（M. L. Defleur）等传播学者在《大众传播通论》中明确指出，当传播者正确解释反馈示意并调整信息内容，使阻抗尽可能减少时，就发挥了作用。发挥作用就是传播者运用反馈来判断哪些符号最能在接受者身上引发预期的含义。反馈也就是信息的部分回流，是通过有关一个系统过去行为的信息来控制这个系统的未来行为。但传统媒体的互动处于一种非即时性、非直接性的自发状态。

从传统媒介时代安东尼·吉登斯（Anthony Giddens）表述的"单向式的媒介性精准互动"，到新媒体诞生后 MSN、QQ、微信等，媒介互动功能水平不断被提升，从文字互动发展到声音视频互动。但即时性视频流媒体的互动纪元开启于网络直播。王晓红教授直言，网络直播的本质就是互动。她认为："网络直播的技术逻辑是不断还原面对面的人机交互动的情景。"② 广播和电视在音视频传输的同时是不可能加入受众的话语表达的；但在网络直播中，用户以弹幕的方式发出信息，自由表达、相互交流，以各种价值不等的礼物符号传递意见、表达情绪，形成了一种高度互动性的人际传播场域。而网络直播的弹幕与网络视频节目的弹幕又有不同，"直播"这一特征保证了主播能够即时反馈信息，彻底改变了

---

① ［苏］巴赫金：《巴赫金全集》（第五卷），白春仁等译，河北教育出版社 1998 年版，第 378 页。

② 王晓红：《网络直播的本质是互动》，载《中国新闻出版广电报》2016 年 11 月 17 日，第 007 版。

"你说我听"的媒介传播模式，所有用户沉浸在一个公共空间，你一言、我一语，多点互动。大众媒介"生产—分发—接受"的固定封闭线路被修改，生产者和消费者的二元对立界限逐渐模糊。本书研究关于"观看直播的互动方式"的调研发现，用户互动最常用的方式是"点赞"，占60.40%；其次是"发弹幕"，占13.07%；选择"从不互动"的受访者仅有22.01%（如图2-9）。这说明互动是直播中的常规化行为，而选择简单互动或不消费性互动方式的用户占大多数，这也说明直播互动的深度有限。Scheibe、Fietkiewicz 和 Stock 三位学者通过在线平台 YouNow 对用户行为进行研究，发现观看直播过程中，用户的互动还是比较积极的，其中会聊天的用户占58.40%，会以各种表情对主播表示赞赏的用户达60.60%。此外，想要开设直播的受访者有45.00%。①

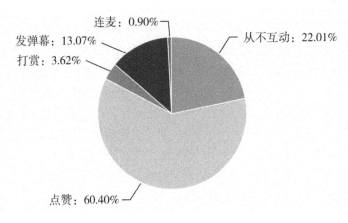

图2-9　互动方式

　　网络直播互动主要有三类基本模式：一是主播和受众互动，即所有主体参与其中进行互动；二是受众与受众互动，即由于节目类型所限，主播较少或根本不与受众交流，如户外直播主要是在受众之间互动；三是主播与主播之间通过连线形成互动，主播一方面仍然与自己的受众形成互动，同时与另一主播的受众形成间接互动。

　　直播互动包括了罗素·哈丁（Russell Hardin）划分的三种互动类别，即冲突互动、协调互动与合作互动。在一个纯粹的冲突互动中，只有一方有所失，另一方才能有所得。协调互动实质上恰好相反，在协调互动中，只有在他人也有所得的情况下，一方才能有所得。合作互动包含了冲突互动和协调互动这二者的因

---

① Katrin Scheibe, Kaja J. Fietkiewicz & Wolfgang G. Stock, "Information Behavior on Social Live Streaming Services", *Journal of Information Science Theory and Practice*, 2016, Vol. 4, No. 6, p. 12.

素。① 研究者依据不同标准对网络互动的类型进行了划分，其中较有代表性的类型有两种：一种是基于网络虚拟中介的标准将网络互动分为人际互动与机器互动，另一种是基于网民参与程度的标准将网络互动分为内容互动与人际互动。内容互动指向网民对网络内容所能参与其中的程度，人际互动则指借助网络中介网民之间的交流。② 显然，网络直播的互动更倾向于后者。约翰·B.汤普森（John B. Thompson）认为："技术媒体可以使人们能跨越时空距离而互动，然而传媒化的互动在性质上大大有区别于典型的面对面情景下的互动。"③ 网络直播至少是到目前为止视听媒介中互动性最强，最接近面对面场景互动的媒介技术。

网络直播不仅实现了即时互动，更首开观赏式交流之先河。卢米埃尔兄弟（Auguste Lumière，Louis Lumière）发明了电影放映机，使人们开始能欣赏到动态视频；电视机普及后，人们可以在家里随时享用视频大餐，并可以通过遥控器操控视频的调换；互联网被发明后，使信息交互变得越来越便捷。观赏与交流同步进行的体验是从网络直播开始的，这并不是影视欣赏与信息交流的简单功能的叠加，而是二者的高度融合，并产生新的共振效果。Sjöblom 和 Hamari 指出："在线直播在创作内容的同时，为内容生产者和内容消费者之间提供了一种实时的交互体验，从而使其区别于（传统的）广播电视媒体。"④ 网络直播其实直接把观影和对话这两种日常仪式在同一时间融合，自然也把情感的积蓄和释放加以融合。

共振的发生逻辑，是主播与受众、受众与受众之间产生了思想碰撞的动机，并付诸行动。但这种互动的发生并不是任意两个主体之间完全真空式的对焦，而是受到各种因素的影响，包括现实空间的"模板参考"、技术系统支持、平台功能设计、经济因素、空间氛围（包括长期氛围和瞬间氛围）等。当然，在这一互动过程中，主播是具有能动性的，是空间主体的核心，对空间互动的发生和走向有比较大的掌控权或影响力。

西方学者根据不同标准对网络信息互动的模式进行了分类。基于网络互动的复杂性，研究者将网络互动的模式归纳为三种：搜索模式（searching pattern）、浏览模式（browsing pattern）、监控模式（monitoring pattern）。基于互动行为的差异性，研究者将网络信息互动模式划分为四种：获取模式（仅仅是为获取信息）、关系模式（网民个体提供自我信息或回答疑问以期与对方建立良好关系）、娱乐模式（以聊天、问候、询问背景等方式满足自身需求，并保持与对方的表

---

① 参见郑永年《技术赋权：中国的互联网、国家与社会》，邱道隆译，东方出版社 2014 年版，第147 页。

② 参见钟瑛《社交媒体中青年网民的信息互动与平衡机制研究》，华中科技大学 2014 年版，第 7 页。

③ ［英］约翰·B. 汤普森：《意识形态与现代文化》，高铦等译，译林出版社 2008 年版，第 248 页。

④ Max Sjöblom, Juho Hamari, "Why Do People Watch Others Play Video Games? An Empirical Study on the Motivations of Twitch Users", *Computers in Human Behavior*, 2017, Vol. 75, pp. 985 – 996.

面关系）、转换模式（互动双方都以满足对方利益需求为前提，寻求与对方建立并经营长期关系）。① 由于在网络直播中主播依靠用户而获得人气和经济收益，而用户则需要通过主播满足其身心和精神需求，而双方关系的建立则是通过聊天、问候、询问、表演等方式来实现的，因此，网络直播的互动模式属于"娱乐模式＋转换模式"。

三、人际传播、大众传播、群体传播

人际传播是人类最本能的一种传播样态，只要人与人之间存在面对面的交流方式，就存在着人际传播。人际传播是个人与个人之间的信息传递，是由两个及以上个体系统的相互连接所形成的信息系统。在这个系统里，人们通过信息的接受，保持着相互影响、相互作用关系。② 大众媒介的介入在一定程度上削弱了人际交流的丰富性。比如，广播通过声音通达耳朵，报刊只能通过文字、图片通达眼睛，以电视为代表的视听媒介算是至今人类通达方式最丰富的大众媒介，最佳地发挥和体现了人际传播的交流优势。人际传播与大众传播的结合，一直被认为是电视媒体的优势和专利。白岩松曾指出："电视传播和其他媒体最大的区别就在于电视传播中有看得见的主持人因素，它是一种真正的人际传播。而在所有的传播方式中，人际传播是界限最少、最易达到效果的。"③ 网络主播依附于直播媒体，他们不仅和电视节目主持人一样可以面对受众，而且因为存在确实的互动通道，实现了近乎面对面的人际交流，把电视的人际传播又向真实化方向加以提升。同时，网络主播还是粉丝可以邀约走出屏幕的"人"，这就决定了网络直播是目前为止媒介人际传播特征最明显的媒体。人际传播带来的价值不仅是主体间的交流互动，同时还是主体间相互之间资源的交换。迈尔克·E. 罗洛夫指出，人际传播是处于一个关系之中的甲乙双方借以相互提供资源或协商交换资源的符号传递过程。④

关于自媒体，媒介这样描述："如果受众超过 1000 人，其影响力相当于一个布告栏，超过 1 万人相当于一本杂志，超过 10 万人则相当于一份报纸，而超过

---

① 参见钟瑛《社交媒体中青年网民的信息互动与平衡机制研究》，华中科技大学 2014 年博士学位论文，第 8 页。

② 参见郭庆光《传播学教程》，中国人民大学出版社 2009 年版，第 8 页。

③ 转引自孙玉胜《十年：从改变电视语态开始（修订年版）》，生活·读书·新知三联出版社 2012 年版，第 307～308 页。

④ 参见［美］迈克尔·E. 罗洛夫《人际传播：社会交换论》，王江龙译，上海译文出版社 1997 年版，第 25 页。

100万人，其影响力就相当于一家电视台了。"①很显然，网络直播平台和旗下的热门直播频道都具有大众传播的能力，是大众传播环境下的人际传播与大众传播，具有人际传播的亲切性和大众传播的广泛性。大众传播与人际传播在传播中是相互支撑、相互制约的关系，而群体传播则是大众传播与人际传播之间的变量。

群体传播是指群体成员之间发生的非制度化的信息传播行为，表现为一定数量的人按照一定的聚合方式、在一定的场所进行信息交流。传播的自发性、平等性、交互性，尤其是信源不确定性及由此引发的集合行为等是群体传播的主要特征。②但在传播活动中，成员还是要受群体形成规范的调节和制约。传统的群体传播在一定范围内的物理空间发生，比如广场、咖啡厅、街头等。这就呈现出空间的局限性以及因此而产生的参与人群的局限性。互联网则从技术上打破了这种交流的局限性。

网络直播中用户与用户之间虽有物理空间的隔离，却没有交流空间的隔离，大家都具有在直播平台发言的权利和见面的机会。与电视媒体对节目的精心策划、设计和制作不同，网络直播通常并没有严格的仪式程序和播出脚本，主播没有经过事先的精心排练，用户可以随时自由加入、即兴言谈。"随心所欲、各抒己见、共同创作"成为网络直播的节目特征。这种传播态势，有效调动了用户的广泛参与性和节目的广泛趣味性。中央电视台《开心辞典》曾经是高收视率节目，2013年因为收视率不佳而停播。但网络直播答题却在2018年年初红遍全国，用户数量远远超过《开心辞典》。其重要原因就是人人可以参与，人人具有获得奖金的机会。把电视节目中个别人参与、其他人观赏的节目形式，变为群体性参与并观赏，于是用户人数和热情被有效提升。这种传播态势，实现了群体参与公开展示。当多元主体在同一空间进行即时性符号碰撞时，符号传播的积极性、趣味性和夸张性都会同时增加，因为互动不仅仅是符号的显性交织，更是心理和思维的碰撞。相对宽松的符号传播空间，高度的社会临场感，使得直播成为主播与用户的"集体性自由狂欢活动"，剧目走势也已经完全不再由某个个体控制。有研究发现，"社交媒体提供了相互的社会参与和情感支持是其吸引人们的原因"③。集体关注提高共有情感的表达，共有情感反过来进一步增强集体活动和互为集体性的感受。因为人与人之间的关系模式是社会结构的表征。

以上这些传播特征融为一体相互关联，既是网络直播的本体机能，也是网络

---

① 吴定平：《微博"大V"为何更要讲社会责任》，见《联合日报》网站（http://read. lhwww. cn/Readingzone/PaperInfo/FB906809 - 87A8 - 4EBC - 9A99 - 7F7CE1A910E7? aid = DD7CE2D4 - 37CD - 4362 - 9DB2 - 2F5101ACF755），引用日期：2023年4月10日。

② 参见隋岩、曹飞《论群体传播时代的莅临》，载《北京大学学报》2012年第5期，第142页。

③ Kim, Hyosun, "Whom Do You Follow?: Examining Social Distance in Facebook Friendship and Its Influence On Brand Message Adoption", University of North Carolina at Chapel Hill Graduate School, 2015, p.30.

直播社会功能实现的基础；既依赖于技术的支撑，也依赖于人们的操作。

第四节　网络直播的多重属性

一、媒介属性

网络直播寄居于互联网，是互联网应用的拓展，从根本上属于媒介技术应用的范畴。它的基本功能是音视频的传输，所以，网络直播的第一属性必然是媒介属性，而且其以亿计的用户总量和百万以上的个人频道，使其大众媒介的属性无须再做讨论，值得研究的是它的微观属性。

首先，网络直播属于自媒体。如果说博客、微博、微信技术的到来实现了个人发表文章，那么个人电视时代的到来就应该属于网络直播，因为理论上讲，任何人都可以开设直播频道。作为自媒体，网络直播与博客、微博、微信又有不少异同之处：直播是"个人电视频道"，博客是"个人公开网站"，微博是"个人公开短信平台"，微信是"个人书信平台"。表2-5对直播与其他主要自媒体之间的异同之处做了详细比较。

表2-5　网络直播与其他主要自媒体的异同

媒体	网络直播	博客、微博、微信
相异点	视频画面	文字、图片符号为主，兼顾视频
	无时间差传播内容	有时间差传播内容
	即时互动	延时互动与即时互动并存
	不可复制转发、稍纵即逝	链接推荐、多次传播
相似点	依赖于互联网传播	
	基本无准入门槛	
	传播频次无限制性	
	传播时间无限制性	
	传播内容相对自由	

其次，网络直播属于视听媒体。从接收结果来说，任何个人开设的直播都与电视台动用大型转播车进行的电视节目没有本质区别，都是对被传播对象以音视频的方式进行零时差传输，受众得到的是没有被修剪过的、声音画面质量和美感

存在差别的不同的音视频影音信息。

最后，网络直播具有社区媒体的属性。电视多年以来被认为是"家庭媒体"，家庭成员聚集于客厅共同观赏电视节目。随着网络的发展，人们通过电脑、平板电脑、智能手机收看视频（包括电视节目和各种视频节目）已成为常态，视频观看变成了个体行为。网络直播从表面上看仍然延续了新媒体中独立个体在不同物理空间收视的特点。但是，直播间中任何两个个体都是可以存在交互关系的，因此每个直播间就是一个脱离了物理空间的社区，互动功能把人们对视频的观看变为有交流的社区行为。所以，网络直播具有"自媒体 + 视听媒体 + 社区媒体"的媒体属性特征。

二、社交属性

电视、卫星电视已经把人类带入了"地球村"，但这种"地球村"仅仅是通过高科技视听觉传播技术去除了人类本身视听能力的局限，身处其中的"村民"之间的交流很有限；互联网则迅速改变这一窘境，早期的 E-mail、BBS、即时通信工具（MSN、QQ、Skype），以及后来的博客、微博、微信等各种应用软件，实现了人类面对面交流的便捷化和即时化，将所谓的"地球村"概念变得更为准确，并成功将人类社会从熟人交往变为任意性多元化交往。2002 年，Friend-Ster 开启了社交网站的纪元。2003 年 9 月，Myspace 上线。2004 年 2 月，Face-book 上线。2015 年 8 月 28 日，单日用户数突破 10 亿。Facebook 宣称其任务是"giving people the power to share and make the world more open and connected"，即给予人们分享的权利和使世界更开放和连接。拉里·斯马尔（Larry Small）、曼纽尔·卡斯特（Manwel Castells）等学者认为，网络互动是人类借技术系统所架构的一种超时空的新型交互关系。"互动"决定了主体间的信息交流，梅洛维茨认为，社会环境中的人际交往本质上取决于信息流动。"直播"从时间上保障了主体间交流的同步性，"视频"从空间上保障了主体间的同在性、场景的传输性和各种信息的分享性，因此，网络直播兼具电视直播的传输特点和社交媒体的交互特点，营造出具有高度社会临场感的交流环境，"面对面实时互动"成为网络直播重要的传播特征。网络直播彻底打破了视频互动的人际障碍，技术支持传播主体之间随时交流，主播以一种开放的姿态欢迎所有人来到他的空间驻足、观赏、交流，把原本隐蔽性的交往空间和交往行为公开化，把具有试探性的陌生人交往变为公共性、公开化的交往。众多可选择交流对象，实现了多元交流和多元社会场景的接触。这是对人类交互方式的一次再创新。因此，网络直播具有社交属性。

"社交媒体"这一概念由安东尼·梅菲尔德（Antony Mayfield）在《什么是社交媒体》一书中提出：一种用户可以广泛参与的网络媒体，每个人都可以利用社交媒体制作、传播内容，与他人自由地交流、对话。维基百科将社交媒体界定为：利用基于网络和移动的技术，将通信转变为一种互动对话。社交媒体是社会互动的媒介，是一套利用无处不在、可扩展的传播技术来促进社会交流的手段。在社会网络理论中，"网络"指联系跨界、跨社会的社会成员之间的相互关系。在网络直播中，交流主体没有身份、地域、阶层等任何限定，属于典型的"无边际、无限定"社交空间。社交网络的主要参与者创造了虚拟社区，沟通不仅仅是基于所需信息，而且超越个人水平。[1]

直播平台用户从一开始进入平台时的"观众"角色，到渐渐被环境打动，开始表达情绪、意见而成为直播"参与者"，进而可能会兴趣高涨、持续发言或打赏而成为粉丝。这充分说明直播是强链接与弱链接的综合体现。对于忠实粉丝和 VIP（打赏榜前列的人物），主播可以与之在线下约见；对于"常客"，主播可能会与之打招呼，属于强链接；"过客"一晃而过，则是典型的弱链接。因此，直播是一种典型的弹性社交网。弹性社交网络（elastic network）是一种新型的社交网络概念，最早来源于美国的 Color 公司推出的 Color 应用。它打破了传统处于稳固状态下的社交方式，使人们可以基于相同的时间、相同的空间及相同的兴趣话题来进行社交。弹性社交的特点是社交关系的变化与不确定性，直播平台中的 VIP、常客与主播之间会形成一种情感黏连和积聚，变为一种持续性的深层次习惯性交往。

三、商务属性

（一）网络直播具有整合营销功能

网络直播在拥有媒介属性并能够聚合几亿受众的时候即已经成为大众媒介，其中必然存在眼球效应，并由此产生了因注意力而引起的经济价值，即成了一个广告和营销平台。同时，由于直播的传播内容丰富、方式灵活，具有广告、公关、直接销售、关系营销等多种功能，因此，具有整合营销的典型特征。早在直播刚兴起时，美国跨国电脑软件公司 Adobe、美国大型商场 Target、雀巢等大型品牌就在 Periscope 上通过直播进行品牌营销。研究发现，在西方国家，直播和视频营销作为一种新兴的数字化战略，正在受到营销行业的全面关注。

（二）网络直播具有商品交易的平台功能

一是销售"自我"。对于很多主播而言，"播出节目，展示自我"并不是全

---

[1] Brandon Charles Hoffmann, "An Exploratory Study of a User's Facebook Security and Privacy Settings", Minnesota State University, 2012, p. 11.

部目的，通过"自我销售"实现"销售自我"进而获得货币收入往往是终极目标，并以此发现、实现自我价值，职业主播尤其如此。二是作为电子商务平台销售产品或服务。通过直播平台销售各种产品或服务已经成为直播重要的产业模式，甚至可以销售在实体商店和网店都无法销售的产品或服务。比如，直播食品从采摘到加工的全过程。网络直播本身具有商务资源聚合功能和产品或服务展示功能。主播与用户处于"卖家"与"买家"的关系中，主播努力获得的人际资本最终可以通过交换实现经济回报。主播的人气越高，直播的收视群体数量越多，其直播频道在网络平台的位置就会越靠前，被点击的概率就越高，产品或服务销售的概率也就越大。这也便是柯林斯所言的能量储备与显现，他认为："一个人的情感能量储备是决定其能否产生进一步的互动仪式的关键资源之一。个体是以往互动情境的积淀，又是每一个新情境的组成成分。"① 这种资源储备除了体现于广告营销和直接打赏外，资源聚合转移利用还在更广阔的领域产生巨大的商业价值。

（三）网络直播是文化产业平台和孵化空间

文化产业目前定义众多，但其共同之处都是将文化产业看成文化和经济、文化和市场、文化和产业高度融合的产物。文化可以渗透人们生活的各个方面，但产业却有严格的门类划分，当文化和经济高度融合形成产业并提升了人类的精神生活时，我们就说文化在实现产业化。文化产业作为一种集约型、规模型的经营方式，一方面能满足人们的文化生活需求，另一方面又能促进文化的传播；文化产业具有很强的包容性和扩展性，其产品具有全球化特征；文化产业是一种拉动性产业，具有高度的融合性、较强的渗透性和辐射力，能为发展新兴产业及其关联产业提供良好的条件。目前，网络直播平台的内容类型包括歌舞表演、游戏、二次元等，虽然质量参差不齐，创意水平有待提升，但都属于典型的文化产业。网络直播不仅为这些产业内容提供了一个新的舞台和卖场，而且这些本有的文化表达会结合直播特点创制出新的产业内容，延伸出多种文化产业。同时，网络直播在网络技术发展和普及到一定阶段诞生的一个文化产业孵化空间，人们通过自我雇佣打开摄像头就可以开启一次创业历程。在一项调研中显示，超过50%的受访主播表示主播可以成为一份稳定的工作。

从以上几点属性特征分析可知，网络直播延伸了人们的展示能力、交往能力和经济能力，是具有中介性质的综合性平台。

---

① ［美］兰德尔·柯林斯：《互动仪式链》，林聚任等译，商务印书馆2009年版，第33页。

本章小结

从 20 世纪末开始，便携式摄像机的广泛使用，使电视人意识到来自非专业人士的影像会给视频行业带来一股新风，这意味着记录世界和讲述事实的权利不再只是掌握在专业电视人的手中。自 21 世纪初起，拥有照相功能的手机把大众影像记录功能又向前推进了一步，但记录功能需要与传输功能相配合才能形成广泛的信息传播。互联网自媒体的出现及时地扮演了这一角色。于是，以互联网为平台、以大众为传播者、以视频为传输方式的网络直播，使社会空间的信息传输量和接受量同时陡增。网络直播带来了新的媒介平台、新的传播主体、新的传播方式和新的媒介产品，是具有交互性的社会化视频媒体。只有深入剖析网络直播的内部结构、媒介特征、传播特征及其基本属性，才能够认知网络直播的运行机理，才能深入挖掘网络直播在社会、经济、文化等方面的功能，才能够知晓网络直播失范传播的根本原因，与此同时，还需要分析用户需求，这样才能传播对称信息。从对网络直播主播和用户的分析中，都能看出市场对直播内容的质量是有一定要求的，网络直播需要在充分利用即时传播、互动传播、人际化传播、群体传播、大众传播等内容生产传播特点的基础上，生产优质内容和进行有效经营管理。

第三章 网络直播的发展动能

　　虽然直播间中的大多数主播当着并不专业的摄像师、说着并不标准的普通话、跳着并不专业的舞蹈、唱着并不动听的歌曲……没有镜头切换，没有灯光配置，内容空虚，审美匮乏，但即便这样，观看和参与直播已经成为很多人的日常习惯。中国互联网络信息中心的数据显示，我国网络直播用户规模从 2016 年年底的 3.44 亿，增长到目前的 7 亿，足以说明网络直播爆发期短而快；关于使用频次的调研显示，每天使用至少 1 次及以上的用户占到 25.07%。① 为何网络直播成为流行、成为传媒业的"新富"？网络直播到底满足了主播和用户的哪些需求，其使用与满足具有哪些特征表现？这些问题都值得深入研究。本章从网络直播的运行机理入手，在此基础上分析促使网络直播快速发展的原因。其中，对主体多重需求满足的情况分析，也是对网络直播内容建设和产业发展研究的有效铺垫。而外部环境不仅与网络直播过去的发展有关，还跟其未来的发展息息相关。

第一节 网络直播的运行机理

一、网络直播运行的框架性机理

　　网络直播以视听传播为基本要素，以吸引受众观看为基本目的，以把受众变为用户，并对用户进行更深一层资源挖掘为深层目的。网络直播的顺利运行，需要以下六个方面的前提性基础和条件的支持与保障。

（一）技术保障

　　网络直播的应用首先是技术的创新和保障，包括互联网、超大宽带、云服务等基础技术，音视频的同步传输和简单化操作，各种直播 App 等，这些都是网络直播的基础。

---

① 参见中国互联网络信息中心《中国互联网络发展状况统计报告》（第 39 次），见国家互联网信息办公室官网（http://www.cac.gov.cn/cnnic39/index.html），引用日期：2023 年 4 月 1 日。

（二）直播平台和传播主体

准确地说，电脑或智能手机的拥有者通过某一直播平台就可以是直播的传播者和用户，因为网络直播几乎没有技术屏障，只要会打开摄像头和点击上网按钮就可以开启直播，所有人都可以成为摄像师、主持人、记者、评论员、演员……，用户随时随地都可以接收来自任何区域的传播者的信息。

（三）PGC＋UGC 的内容生产模式

专业内容生产和用户内容生产相结合的内容生产模式是指：PGC 带来各领域专业的内容生产，UGC 带来了"免费模式"，即内容发布者不需要为作品支付报酬，最终加工出的作品也免费提供给用户。

（四）自由性播出逻辑

这是一种非强制性的传播媒介，没有传播时间、传播时长、传播模式的严格要求，想传播则传播，想停止则停止，想加长则加长，想简短则简短……，没有大众媒介的运行规则。陌陌调查数据显示，"赚钱""兴趣爱好""打发时间"是受访者选择做主播的主要目的，[①] 这也间接说明网络主播的目的是赚钱，但未必以经济利益为唯一目标，主播随心所欲，凭其爱好开播是常态，这样的传播动机也愈发形成了播出的不规则性。

（五）经营与管理

要想把自媒体变为大众媒体或有一定群体影响力的媒体，抑或有一定经济效益的媒体，就必须和传统媒体一样精心经营和管理。对其经营和盈利模式，目前业界还在不断地摸索和尝试之中。直播公会或 MCN 机构（Multi-Channel Network）扮演着重要角色。"公会"这一称呼来自最早的直播平台 YY，可以认为是直播界最初的经纪公司，公会旗下签约主播，负责对主播提供播出和推广方面的支持，当然也从中赚取费用，礼物分成是最主要的方式。

目前，大的公会旗下签约的主播有 30000 人以上，很多公会也在向具有更全面功能的 MCN 机构转型。MCN 机构出现较晚，但功能更全面，主播以及 KOL（Key Opinion Leader）的垂直性更强、目的性更强，商业变现的逻辑更清晰，礼物分成只是其中一个部分，更多是培养主播成为某个领域的 KOL 然后带货、代言、做广告、接商单等。比如 PaPi 酱的公司不仅帮助 PaPi 酱进行专业创作，还建立了 Papitube 平台以发现和培养新的网红。2021 年，中国 MCN 机构数量突破

[①] 参见《2018 主播职业报告》，见陌陌社交平台（https://www.pcpop.com/article/5142695.html），引用日期：2023 年 4 月 10 日。

3 万家，预计到 2025 年，中国 MCN 机构将超过 60000 家。① 广电系的 MCN 机构也不断出现。90% 以上的网红都被 MCN 机构收购，有的还自己成立了 MCN 机构。本研究访谈国内最大的 MCN 机构——广州市新娱加娱乐传媒文化有限公司总裁王春雷，他介绍说："我们签约的艺人有两三万吧，每个月直播 20 天以上的有 3000 人左右。艺人纳税是由平台代扣代缴，娱加去年（2017 年）纳税大概 2000 万。"但对于大多数非知名主播或非公会发现的潜力主播而言，自我管理、自我经营是普遍状态。打赏是主播最雏形的获益途径，更多的经营模式还需探索。MCN 机构与主播合作具体如图 3 - 1 所示。

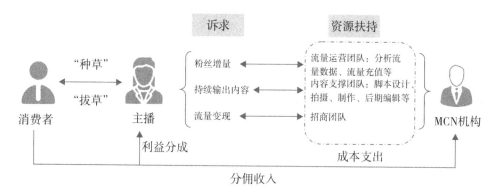

图 3 - 1　MCN 机构与主播合作示意图

（六）外部环境和政策的支持

政治、经济、文化等多方面的条件和政策与直播也得匹配，支撑度和刺激度与直播业的运行速率密切相关。

因此，网络直播的运行机理可以概括为：在极为简洁的可操作技术支持下，直播平台打造传播和经营环境，供有欲望传播的传播人在情感动力和经济动力的助推下，进行传播和经营活动。主播与用户之间相互观赏、交流和消费。如图 3 - 2 所示。

---

① 参见《2022—2023 年中国 MCN 行业发展研究报告》，见艾媒咨询（https://baijiahao. baidu. com/ s?id = 1730165581169528414&wfr = spider&for = pc），引用日期：2023 年 3 月 22 日。

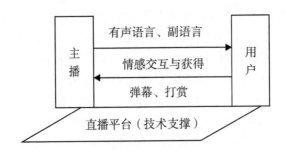

图3-2 网络直播运行的框架性机理

二、网络直播运行的内在性机理

如前文所述，网络直播已经形成自我顺畅的运行机理，但一个程序能被持续性地广泛使用，其前提条件除了内部动力足够强大外，还需要外部环境给予一定的支持。网络直播与现有的视频媒体最大的本质区别就在于其具备很强的互动性，互动产生了交往，而交往可以有多样的表现和延伸。研究发现，信息交往、经济交往、情感交往是网络直播使用者主要的行为表现，网络直播使用者的外在的行为表现体现了其内在需求与动力，即信息发布或获得的需求、货币消费或收益的需求、情感分享与获取的需求。其中，信息（包括音频信息、视频信息、有声语言、行为语言等）需求以用户为主，用户因为倾向于某一直播间的信息而有观赏欲望，同时借以获得情感的满足；主播通常对经济收益和情感的满足均有需求；直播平台则主要追求经济利益。因此，目前情感诉求是主播与用户的共同追求，各种情感性的体验占主导地位，包括存在感、自豪感、荣耀感等；经济诉求则是主播和平台的共同诉求。因此，网络直播的内在机理是，以信息需求为表象，以经济需求和情感需求为动力，且三者交叉存在，如图3-3所示。

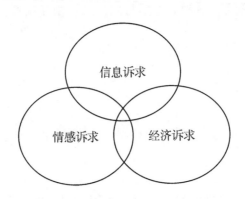

图3-3 网络直播运行的内在机理

（一）信息诉求

主体间互动，获得外界信息是人类自然存在的诉求。无论是视觉媒体还是听觉媒体，人们都有广泛的需求。而且在媒介发展过程中，每一个新媒介的诞生和持续存在，都是因为能够带给人们价值信息，满足人们的信息需求，其中包括"事实性信息"和"意见性信息"，前者是对客观事实的真实表述，后者是指包含有观点见解、立场态度的主体诉求。当然，有学者认为还应该包括"情感性信息"，实际上，事实性信息和情感性信息都蕴藏和传播情感。

用户进入各种类型和主题的网络直播间，秀场、二次元、游戏、货品销售、幽默搞笑、才艺展示、故事分享、产品介绍，都是信息的直观接触和直接消费。决定用户能否停留于某一直播间的首要因素是其信息否能引起用户的注意，进而让用户产生兴趣。一旦进入直播销售，用户不是触摸商品，而是聆听对商品的介绍。因此，信息既是用户最表面的诉求和最无法回避的直播产品，也是直播销售最基础和最重要的决定因素。因为，信息质量将直接影响情感和经济诉求的结果。

（二）经济诉求

经济收益是直播平台存在和运行不可或缺的动力因素。网络直播平台主要有以下六种盈利模式。

一是礼物打赏。用户打赏主播的礼物对应一定价值的货币，平台抽成后，主播可提现。

二是广告。在 App 中、直播室中、直播礼物中植入广告。

三是产品售卖。主播有自己的直播店铺，或者有店铺需要主播推销商品。

四是付费直播。付费直播有两种方式，包括主播付费平台提供更高级的服务和用户付费看直播。

五是会员增值服务。主播和用户均可以通过付费获得各种特权。

六是版权发行。将直播内容版权售卖给发行方，由发行方对内容进行二次加工。

主播与平台收益的方式有很多共同之处，礼物打赏、产品售卖、广告等，主播还可以凭借自己的线上人气开展线下活动来获取收益。

（三）情感诉求

关于情感，查尔斯·达尔文（Charles Darwin）说："即使是动物也有情感。"人既是理性的动物，能做出理智的思考和判断，也是感性的动物，其理性的行为都可能受到情感的侵蚀。彼德·迈克尔·布劳（Peter Michael Blau）认为，人们的行为竭力要达到各种目标，与其说他们总是选择能给他们带来最大物质利益的对象，不如说他们总是在可供选择的对象中选择最"偏爱"的对象。我们的生命中、生活中处处受"情感"这个奇妙因子的影响，甚至大过任何"道理"。因为人们在实际行为当中往往不是按照理性的方向思考的，其理性似乎比他们想象的要少得多，情感则成了直接引导力和推动力。① 情感能够产生影响，是因为情感具有表达性、表现性和移情性的特点。表达性是指情感是可以被交流的；表现性是说人们的内在情感总是通过外在特征表现出来；移情性是说人们通过自己已有的情感体验，移情理解其他的情感，这是情感沟通的心理条件。情感同时具有主观性，主观性是情感的一个基本特质。情感的这些特质就构成了网络直播内在性运行机理。当人们在直播中获得各种情感回报，产生现实中难以实现的主观性快乐体验的时候，便会认同主播的各种表演和主播本身，便会对之产生非理性态度。情感一旦被认同，就会产生非理性的思维方式，以一种非理性的方式影响态度，进而产生非理性行为，如图3-4所示。比如，失去控制甚至失去理智地滞留于直播平台，慷慨地打赏甚至超越自我能力地打赏，等等。生活中人们常说的"被感情冲昏了头脑"，就是对情感作用的形象描述。

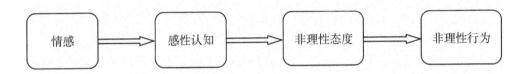

情感 → 感性认知 → 非理性态度 → 非理性行为

图3-4　情感传递路线

资料来源：参见贾毅《电视节目主持人影响力研究》，学习出版社2015年版，第59页。

长期的情感交互极有可能使主播和用户形成深层次的情感黏连。社会关系的形成包含着认识、情感和行为三种因素的作用，其中情感因素起着主导作用，制约着社会关系的亲密程度、深浅程度和稳定程度。② 情感交换包括三个过程：一是情感资源的积累，二是情感的投资，三是情感的回报。③ 情感可以被认为是一种看不见的投资，情感的回报是需要情感资本的投入的。人们在情感场域中的地位和权力与情感资本的多少直接相关。情感资本是需要积累的，主播与用户的长期传播关系和常态化交流就是情感的积累过程，也是情感的投资过程；其最终获得的情感上的信任度、喜爱度以及经济上的金钱回馈都是情感回报的逻辑表现。

① 参见［古希腊］亚里士多德《修辞学》，罗念生译，生活·读书·新知三联书店1991年版，第69页。

② 参见游泓《情感与信任关系的社会学研究》，武汉大学2009年博士学位论文，第65页。

③ 参见郭景萍《情感社会学：理论·历史·现实》，上海三联书店2008年版，第152页。

三、网络直播与受众需求趋势相吻合

艾媒咨询《2019 中国新媒体营销价值专题报告》显示，数字化是"Z 世代"最主要的标签，也是主导其消费行为的重要因素之一，有着强烈的分享和互动交流欲望，也建立了他们自己的信息过滤机制。该调查显示，"Z 世代"在社交媒体注意力集中的平均时间是 8 秒。对过去一百多年以来的视频媒介（从电影到电视再到新媒体视频）的竞合发展以及受众三屏之前的移动和需求进行分析，即会发现媒介发展的起伏必然存在，因受众需求跟随时代发生变化，同时更多新需求是被媒介塑造的。只有不断满足受众需求的媒介和内容，才能赢得市场，并迅速发展。网络直播恰恰是迎合了受众的需求。受众需求的变化主要体现在以下三个方面。

（一）受众对消费时间和空间的掌控权递增

早期的电影院只是夜间和周末的娱乐场所。自 21 世纪以来，随着市场的活跃和经营压力的加大，影院开设白天场次和深夜场次在大城市陆续常态化。电视在 20 世纪 90 年代以前也主要是夜间消费品。1993 年的《东方时空》引领和培养了国民早间的收视习惯。与此同时，伴随着各电视台节目供给的增多，电视变为全天候消费品，而且近几年交互式网络电视（IPTV）的普及，使时移电视的收视比例越来越高。互联网视频则可以随时点击收看，手机视频实现了对时间的碎片化利用。受众视频消费习惯随之发生了三个变化：①从整段时间观影到碎片时间浏览的变化。自新中国成立以来的几代受众从花一个半小时看电影，到花一个晚上看电视，再到用 24 小时观看视频，其观影的时间长度和自由度均在不断增大。②消费空间亦在变化。20 世纪 90 年代中期以前，电影院基本上都只有一个大厅；后来，随着片源的丰富和为满足受众对视听体验的高诉求，各大电影院陆续建设小厅，采用多厅播放方式，使受众分布于多个空间观赏不同影片。1985年以前，夜晚集体收看电视是常态；而随着电视机的普及，变为家庭性收看，此时客厅是观看空间；2000 年后，很多家庭拥有两台电视机的时候，卧室、餐厅也成为收视空间。电脑摆放在办公和家居的多个空间，手机则随着身体移动。③群体变化。视频消费发生了"公共空间—私人空间—任意空间"的空间变化，与之对应的是"大集体观看—小集体观看—个体观看"的群体变化。① 空间对于受众收看视频彻底失去了限制性，跨度与自由度同样是在不断增大，并且带来受众身体的解放。消费时间和空间的延伸既是受众消费形态的变迁，更是受众对二

---

① 参见贾毅《当代中国受众视频消费的变迁轨迹与内在规律》，载《现代传播》2020 年第 1 期，第 27 页。

者拥有权与控制权的增加。

（二）受众消费主动权的递增

在电影单一消费时代，消费流程一般如下：受众前往电影院→购买当日上映的电影票→安静观看电影→观影结束离场，这是无可选择的固定化消费流程。影院采用多厅播放方式后，受众具有了选择权；20世纪80年代后，随着电视的普及和节目内容的日益丰富，受众手中的遥控器渐渐指挥越来越多的节目时段和频道，受众在消费过程中具有高度选择权；网络视频理论上将无限的跨越国界的视频内容置于同一空间，使受众具有了点播权、跳读权、评价权和购买权。购买高级权限的会员服务已成为常态，2018年网络视频付费用户规模达3.47亿人。打赏支付则突破了传统媒体购买次数、时间和额度的限制，凸显了体验式消费。互动视频还使得受众在观看过程中可以决定剧情走向和剧中人物的命运。可以看出，受众对视频产品的选择主动权和消费方式主动权均不断增大，从"协商解决"向"自我决定"发展。

（三）受众的媒介参与权和传播权递增

电影受众沉浸于黑夜的观看仪式中，是被动的收看者。电视受众则是具有一定互动方式和参与权利的主体。互动方式从早期的信件，到后来的电话、短信、微信等多种方式，实时性越来越高。在1983年春节联欢晚会和1984年春节联欢晚会中，观众可以通过电话决定节目的播出顺序；这都是受众影响节目制作的典型表现。新媒体视频领域，受众既是主动型收看者，又是自主创作和传播的主体，如剧本创作、视频传输、弹幕发言、打赏定制等。视频已经不仅是人们欣赏和获知信息的渠道，而且渐渐成为自我展示、表达思想的重要方式，婚纱电影、毕业电影、旅拍微电影等成为时尚；真人秀节目风靡全国，国民广泛参加；一部手机成就人们成为导演、摄像、演员、记者等的梦想。受众从"观看视频"到"报名参与"再到"自导自演"，从作品的"共同创造者"到"独立制作人"，完成了从"收看者"到"创作者"的权利变革。传者和受者的界限模糊，出现了从PGC到UGC的生产现象，据《2019年全国广播电视行业统计公报》显示，网络视听机构用户生产上传节目（UGC）存量达16.73亿，同比增长61.64%，网络视听付费用户5.47亿户。[①] 传者和受者的界限模糊，还出现了"大众表演化—表演社会化—社会媒介化—媒介延伸化"的事实。普通大众从低度参与到深入参与，从只有解码权到具有编码权的意义生产者，从被动型消费者到主动型消费者和生产型消费者，实现了经济资本、社会资本和文化资本的相互转换。

---

① 国家广播电视总局《2019年全国广播电视行业统计公报》，见国家广播电视总局网（http://www.nrta.gov.cn/art/2020/7/8/art_113_52026.html），引用日期：2023年4月5日。

随着受众媒介使用的主动性和话语主体地位的提升，受众已成为复合型的传受主体。正如丹尼斯·麦奎尔（Denis McQuail）指出的，在新的媒介环境中，对受众取而代之的可能是"搜寻者""咨询者""浏览者""反馈者""对话者"和"交谈者"。[①] 于是出现了从"受众"到"用户"的概念转变。受众是传与受的关系和线性关系，用户是非线性的多角度使用关系，是生产与消费融合的模式。用户具有选择、咨询、反馈、对话等多种角色能力。这些从角色行为到角色概念的变化，既是受众不断拥有话语权利、媒介权利的结果，也是受众媒介影响力的体现。

当代视频媒介定位从单一宣传向传播和服务过渡，理念从传者本位到受众主导，内容从大众服务到分众服务，受众从饥渴型消费者到随意型消费者。网络直播正是把受众变为了用户，并使用户成为权利用户。网络直播快速发展背后有着清晰的当代视频消费逻辑作支撑，即满足了视频媒介消费过程中受众对各种权利和消费方式变化的需求。

第二节　主体多重诉求的满足

本节所谈的传播主体包括主播和用户，因为二者（虽然角色定位不同）都是具有传播权利和通道的传播者。网络直播之所以能快速发展，源于对开设直播和使用直播这两类群体需求的激发和满足。

一、内容丰富与经济收益

对电影、电视和新媒体视频的受众使用规律研究发现，通过荧屏了解外面的世界和寻求身心放松一直是中国视频受众不变的消费动机，获得价值性、新奇性和愉悦性信息则是直接需求，只是不同媒介在不同时期表现的侧重点有所差别。20世纪五六十年代，电影一方面肩负着重要的宣传责任，另一方面也满足了受众对具有可读性和新鲜性文艺作品的需求。当时有句顺口溜：三天三夜为了"新婚第一夜"，千方百计为了"美人计"，分别是指香港影片《新婚第一夜》和《美人计》。从1980年开始，娱乐片连续多年上座率最高。20世纪80年代初，电视剧《大西洋底来的人》《加里森敢死队》《阿信》《大侠霍元甲》等被引进内地，风靡一时。从收视率来看，电视剧、新闻、综艺娱乐类节目一直是受众的最强需求，但不同时代受众的需求各有侧重：20世纪70年代是要满足新奇

---

① 参见［英］丹尼斯·麦奎尔《麦奎尔大众传播理论》，崔保国、李琨译，清华大学出版社2006年版，第158页。

感，80 年代是要解闷，90 年代人们通过电视来解惑，2000 年以后看电视是要解压。新媒体视频因为种类、内容丰富，成为深受青睐的文娱生活方式，而网络直播和短视频的崛起说明人们对新鲜内容的追求与需要。网络直播因为多元的传播主体、多元的传播空间和多元的传播方式输出了海量而多元的视频内容。据不完全统计，目前国内有直播平台 200 余家，每个直播平台又有至少上百个直播频道，远远超出传统视频播出平台的电视媒体，其内容包含各种愉悦、新奇的信息。于是，呈现丰富内容的网络直播成为大众了解世界和身心放松的重要生活方式；而且无论对于主播还是用户，网络直播都可通过"手机 + 网络"的方式即刻实现，其使用体验十分便捷。

之所以有数量众多的平台在短时间内诞生，有无数素人和名人成为主播，经济收益是重要推动力。目前主要的大型直播平台收益可观，呈快速增长态势。YY 直播 2018 年总营收 157.636 亿元，同比增长 36%；2019 年总营收 255.762 亿元，同比增长 62.2%。虎牙直播 2018 年总营收 46.634 亿元，同比增长 113.40%；2019 年总营收 83.74 亿元，同比增长 79.60%。陌陌 2018 年总营收 134.084 亿元，同比增长 51%；2019 年总营收达到 170.151 亿元，同比增长 27%。可以看出，主要直播平台在近几年都以每年 20% 以上的速度增长。[1] 业界人士认为，如果进一步优化网络直播的内容和运营，其营收还会进一步增加。陌陌 CEO 唐岩举例说："我们在 2018 年对于年终赛事的运营，对于头部用户的拉动作用非常显著。赛事结束之后，我们很快推出了互动的礼物，刺激中层消费，在 1 月份和春节期间的拉动也是明显的，收入环比增长达到了 10%。"[2]而平台的收益必然来自主播的贡献，目前各大直播平台的头部主播月收入都过百万，比如斗鱼平台主播"思凯—秀秀呢"2019 年 9 月收入为 1425.95 万元，快手直播"小伊伊"2020 年 2 月最后一周收入为 931 万元，网易 CC 直播"【任性】刺客"2020 年 2 月最后一周收入为 247 万元。因此，主播被社会广泛认为是高收入甚至是可以暴富的职业。但是，直播界主播的首尾不均衡现象极为显著，被媒体和社会关注到的其实仅仅是头部主播。陌陌《2018 主播职业报告》显示，9.60%的兼职主播月收入超过万元，21%的职业主播月收入超过万元。可以看出，虽然并不是所有主播都有可观的收益，但收益的可能性对主播产生了巨大的调动力。

二、互动放纵与游戏嬉戏

由于没有现实社会中与熟人交流的顾忌，加之网络空间的低约束性和泛自由

---

① 参见 YY 直播《2018 财年第四季度及全年财报》，见流媒体网（https://lmtw.com/mzw/content/detail/id/167446/），引用日期：2023 年 4 月 5 日。

② 参见陌陌《2018 年收入同比增 51% 直播业务依然是主要收入来源》，见经济观察网（http://stock.10jqka.com.cn/20190314/c610245525.shtml），引用日期：2022 年 10 月 5 日。

性，主播与用户的情感与思想得以放松，从而可以运用各种符号组合，进行富于个性特色的言论发表和节目制作。于是，网络直播视频空间变为所有参与者的狂欢圣地。互动仪式理论显示，互动的目标是创造共享的意义；成功参与互动仪式的个体形成了更多寻求同类团结的趣好，也会因为受到激发而重复互动行为。这就意味着，一旦用户找到了适合自己狂欢的频道，就可能共同沉浸其中，不断互动，由主播良性经营的视频平台也会因为其具有狂欢的氛围而不断吸纳新的狂欢者。同步互动本身就是人类获得快乐的一种最基本源泉。平衡理论则告诉我们，互动中双方只有不断认同对方的言行，互动平台和互动关系才能继续存在。互动中，主播必须不断根据反馈信息做出适应性调整以满足用户的需求，用户则在获得满足的同时不断送出礼物，主播进而在礼物的刺激下愈加努力地组织娱乐盛宴。人类的互动行为是受到期望驱使的，人与人之间能否互动，以及互动的程度，取决于他们之间能够互相提供相应期应值来吸引对方加入互动仪式。

　　网络直播互动还具有很强的"游戏性"。关于游戏，乔治·齐美尔（Georg Simmel）最早就创立了以人际交往、人们之间的会谈（即社交性）为核心概念的形式社会学，他甚至将社会的交往性特征直接称为"游戏形式"。[①] 因此，可以看出游戏是在交互和传播过程必然已经存在的一种元素。传统家庭通常坐在客厅一边聊天，一边吃着零食看电视，也可以看成一种放松的游戏。但被大众普遍意义上认为的具有强烈娱乐刺激性的游戏，却不是简单交往或收看电视就能获得的。游戏公司精心设计的网络游戏能让无数人沉浸其中。网络直播具有类似的特征，而且保证了每一位用户的可参与性。用户给主播送出的每一件礼物，都在页面上以精美的图形符号呈现，口红、棒棒糖、钻戒、魔法棒等，具体名称与形象表达各异。这些符号既是货币，也是视觉审美和意义表达的载体，还是用户手中的武器装备。直播中，用户选择不同装备，从"一毛钱的小飞镖"到"昂贵的重型炮弹"，根据情境和情绪需要对准目标按下按钮。一旦有人发出的炮弹令主播满意，主播立刻会出现被击中状，即以夸张的方式做出迎合反应。于是，消费变成了一个可以长时间沉浸其中嬉戏的游戏。这与缴纳电视费或购买门票观看演出有本质的区别，因为在这些传统的购买方式中，消费者无法体验支付的过程，或者说支付仅仅是一种获得准入的手段和瞬间，并不是一个过程。游戏是人们传统的文化样式，是趣味性极高的活动形态，也是人们重要的舒缓压力的手段。其特性是乐趣性、自愿性、非日常性、时空间隔性（日常生活的插曲、片段）、规则制约性。游戏还增加了集体狂欢的人气，是能够激起主动性、创造性的快乐源泉。在麦克卢汉看来，游戏本身就是一种大众媒介，因为它能把人们聚集起来同

---

　　① 参见宗益祥《游戏人、Q方法与传播学》，中国政法大学出版社2017年版，第14页。

时参与某个有趣的活动。"游戏化正是通过创造乐趣来实现更多的现实目标。"①康德（Immanuel Kant）提出，"无目的的合目的"是一种没有外在目的（物质功利）而又具备内在目的（消遣娱乐）的状态。游戏正是如此。游戏的两面性在直播中也得到同样显现：一方面，人们以游戏的方式体验快乐，追求自我；另一方面，也以这种方式逃避现实，逃避控制。巴赫金针对狂欢指出："狂欢让人们暂时从普遍真理和既定秩序中解放出来，它标志着所有等级差别、特权规范和禁令的暂时中止。"② 各直播平台还在以不断创新的交互方式和打赏制度继续推进着直播空间的游戏性。例如，映客直播中主播和用户都可以发红包，所有看客都可以参与抢红包这一游戏。在日常生活中，花钱的自由与快乐始终并最终被有控制地把握着，并被挣钱时的隶属关系抵制着。③ 而在直播中，这种束缚在各种条件促使下被松绑了。

网络直播这种超然的娱乐性，是当代社会"娱乐致死"生态意识的经典表现。《2018 中国媒体消费趋势报告》显示，用户对自媒体的主要期望值就体现在娱乐消遣上，对这一方面的诉求远远高于传统媒体。④ 对"快乐"的追求是人类的共性，精神分析学中常常把"快乐"这一术语与"欲望"联系起来，并视快乐为人们与主流意识形态做出协调后的结果，是人类行动的主要激发因素。在本书研究关于"您收看直播的原因"一项调查中，50.52% 的受访者选择"开心快乐"，这也是选择比例最高的一项。

三、后台前置与猎奇窥视

欧文·戈夫曼（Erving Goffman）戏剧理论认为，人生就是表演，每个人都以不同的角色、在不同的场合进行着不同的表演。为了表演，人们分出前台和后台。前台是用来表演的场所，人们在前台呈现的是适宜展现的行为，以及能被他人和社会所接受的形象；而后台则是为前台表演做准备的，是掩饰在前台不能表演或属于个人隐私的空间。网络直播中，私密场所如卧室、厨房、洗浴室变为公开的"演播厅"，闺蜜、恋人之间的"悄悄话"变为公众话语；职业装、家居服、各种奇葩服饰变为主播服；躺着、仰着、跷着腿等姿势都成为播出行为；自家厨房做一盘菜、驾车出游、清晨化妆等日常行为变为播出内容等，这些本应属

---

① ［美］凯文·韦巴赫、［美］丹·亨特：《游戏化思维：改变未来商业的新力量》，周逵、王晓丹译，浙江人民出版社 2014 年版，第 31 页。

② ［美］约翰·菲斯克：《电视文化》，祁阿红、张鲲译，商务印书馆 2010 年版，第 349 页。

③ 参见［美］约翰·费斯克《解读大众文化》，杨全强译，南京大学出版社 2006 年版，第 107 页。

④ 参见《2018 中国媒体消费趋势报告》，见网易（https://www.163.com/dy/article/E-2OOMGK20518V6J5.html），引用日期：2023 年 4 月 2 日。

于后台的场景和角色表现，在网络直播平台上来到了前台，暴露于众。① 这些场景和场景内元素构成的内容与人们一直以来看到的和以往认知范围内的视频节目有很大差异，网络直播提供了大众不能采用的信息源和大众媒介无暇顾及的信息内容，以差异化的方式满足了人类固有的好奇心与窥探欲。在本书研究关于"您收看直播的原因"一项调查中，接近 1/4 的受访者选择"满足好奇心"。西格蒙德·弗洛伊德（Sigmund Freud）认为"窥视冲动"源于人的性本能。亚伯拉罕·H. 马斯洛（Abraham H. Maslow）认为，"好奇心"是精神健康的一个重要特点。心理学研究显示，人们往往对神秘的、未知的、不可测的事物心驰神往。也就是说，人人都有窥视的本有欲望。斗鱼网曾经直播一个肥胖人士睡觉，围观人数达到 8 万人；直播一个女性睡觉，围观人数达到 13 万人。可视的后台暴露和在此基础上激起的想象性景观共同构成对用户的吸引力。大众媒介多年来设定的特定传播区域和接收区域被同时打破。

尼尔·波兹曼（Neil Postman）认为，电视学要的是表演艺术。网络主播其实正是自然适应了这一要求，把所有的私密性物体与空间都变成了表演的可用元素。这种后台前台化的表现手法，近几年在电视节目中有不少成功案例。比如，把本属于父子之间的私人生活，把本应封闭的后台备赛作为正式节目播出。由于电视作为大众传播媒介有严格的规约，因此，其节目的后台前台化必然有严格的界限和尺度控制，或者说应该属于后台半前台化展示。不过，无论是电视节目还是网络直播，后台暴露大多不是戈夫曼所描述的生活中的自然化表演，而是经过精心策划的。

在失去了大众媒介标签和严格约束规则的网络直播中，主播们大胆地自我重构，大胆地将属于后台的空间、话语、行为公之于众，前台与后台基本没有了空间区隔，前台表演与后台表演基本失去了界限；而用户也抛离了现实社会的各种顾及——前后台的界限被拆除，深化为各种自由化的符号语言，包括弹幕、点赞、打赏等。（见图 3-5）因为在现实的前台表演中，一般是不会旁若无人地想说什么就说什么，想怎么追求一个女孩就怎么追求一个女孩的。直播中公开化要求"跨界演出""再露一点""主播好性感"之类的要求和刺激成为直播常态。当用户窥探欲望无法得到满足时，甚至会恶语攻击。在波兹曼眼中，电视把原本处于私密空间的事物公开化（如夫妻吵架），把原本非大众化的角色大众化，而整个社会却乐在其中。网络直播更是将这种"公开化"的"娱乐精神"又一次大步向前推进。这种具有娱乐精神的公开化表演，属于阿莉·拉塞尔·霍克希尔德（Arlie Russell Hochschild）情感劳动理念下的深层表演。霍克希尔德指出了情感展示的两个策略，即浅层表演（surface acting）和深层表演（deep acting）。

---

① 参见贾毅《网络秀场直播的"兴"与"衰"——人际交互·狂欢盛宴·文化陷阱》，载《编辑之友》2016 年第 11 期，第 44 页。

浅层表演指的是个人展示一些符合社会期待或组织要求的情感，但是这些情感并未包含主体的真实感觉和体验，如传统服务业中的餐饮类被要求微笑的服务人员。而深层表演则是个人在与他人互动时，会尝试唤起其将要展示的情感。它是一种改变内在情感以满足期待的过程。直播过程中，主播们会不断寻找或创造新的窥视点，以持续唤起用户的猎奇心理、娱乐心理和情感需要。由于直播互动功能的存在，窥视的过程即主播与用户互为彼此、相互作用，甚至相互窥视。正如帕特里克·富瑞（Patrick Fury）认为"看"与"被看"的窥视冲动并非一种简单的"二元对立结构"，而是被动中有主动、主动中又有被动。"在我们的窥视本能发展的过程中，我们总是持续不断地处于积极与消极、主体与客体、窥视癖与暴露癖的双重作用之下。一方面是我们窥视地、主动地介入世界，另一方面也是世界作为主体作用于我们。"①

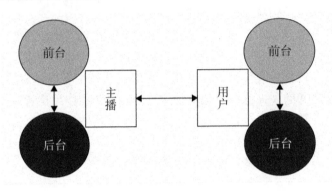

图3-5　前后台互转互动传播

四、表演崩溃与真人真秀

梅罗维茨说："一个人主动参与到许多不同的剧幕中，人们不停地变换身份和角色，学习并遵守一系列复杂的行为规则，努力维持他们在每个场景的表演，同时不会威胁到他们在其他社会场景中的不同表演。"② 不难看出，在网络直播中，每一个人都在尽情地表演和享受，在不同的场景中相互影响、配合和适应。网络直播是没有过多脚本、没有精心流程策划、没有艺术设计的"全自然"节目，已不具有仪式化成分，亦或者说将电视的正式仪式变为非程序化的自然仪式，这也就使原本带有一定严肃性的播出和观看行为变为没有拘束性的传播和接

① 曾一果：《网络女主播的身体表演与社会交流》，载《西北师大学报》2018年第1期，第30页。
② ［美］约书亚·梅罗维茨：《消失的地域：电子媒介对社会行为的影响》，肖志军译，清华大学出版社2002年版，第2页。

收行为。网络直播被个人作为交互电视应用时，具有明显的个人色彩，虽然博得打赏是主播的重要诉求，但我开播、我乐意也是他们或隐或显的心理写照。这里没有生产标准、没有生产模式、没有严格的生产审查，只要在法律法规允许范围内，想怎么表演就怎么表演。约翰·R.霍尔（John R. Hall）和玛丽·乔·尼兹（Mary Jo Neitz）曾指出："从超时空的角度说，仪式定义最重要的是标准化的、重复的行动。"① 柯林斯说："仪式如何举行的细节将会影响其所产生的成员身份类别……按正式程序开展的仪式极大地影响着扩大和确认严格的群体界限感，自发的仪式提供了更为灵活的成员身份感。"② 梅罗维茨认为："'恰当'角色和行为观念的变化常常可以追溯到社会场景的结构变化。"③ 因此，网络空间中去仪式化的主播已打破了电视仪式中固有的"传播礼节""传播技法"和"传播准则"。

这种传播形态不仅打破了传统视频节目仪式的规约，也打破了电视媒介与现实社会中的身份角色和文化规约。直播中，主播既可以忽视自己的现实身份，也不需要以传统的眼光顾忌节目传播主体的身份，更不用考虑受传者的真实身份，以超越传统与想象的表演，博得用户的眼球与青睐。戈夫曼戏剧理论中的"表演崩溃"有几种主要形式——无意动作、不合时宜的闯入、失礼、闹剧。在网络直播中，这些都已是常用手段。戈夫曼还指出："当个体在他人面前呈现自己时，他的表演总是倾向于迎合并体现那些在社会中得到正式承认的价值。"④ 这种"表演崩溃"之所以备受青睐，除了因其内容特别而吸引眼球，"真人秀"是重要的因素，因为直接播出特征保证了受众从心理上对真实性的感知和对悬念性的期待。这一点可以清晰地回溯到电视真人秀节目。

"真人秀"也被称为"真实电视"，英文为"Reality TV"或"Reality Show"。"普通人自愿参加""真实记录""规定情境""竞争与体验"是电视真人秀节目不变的四大特点和四大关键元素。可以看出这四大元素中的前两点与网络直播完全重合，后两者也与网络直播有很多相似之处。电视真人秀节目最早可以追溯到1948年韩国的综艺节目《隐藏的摄像机》。1999年，荷兰推出的《老大哥》在世界多个国家制作和播出，不仅创造了高收视率，还创造了高"谈论率"，之后真人秀节目迅速兴起。2000年美国哥伦比亚广播公司（CBS）的《幸存者》、2002年美国福克斯电视台（FOX）的《美国偶像》、2004年美国全国广播公司（NBC）的《学徒》、2003年英国四频道（Channel 4）的《交换妻子》、

① ［美］约翰·R.霍尔、玛丽·乔·尼兹著：《文化：社会学的视野》，周晓虹、徐彬译，商务印书馆2004年版，第97页。

② ［美］兰德尔·柯林斯：《互动仪式链》，林聚任等译，商务印书馆2009年版，第89页。

③ ［美］约书亚·梅罗维茨：《消失的地域：电子媒介对社会行为的影响》，肖志军译，清华大学出版社2002年版，第22页。

④ ［美］欧文·戈夫曼：《日常生活中的自我呈现》，冯钢译，北京大学出版社2008年版，第29页。

2007 年英国独立电视台（ITV）的《英国达人秀》……一次接一次地创新节目形态和收视高潮。在英、美电视率收视排行榜前 10 位的节目中，真人秀节目一般至少占 2～3 席。在中国，从 2005 年的第二届《超级女声》开始，真人秀节目同样是一浪高过一浪，例如，《非诚勿扰》《中国好声音》《非你莫属》《妈妈咪呀》《爸爸去哪儿》等。国内外受众对真人秀节目的追捧，说明人们对真人秀节目"真实性与突发性、戏剧性与冲突性、悬念性与刺激性"等方面有高度的诉求。回到网络直播，也是同样的道理，"直播＋无脚本"天然性地制造了悬念的存在。人们不知道无脚本播出的主播在下一秒、下一次会做出什么样的举动，因此，永远都会对之抱有期待。

五、畅所欲言与社群伴侣

表达欲是人们固有的一种欲望，是生命力的具体表现，也是人价值体现的一种重要方式。Pear Analytics 调查公司抽取 Twitter 用户两周的 2000 条信息进行分析，信息的类型与占比见表 3－1。

表 3－1　Twitter 用户信息类型

信息类型	所占比例（%）	信息类型	所占比例（%）
新闻	3.60	无意义话语	40.55
兜售信息	3.75	对话	37.55
自我推广	5.85	分享信息	8.70

资料来源：参见喻国明等著《微博：一种新形态的考察》，人民日报出版社 2011 年版，第 7 页。

表 3－1 中，"无意义话语"所占的比例最高，这恰恰证明了表达什么并不重要，重要的是有了表达渠道。著名传播学者约翰·达勒姆·彼得斯（John Durham Peters）在其著作《交流的无奈：传播思想史》中强调了交流在现代社会中的重要价值："'交流'（Communication）是现代人诸多渴望的记录簿。它召唤的是一个理想的乌托邦。在乌托邦里，没有被误解的东西，人人敞开心扉，说话无拘无束。"[1] 网络直播的交流来源于生活而"超越"生活。一是"自由度"的超越。在直播音视频和弹幕流动的各种符号自由闪烁、碰撞，各个话题随机产生，现实生活中具有隐晦性、隐私性的话题在这里被公开讨论，充满了"自由主义"。二是表达

---

[1] ［美］约翰·达勒姆·彼得斯：《交流的无奈：传播思想史》，何道宽译，华夏出版社 2003 年版，第 9 页。

方式的"超越"。直播间的言谈可以比现实更自由、更随意、更夸张……网络直播间成为具有共享性的言说领域，类似于现实生活中一群人在自由聚会，只不过现实生活中没有那么多兴趣相投的聚会，也没有那么多还能欣赏表演的聚会。有调研显示，58.20%的受访用户表示，更喜欢观看他们的朋友直播[①]。这说明，一半以上的用户有"自己人"的概念，希望知晓身边的人。

观赏他人并随意表达的过程，恰是孤独感的排解过程和陪伴感的获得过程。有学者通过控制实验法研究不同社会关系下的互动与主观幸福感的联系，发现不仅强关系的互动带给人们幸福感，与弱关系的互动同样给人们带来幸福感[②]。美国 GGS（综合社会调查）数据显示，1985 年平均每个美国人有 2.94 个可以密切交流讨论的朋友，而 2004 年这一数据已降低至 2.08，同年感到无人可交流讨论的美国人占比最多，从 1985 年的 10%上升至了 24.60%。上海市统计局社情民意调查中心"2016 年市民邻里关系调查"显示，43.60%的受访市民表示不了解隔壁邻居。世界正在从"天涯若比邻"向"比邻若天涯"发展。《中国青年报》对 18～35 周岁年轻人进行的一项调查结果显示，97.20%的在大城市打拼的受访青年坦言自己有孤独感；为了排解孤独感，60.90%的受访青年会选择与亲友多沟通、多相聚[③]。62.10%的在家乡生活的职场人感到孤独，其中，22 岁到 30 岁这一年龄段的年轻人是孤独感最强的人群[④]。这一年龄段的年轻人也恰恰是网络直播的主要用户群体。由于各种原因，世界各国人们的孤独感普遍在增加。电视的一大功能就是陪伴，就是像伴侣一样陪伴人们从而使人们避免孤独。互联网诞生后，各种基于熟人和陌生人的交互软件频频诞生。现实社区正在从熟人社会向陌生人社会转变，而网络平台却渐渐成为熟人社区。网络直播集电视的观赏性和互联网的交互性于一体，无约束的聊天和各种愉悦体验，使现实生活中的交流无奈和孤独感在这里得到有效缓解。在本书研究关于"您收看直播的原因"的一项调查中，36.05%的受访者选择"打发时间"，4.26%的人选择"有人聊天"，而且 35 岁以下的受访者占了绝对比例。

虽然也有研究称互联网的使用实际上最终使人与人的接触减少，增加了社会孤独。但不可否认，互联网确实是时下人们孤独时最习惯的去处之一。于是网络直播成为很多人不可或缺的生活方式，主播在这现实孤独的背景下成为"自己

---

① Katrin Scheibe, Kaja J. Fietkiewicz and Wolfgang G. Stock. "Information Behavior on Social Live Streaming Services", *Journal of Information Science Theory and Practice*, 2016, Vol.4, No.2, p.11.

② Gillian M. Sandstrom and Elizabeth W. Dunn, "Social Interactions and Well-Being: The Surprising Power of Weak Ties", *Personality and Social Psychology Bulletin*. 2014, Vol.40, No.7, p.4.

③ 参见杜园春《97.20%受访大城市年轻人坦言有孤独感》，见新浪网（http://k.sina.com.cn/article_1726918143_66eeadff02000nb5g.html），引用日期：2019 年 5 月 24 日。

④ 参见脉脉数据研究院《2017 年孤独经济白皮书》，见金融界网（http://finance.jrj.com.cn/2018/07/30113624878489.html），引用日期：2023 年 3 月 18 日。

人"。所谓"自己人",是指对方把你与他归于同一类型的人。美国知名播客节目《回复所有人》的主持人阿历克斯·戈德曼（Alex Goldman）是第一位网络主播珍妮弗·林利（Jennifer Linley）的粉丝,曾于2014年采访林利。戈德曼认为"林利作为直播博主的魅力在于'普通'。人们会在某个周末晚上打开她的个人网页,一边叠被单一边看这个姑娘洗衣服,感觉到有个同伴"①。

这种交流不仅是与自己人的亲密交流,同时还具备了社群归属感。社会群属是网络直播大众的直接归属。Anderson等人认为,归属感指一方希望与另一方建立长期稳定的关系,愿意为保持这一关系而牺牲自己的短期利益。② 卡尔·加尼森（Shankar Ganesan）从经济利益角度定义,认为归属感指一方可以从双边关系中获得的利益,以及该方对双边关系的依赖程度。③ 归属感是某种心理依赖感受。在新技术引领下诞生的线上可视社区,由直播者和粉丝通过直播技术呈现的直播间建立,一方面,承载了传统社群的基本特点,如社会关系的联结、凝聚着归属感和责任感的人际互动等;另一方面,表现出其独特性的新社群时代特征,正如麦克卢汉所说的"重新部落化"社会形态。个人在这里可以随时寻找社区,一旦发现自己中意的社区,就可以加入,没有人能阻止你,主人永远是欢迎的姿态。人们不仅可以自由加入社区,还可以在社区自由交流,而且是以脱离现实社会的社群身份相互交流。社会身份是自我概念的一部分,但它不同于能够具有独有性的个人身份,它是一个自我评价,而这个评价来自自我作为一个或多个组织的成员身份认同。人们自然性地倾向属于某一社会。在线社区可以使人们不受地域和时间限制轻松地结合在一起,在兴趣的基础上建立自己的群体认同。④ 于是,一个个在线社区形成了多样的、小众化的、趣缘化的部落。社群归属与认同反过来又会活跃直播空间的互动。乔治·C.霍曼斯（George C. Homans）通过对小型基础群体的研究发现,情感与互动之间存在着正相关关系。⑤ 柯林斯认为情感能量是互动行为的真正驱动力。"情感——互动假设的一个重要扩展是同质假设,即社会互动倾向于在有相似的生活方式和社会经济特征的个体之间发生。"⑥卡斯特指出,能量是所有活动的首要资源,通过能量转变以及将能量向任何位置

---

① 转引自沈敏《"网络直播第一人"今何在 走红源于咖啡壶?》,见新华网（http://www.xinhuanet.com/world/2016 - 11/08/c_129354258.html）,引用日期:2021年11月8日。

② 转引自韩小芸、梁培当、杨莹著《会展客户关系管理》,中国商务出版社2004年版,第74页。

③ 转引自王依玲《网络人际交往与网络社区归属感——对沿海发达城市网民的实证研究》,载《新闻大学》2011年第1期,第86页。

④ 参见 Jimmy Sanderson, "From Loving the Hero to Despising the Villain: Sports Fans, Facebook, and Social Identity Threats（Article）", *Mass Communication and Society*, 2013, Vol.16, No.4, pp.487 - 509.

⑤ 参见赵红艳《热点事件中网络媒介权力运行机制及管理策略》,哈尔滨工业大学2013年博士学位论文,第54页。

⑥ W. A. Hass, George C. Homans, *The Homans Group*, New York: Encyclopedia of Language & Linguistics, Second Edition, 2006. pp.379 - 380.

和便携式应用输送的能力，人类增加了战胜自然界的能力，控制住了人类生存的条件。[1]

尼葛洛庞帝在《数字化生存》中说，网络真正的价值正越来越和信息无关，而和社区相关。因此，网络直播在某种意义上是人们可以畅所欲言、获得归属、消解孤独的社区。

六、超越现实与荣耀无上

让·鲍德里亚（Jean Baudrillard）认为，消费是一种财富的显现，提供的是一种幸福和"极大满足"的符号。符号所具有的价值与商品的价值都具有价值的本性，但在今天的消费社会中，符号消费成为主导，"一切都以符号为中介并受其统治，符号的编码及运行中的差异原则构成了消费社会的逻辑"[2]。麦克卢汉把"货币"的本质归结为一种能使不同群体进行交流的语言，而且无论这些群体是什么身份的人。他认为，货币具有不可思议的权力，在证明或获得名誉、地位的奢侈性消费中，物品摆脱了其实用意义，进入到拟像功能中，从实在性走向抽象意指。互联网直播正是把消费中的符号意义，货币的符号功能和交流功能做了充分的开发和利用，带给用户超越现实的心理满足感。网络直播也把个体自我构建和再构建推到了一个新的阶段，在这里，人们渐渐已经习惯于用新的方式去看待身份认同，构筑自己浮动不定的身份能指。这一功能是其他媒体包括其他互联网内容形态难以比及的。网络直播的"真实性"交往带来的多种真实性体验也是其他媒体难以比及的。网络直播提供的场景对主播来说是同一时空意义上的真实场景；对粉丝来说，则是远程获得审美体验的异空间，是一种虚拟场景。[3] 在意义生产和内容制作上，各参与主体的审美体验、互动过程、意义输出结果在网络直播这一虚实一体的场景中是一种真实存在，而其消费过程则无论在线上还是线下都是真实的，人们的线下生活和线上生活融合，于是产生了真实体验。

用户可以通过货币获得身份，进而获得自豪感。例如，在 YY 直播平台上，用户被分为守护者、男爵、伯爵、侯爵、公爵、国王 6 个级别。支付 12000 元人民币就可达到国王级别，不仅有虚拟车子和嘉宾席，还可以在中央舞台处打字。虚拟身份越高获得的特权就越大，在平台中的显示度就越高，受到主播特殊关注的概率也就越大。直播平台成为个体可以获取"荣耀性身份感"和"自豪感空间"的领地。在实际生活中一掷千金的土豪，则会拥有尊贵的"金主"称号。

---

[1]　参见［美］曼纽尔·卡斯特《网络社会：跨文化的视角》，周凯译，社会科学文献出版社 2009 年版，第 9 页。

[2]　参见［法］让·鲍德里亚《消费社会》，刘成富、全志钢译，南京大学出版社 2008 年版，第 75 页。

[3]　参见李函擎《论网络直播的审美文化特征》，载《社会科学战线》2019 年第 5 期，第 254 页。

个人对自己的身份认知是根据自我识别来进行的，依据元素有很多，如年龄、种族、社会阶层、组织间的联系等。个人自我身份的建立在很大程度上是依靠其所属群体的评价。人们自然倾向于能够给他们积极认同的社会团体。前已论述，直播间中的所有参与主体都是没有层级区分的"自己人"。自豪感是个体自我受到群体激励而产生的情感，是社会协调的情感，是一种自我自然地融入互动交流中的感觉。①

其次，用户可以获得超越现实的成就感。用户可以通过送出礼物对主播提出表演要求，主播则往往会尽量满足所谓的"大客户"的要求。为了继续获得利益，人们需要对已获得的利益进行回报。现实生活中无缘接触的异性在这里可以接触，现实生活中无缘言谈的异性在这里可以通过打赏完成诸多请求。这种对主播的调动甚至控制，使参与者产生了成就感，在成就感中获得无限快感。本书调研发现，在使用直播的原因选择"获得成就感"一项的用户中，"经常打赏"和"偶尔打赏"的用户分别占11.69%和51.95%。与日常生活中送出和接受礼物的私密性不同，用户送出礼物和主播即时反馈均公开、暴露，直播平台还设立了主播礼物贡献榜，把用户的打赏排序展现，谁是"王者"一目了然。用户因为打赏而获得主播的青睐，在人群中得到特殊关注，并被亲昵地称为"哥哥""宝宝"等现象，在直播平台为常态。礼物交换一般有两个功能，一是建立友谊纽带，二是确立超越他人的优等地位。用户在送出礼物加强与主播纽带联结的同时，也在强化或超越自身在平台中的地位，从中获取"荣耀与快乐"。索尔斯坦·凡勃伦（Thorstein B Veblen）曾经指出，可见的成就一旦被认为是做出有贡献的技巧和能力的标志，就必然会被仿效和敬仰。②这种自豪感、成就感使得用户在心理上获得了巨大的荣耀感。

反观主播开设直播的动机，除了有经济收益，同样获得了愉悦的身心体验和存在感、成就感、荣耀感等心理享受，而且享受感要强于用户。本书调研结果具体如图3-6所示。

一位女主播这样描述自己直播的成就感和心理满足感："在生活中，我就是个卑微的小人物，在单位被忽视，没有男朋友，实在太希望受到别人的关注了。而在直播间里不一样，我会收到鲜花，会有别人关注，我喜欢跟他们聊天，这样我就能忘了现实。"③有人总结说：游戏直播中的高端操作、秀场直播的才艺展示、户外直播的探险能力、生活直播的姣好面容成为在他人面前建立"克里斯马"型自我的资本，进而去获取看客认同的快感。同时，通过注意直播间的人

---

① 参见［美］兰德尔·克林斯《互动仪式链》，林聚任等译，商务印书馆2009年版，第175页。

② 转引自［美］彼得·M.布劳《社会生活中的交换与权利》，李国斌译，商务印书馆2008年版，第168页。

③ 《全民直播时代成就网红梦，土豪看客有钱任性》，见搜狐网（https://www.sohu.com/a/75658566_355153），引用日期：2023年4月1日。

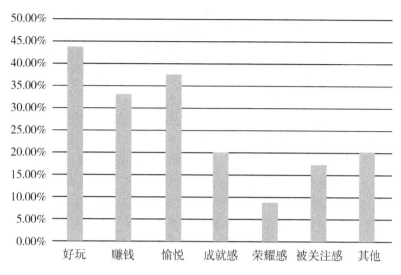

图 3-6 主播开设直播的主要动机

资料来源：图片及数据均为作者自己整理。

数增减、弹幕、礼物赠送等互动情况，围观群众的一言一行也就充当着"婴儿的那面镜子"[1]。

Katrin Scheibe 等三位学者以 YouNow 用户为研究对象进行相关研究，得出的结果（见表3-2）与我国国内学者的一些研究和本书研究结果非常相近。具体如下表3-2[2]。

表 3-2 使用 YouNow 的原因

使用 YouNow 的原因	不同意（%）	中立（%）	同意（%）
需要归属的感觉	36.50	15.10	48.40
寻找新朋友	44.10	16.10	39.80
被社区接受很重要	33.30	14.00	52.70
当观众增加时有好的感觉	19.20	15.90	64.90
YouNow 直播简单	18.10	9.60	72.30
成为名人	67.80	10.70	21.50
联系粉丝	59.20	10.80	30.00
无聊而寻找乐趣	34.00	9.90	56.10

[1] 张斌、吴焱文：《网络直播景观与反景观二重性分析》，载《现代传播》2017 年第 11 期，第 2 页。

[2] Katrin Scheibe, Kaja J. Fietkiewicz and Wolfgang G. Stock, "Information Behavior on Social Live Streaming Services", *Journal of Information Science Theory and Practice*, 2016, Vol. 4, No. 2, p. 5.

"成为名人"和"联系粉丝"这两项的同意率较低,"寻找新朋友"一项的不同意人数略低于同意人数。从获得高支持率的选项可以看出,"成就感""愉悦感""陪伴感""归属感"等是直播用户的主要内在的需求。

斯泰德曼·琼斯(Steadman Jones)对 19 世纪末至 20 世纪初期伦敦工人文化的研究发现,伦敦贫民的花费方式表明对自尊的需求比生活上以精打细算为基础的任何形式的节约都更为重要。约翰费斯克表达了类似的意思:"大众能够将文化商品转变成他们感兴趣的事物,并由于将这些商品用来创造属于他们自身的意义,即有关社会身份认同以及社会关系的意义,而从中获得快感。"[①] 物质诉求在现实社会可以通过"货币购买"的方式解决,而心理诉求的满足往往比较被忽略。心理上的各种满足感是其他媒介不易给予的,也是人们在现实社会不易得到的,而个体对相对地位的关注远远高于在社会上绝对地位的关注,于是在特定空间中感性超越了理性,产品实用性价值被象征性价值远远超越。人类不仅有对物质的需求,更有抽象的需求,如自我实现、认知需求、审美需求、表现欲望等。

对于主播和用户而言,各种心理满足感是彼此交错、相互支撑、不易阐释的,因为这种心理满足感的获得过程不具有特定轨迹性,获得方式也因主体而异。如果用一个词来概括的话,那就是"快乐"。快乐是一个概括性的积极情感表述,因为各种体验无疑都让参与者得到了积极的快乐情绪,如图 3-7 所示。网络直播同时满足了费斯克提出的两种"快感"类型(躲避型快感和生产型快感),也印证了他关于文化经济内涵的观点(流通过程并不是货币的周转,而是意义和快感的传播)。

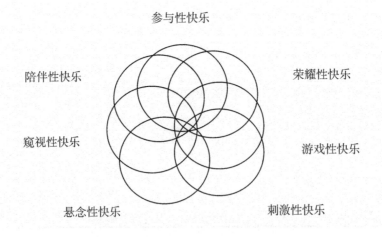

图 3-7 网络直播积极体验交错示意图

---

① [美] 约翰·费斯克:《理解大众文化》,王晓珏、宋伟杰译,中央编译出版社 2001 年版,第 84 页。

虚拟世界带来了改变现实中自我的可能性，创造了期望角色的理想空间和一个可以将"想法"与"实现"连贯的途径，塑造了自我身份的认同。因为认同而获得幸福感，认同在本质上就是想象的共同体。借用查尔斯·霍顿·库利（Charles Horton Cooley）的"镜中我"理论，在直播间，参与者不仅以他人为镜，而且能够以在直播间中的"我"为镜，从而对现实生活产生某种精神层面的影响，实现意义感、掌控感和赋权感。[①] 巴里·马科夫斯基（Barry Markovsky）和爱德华·劳勒（Edward Lawler）的情感网络理论认为，在人们的相遇中，预期是一种重要的力量。如果人们预期将体验到一种积极的情感，他们将趋于投入这些相遇；而预期将遭遇消极情感时，他们就会避免这些相遇。[②] 而网络直播对用户和主播多方面的情感供给与满足，实现了相互交叉与支撑。

第三节　外部环境的诱发推动

消费并不是经济链条终端的简单行为，在鲍德里亚的思想中，不存在自足的个人，只存利用社会体系使人们与社会体系产生不同关联，从而建构起个人意识的方式。对不同地区不同人群的研究，都已证明消费背后有社会环境和意识层面的影响，消费不是一个简单的物质满足行为。霍尔在《编码/解码》中从符号学、语义学角度对媒介进行研究，指出受众按照自己的理解对文本做出阐释，由于受众的文化背景、社会关系都不尽相同，所得出的阐释也可能大相径庭。赖利夫妇（J. W. Riley & M. W. Riley）则从群体影响的角度入手分析，他们认为传播者和接受者均受到基本群体的影响。基本群体可能会影响传播者选择和制作信息，接受者对信息如何选择、理解和反应也可能受到这些群体的影响。但是，基本群体本身不是一个孤立的群体，是社会结构中的一部分。因此，传播系统就处于社会大系统之中，虽然传播过程影响着社会过程，但传播过程也必然受到社会系统的影响，如图 3-8 所示。不同的社会背景、不同的文化氛围、不同的地域特征……在一定程度上影响受众的需求，其中也包括对媒介内容、娱乐方式等的需求和接受。按照结构功能主义的观点，一项产品迅速崛起必然源于社会系统对其功能的现实需求。

---

① 参见戴斯敏、曲天谣、杜子程《全民直播的隐喻：后现代视角下青年重建社群的尝试》，载《青年探索》2017 年第 3 期，第 13 页。

② 转引自何明升、白书英《网络互动：从技术幻境到生活世界》，中国社会科学出版社 2008 年版，第 36 页。

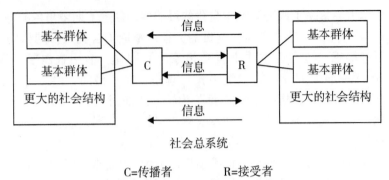

C=传播者   R=接受者

图 3-8 赖利夫妇的传播系统模型

资料来源：转引自刘娜著《新媒体营销》，西安电子科学技术大学出版社 2021 年版，第 51 页。

网络直播能够迅速被广泛使用，同样与多种外界原因的促使密切相关。本节将通过 PEST 模型（Political 政治、Economic 经济、Social 社会、Technological 技术）对中国网络直播迅速发展的外部原因做以下剖析。

一、政治环境：宽松的话语条件

（一）政治环境宽松民主

如果缺少阳光的政治环境和在此之下的宽松话语环境，任何媒体（包括大众媒体和自媒体）都很难呈现百花齐放、百家争鸣的活跃繁荣景象。媒介被认为是"第四权利"，是国家政治工具中的重要一员，与政治结合紧密。所以一个国家或地区的政治环境给予媒介的生存空间和开放空间，在很大程度上决定了媒介的传播内容和传播方式。

1978 年十一届三中全会召开，党和国家的工作重点随之转移到社会主义现代化建设上来，政治运动色彩淡去，民主空间大大提高，中国的媒体随之开始活跃起来。从 20 世纪 80 年代的相对严肃、正面报道居多，到 90 年代逐渐开放（《焦点访谈》揭露社会问题），再到 2000 年以后的个性四射，这都与政治环境给予的话语空间密切相关。通常来讲，相对宽松而成熟的政治环境、较高的民主化进程，给予媒体和传播主体的表现空间也就相对较大。

（二）政策引领

在政策层面上，2011 年十七届六中全会正式提出建设社会主义"文化强国"。习近平总书记明确指出，建设社会主义文化强国是实现中华民族伟大复兴的基础和前提。党的十九大进一步明确了新时代文化建设在中国特色社会主义总体布局中的定位，提出了建设社会主义文化强国的奋斗目标，强调坚持文化自信、推动社会主义文化繁荣兴盛，为新时代中国文化建设与发展指明了方向、明确了路径。2020年10月，《中共中央关于制定国民经济和社会发展第十四个五年规划和二〇三五年远景目标的建议》指出，到2035年要建成"文化强国"。这从国家规划层面提出了完成文化强国目标的时间表，显示出国家建设文化强国的决心，这些战略也必然会落实到各个领域的发展政策上来。

党的十八大以来，国家国务院办公厅、文化和旅游部、科技部、财政部、国家广播电视总局等相关部委印发出台了一系列的政策，推动文化产业全面创新发展。政策内容涉及文化消费、知识产权建设、数字创意产业、市场监管、对外文化贸易、文化法律法规等各个领域，呈现出较强的综合性、多样化特点。党的十九大文化报告中关于推动文化事业和文化产业发展的内容提出要健全现代文化产业体系和市场体系、创新生产经营机制、完善文化经济政策、培育新型文化业态要求，为文化产业发展进一步指明方向。

在宽松的政治环境和强有力的政策支持下，我国互联网产业蓬勃发展，自媒体自诞生以来欣欣向荣、百花齐放。截至2021年12月，我国网民规模达10.32亿。[1] 微信、QQ公司的业界头部地位难以撼动，仅2021年12月的月活量分别达到12.6亿、5.5亿，而微博月活量也在5.7亿左右。[2] 在自媒体上发条信息晒晒生活、评点一下社会热点、唠叨几句生活琐事已经成为国人无须谨慎考虑的生活习惯和日常行为。

二、经济环境：任性的文娱消费

（一）国民经济迅猛发展

1978年中国刚改革开放时，人均GDP只有384美元，全国经济总量占全球1.80%；到2010年时，总量GDP跃居世界第二；到2020年时，总量GDP已达1013567亿元，约占全球经济总量的17%，中国已经迈入中等收入国家行列。[3] 中国信息通信研究院的数据显示，2019年中国数字经济规模为35.8万亿元，占

---

① 参见国家广播电视总局《2022年全国广播电视行业统计公报》，见广电总局官网（http://www.nrta. gov. cn/art/2020/7/8/art_113_52026. html），引用日期：2023年3月15日。

② 参见《2021第四季及年业绩度报告》，见新浪财经网（https://finance. sina. com. cn/stock/uss-tock/c/2022 - 03 - 03/doc - imcwiwss3985845. shtml），引用日期：2023年4月1日。

③ 参见国家统计局《中华人民共和国2020年国民经济和社会发展统计公报》，见百度网（https://baike. baidu. com/reference/56163435/e9a81AdGvsf1jLFs5wVk1aYoqzuDrZAaFIox3yVRFr1wh ＿ T ＿ nTcG-dM4POscfEeY mUWakRJVW7jgB6d1o_pFB4hajKF7elIF3pnze0tmpgPjCfB6QomjMFcG － hQg），引用日期：2023年3月10日。

全国 GDP 比重达 36.20%，中国数字经济总量规模和增长速度位居世界前列。2020 年"双 11"购物节当天，我国全网销售额高达 3328 亿元。当年，天猫购物节（11 月 1—11 日）期间的销售额高达 4982 亿元。而美国 11 月 27 日的"黑色星期五"当天的线上销售额则仅为 90 亿美元（约合 591 亿元）。① 2020 年，全国居民人均可支配收入 32189 元，比上年名义增长 4.70%，扣除价格因素，实际增长 2.10%。②

　　1978 年，老百姓每支出 100 元，就有 60 元用来买食品；可到了 2017 年，中国老百姓每月用于购买食品的支出比例已经降到了 39%，其余 61% 用于购买提高生活质量的商品。③ 国民用于休闲娱乐的开支不断在增加，《出境旅游大数据报告》显示，2019 年中国公民出境旅游花费高达 1338 亿美元。④ 2016 年与 2020 年城市居民家庭支出结构对比见表 3-3，数据显示我国居民用于"私人旅游""日常休闲娱乐"和"文化教育"这三项的支出均在增长，且占支出比总计超过了 30%。中国消费者贡献全球 32% 奢侈品消费，成为全球主要增长点。⑤ 这些数据说明，中国人从"温饱生活"走到了"品质生活"，从"基本型消费"走向了"享受型消费"，从满足衣食到文化旅游消费，从精打细算到个性消费，"想买就买，我买故我在"成为很多人的现实生活写照。

表 3-3　2016 年与 2020 年城市居民家庭支出结构对比

支出内容	2016 年支出占比（%）	2020 年支出占比（%）	变化（%）
食品	24.60	14.50	−10.10
私人旅游	10.00	13.00	3.00
商业保险	8.10	11.60	3.50
住房（含物业管理）	9.70	10.30	0.60

---

①　参见《超越美国！国家发改委最新表示：中国即将成为全球第一大消费市场》，见百度网（https://baijiahao.baidu.com/s?id=1684746452197139629&wfr=spider&for=pc），引用日期：2023 年 3 月 10 日。

②　参见国家统计局《2020 年居民收入和消费支出情况》，见国家统计局信息公开网（http://www.stats.gov.cn/xxgk/sjfb/zxfb2020/202101/t20210118_1812464.html），引用日期：2023 年 4 月 1 日。

③　参见《【1978—2018】这 40 年中国到底发生了什么》，见网易网（https://www.163.com/dy/article/E47E4OOS05219AEA.html），引用日期：2023 年 3 月 20 日。

④　参见中国旅游社协会《出境旅游大数据报告》，见微信网（https://mp.weixin.qq.com/s?_biz=MzA3NjQyODUwOQ==&mid=2664578541&idx=1&sn=950607482cc3f605b6970671e4ed17ec&chksm=8447f85fb3307149ceea7852c3fa1ace4aa0fb56fee58c83d50f60de892fa49518cb89064b64&scene=27），引用日期：2023 年 4 月 5 日。

⑤　参见《2018 年中国个人奢侈品行业发展现状及发展趋势分析》，见中国产业信息网（http://www.chyxx.com/industry/201805/637919.html），引用日期：2023 年 4 月 1 日。

续表 3 - 3

支出内容	2016 年支出占比（%）	2020 年支出占比（%）	变化（%）
日常休闲娱乐（除旅游外）	6.50	10.20	3.70
文化教育	7.50	9.00	1.50
日用品	6.70	7.70	1.00
交通	7.90	6.60	-1.30
药品	3.60	5.10	1.50
通信（固话|宽带上网）	4.20	3.20	-1.00
其他	11.20	9.00	-2.20

资料来源：参见央视市场研究股份有限公司《TGI 目标群体指数数据库》，见武汉大学媒体发展研究中心（http://media.whu.edu.cn/c/20211009te4d），引用日期：2023 年 4 月 1 日。

（二）媒介消费势头强劲

1979 年，我国全年广告收入仅为 1000 万元；到 2017 年，全国广告经营额达 6896.41 亿元，广告增幅连续多年超过美国、日本、德国、英国等发达国家。[1] 自 2012 年起，中国电影票房收入跃居世界第二，2020 年更是超过 200 亿元，成为全球第一的票房市场。网络视频市场规模增速惊人，2018 年收入达到1871.3 亿元[2]，较 2015 年翻了三番。[3] 新媒体视频用户付费体验渐渐成为习惯性消费行为。国家广播电视总局监管中心调查显示，超过 90% 的受访者愿意付费享受会员权益，可以抢先看剧、跳过广告、追剧、享受更好的画质等。[4]《2019中国网络视频精品研究报告》显示，2018 年网络视频付费用户规模已达 3.47 亿人，用户的付费意愿不断提升，内容付费收入达到 645.59 亿元，占视频网站总

---

① 参见国家工商行政管理总局《2017 年广告经营数据》，见百度网（https://www.baidu.com/link?url = IAvY063X3bJsENKe22O3qxDGCcagPLnLPDovPXBI2BK0ytVZ2JEXa25Xy5M5OnfoNrjITLzUdncD5RYwyC2n4a&wd = &eqid = c1b8d19b0000b29c0000000664703fa0），引用日期：2023 年 3 月 21 日。

② 参见中国互联网络信息中心《2019 中国网络视听发展研究报告》，见国家互联网信息办公室官网（http://www.cac.gov.cn/2019 - 05/28/c_1124552171.htm?from = groupmessage），引用日期：2023 年 3 月 1 日。

③ 参见国家广播电影电视总局、上海国际影视中心、北京大学视听研究中心《2019 中国网络视频精品发展研究报告》，见人民网（http://media.people.com.cn/n1/2019/1210/c431118 - 31499488.html），引用日期：2023 年 4 月 3 日。

④ 参见国家广播电视总局监管中心《2020 网络原创节目发展分析报告》，中国广播影视出版社 2021 年版，第 50 页。

收入的 34.50%。① 2019 年 6 月 22 日凌晨 5 点 13 分，爱奇艺会员数量突破 1 亿，中国视频付费市场正式进入"亿级"会员时代。这说明用户对于目标内容和愉悦性体验有越来越高的追求，对媒介有了更精准的诉求，在消费能力的支持下，付费式消费已经常态化。

三、社会环境：多元的时代需求

马克思主义理论告诉我们：一切划时代体系的真正内容都是由产生这些体系的那个时期的需要而形成起来的。不同时代有着不同的社会思潮、审美观念、价值冲动……人们呈现出不同的心理状态，即国民心态。鲁迅曾说："我以为文艺大概由于现实生活的感觉，亲身所感到的，便影印到文艺中去。"② 显示出鲁迅的作品与他所生活时代的紧密联系。2006 年"两会"期间，叶宏明提交了《让新闻联播换换人》的提案。③ 从传播信息和专业功底审视，时任播音员都可称得上是中国最优秀的新闻主播，但是不同时代的人有不同的时代审美和媒介需求。再看娱乐节目，20 世纪 80 年代是张扬高雅的精英文化。各种主题的文艺晚会、节庆晚会，宣传色彩浓郁，强调主题的宏大，是严肃的、高品位的审美方式。1984 年中央电视台全国青年歌手电视大奖赛开办，融艺术性、专业性和知识性为一体；90 年代后，市场经济迅猛发展，相伴而行的是大众文化迅速完成了自我建构，以通俗、消遣为目的的电视游戏、益智类节目风靡；2000 年后大众集体狂欢不断上演，2004 年《超级女声》让当时的年轻人为之疯狂，"草根选手""大众评审""平民偶像"颠覆了受众的传统审美标准。与此同时，《星光大道》《中国好声音》《妈妈咪呀》等诸多节目的开设让普通大众有机会参与到高端节目之中展示自我才艺，并能够脱颖而出成为明星，其参赛历程就是狂欢之路。对此类节目的全民化参与，充分说明人们对于放松自我、展示自我有明显的诉求。

在追求狂欢的过程中，多元化审美、独特化风格成为时代的重要特征。我们观察新闻女主播的服饰演变，会发现从邢质斌早期纯粹男性风格的灰色西装，到 20 世纪 80 年代末李瑞英的波点系带衬衫，到 90 年代流行的大翻领白衬衫，再到如今色彩斑斓、颇具女性气质和设计感的西服套装，以及时尚感十足的牛仔小

---

① 参见中国互联网络信息中心《2019 中国网络视听发展研究报告》，见国家互联网信息办公室官网（http://www.cac.gov.cn/2019 - 05/28/c_1124552171.htm?from = groupmessage），引用日期：2023 年 3 月 1 日。

② 鲁迅：《文艺与政治的歧途》，见维基文库（https://zh.wikisource.org/wiki/%E6%96%87%E8%97%9D%E4%B8%8E%E6%94%BF%E6%B2%BB%E7%9A%84%E6%AD%A7%E9%80%94. 1927 - 12），引用日期：2023 年 4 月 2 日。

③ 《新闻联播变脸引世界目光》，见中国新闻网（https://www.chinanews.com/gn/news/2007/12 - 14/1104881.html）. 引用日期：2022 年 3 月 1 日。

外套，受众觉得更接地气。我们进入了一个多元化、多视角、个性化的审美时代。这也正是网络直播各种奇葩服饰、造型、语言、行为能被用户所接受的时代原因。胡智锋教授曾这样概括总结中国电视的几个发展阶段："改革开放 30 年来，中国电视在内容生产上大体经历了'宣传品'、'作品'、'产品'三个阶段。"① 笔者认为，改革开放第四个 10 年的中国电视内容生产无疑也是产品，但是更倾向于"多元个性化产品"。《2018 中国媒体消费趋势报告》显示，受众对"好内容"的认同出现明显的分流，虽然还是有 80% 以上的用户以传统的视角认为"深度和专业性，丰富知识和头脑"是好新闻，但有 48.10% 的用户选择"内容足够幽默和搞笑，让人觉得有趣"就是好内容，甚至有 17.90% 的用户认为"足够丰富和八卦"就是好内容。网络直播虽然内容质量参差不齐，但因为传播主体多元、内容多元，打赏还可以进行订单式产品购买，一定程度上满足了人们的个性化需求。②

　　当前的国民心态是促使人们希望通过媒介获得放松感的重要原因。国民心态是指"一个国家的社会成员在一定社会发展时期普遍呈现的一种认识倾向、情感倾向和行为倾向的'集合'，是国民对现实社会存在的心理反应之'总和'"③。改革开放 40 年，经济快速增长的背后是国民高强度、快节奏的工作和生活，以及因此带来的身体和心理压力。重压之下，国人的睡眠质量已存在严重问题。华为通过其旗下产品（如手机、手表等）的监测数据调查分析，发表了《2017 年中国人睡眠质量白皮书》，该报告显示，69.40% 的用户睡眠质量不佳④。这一社会现实境态无疑推动了人们对愉悦、放松体验以及逃避现实的追求。媒介娱乐必然是最易得的方式之一。在这种需求之下，拿起手机就可以浏览视频、进入直播间随意交流，还可以花钱购买节目或产品……直播无疑是现时人们最易得的放松途径之一。

四、技术环境：有力的保障支撑

（一）互联网技术的提升和使用群体的普及

　　麦克卢汉指出："媒介最重要的方面，并不是根植于与文化内容有关的各种

① 胡智锋：《创意与责任 中国电视的本土化生存》，中国传媒大学出版社 2010 年版，第 89 页。
② 参见《2018 中国媒体消费趋势报告》，见网易（https://www.163.com/dy/article/E-2OOMGK20518V6J5.html），引用日期：2023 年 4 月 2 日。
③ 邵道生：《近 20 年来国民心态发展轨迹研究》，载《浙江学刊》1999 年第 4 期，第 36 页。
④ 《2017 年中国人睡眠质量白皮书》，参见搜狐网（http://www.sohu.com/a/226030769_586072），引用日期：2023 年 3 月 20 日。

问题，而是在于传播的技术。"① 克劳斯·布鲁恩·延森（Klaus Bruhn Jensen）指出："传播的二元性有着不同的表现形态，它们既取决于现有媒介技术的可供性，又取决于媒介技术的社会组织与规范。"② 网络直播能够得以广泛推广，首先得益于互联网技术的提升和使用人群的普及。过去 20 年，国民上网经历了拨号上网、专线上网、ADSL 上网和今天的宽带上网。拨号上网时代上网速率仅有56 Kpbs 左右。到 2013 年，许多城市网民已经具备 20Mpbs 的上网条件，部分农村网民也具备了 4Mpbs 的上网条件。今天，宽带上网大面积普及。截至 2021 年12 月，100M 以上宽带接入用户总数占宽带用户总数的比重为 93%。③

截至 2021 年 12 月，我国网民规模达 10.32 亿，互联网普及率达 73%，手机上网网民规模达 10.29 亿，网民通过手机接入互联网的比例高达 99.70%，移动互联网接入流量达 2216 亿 GB，人均周上网时长达到 28.5 小时。互联网覆盖范围进一步扩大和使用率进一步提升。贫困地区网络基础设施"最后一公里"逐步打通，"数字鸿沟"加快弥合；人们的上网地点也变得越来越灵活，在公共场所通过电脑接入互联网的比例不断提高。④

（二）网络直播技术的发展

网络直播技术将广播电视的音视频、印刷媒介的文字书写、游戏的玩耍与竞赛等多种媒介特征融于一体，基于此种相对宽松的网络传播制度使主播实现了自由互动、愉悦创造和多角色扮演。

1. 流媒体技术

网络直播的技术核心是流媒体技术。一个完整的流媒体系统应包括以下组成部分：编码工具、流媒体数据、服务器、适合多媒体传输协议或实时传输协议的网络和供客户端浏览流媒体文件的播放器。直播的流程可以分为如下几步：音视频数据采集→处理→编码和封装→推流到服务器→服务器流分发→播放器流播放。良好的直播效果是既能保证最佳的清晰度又能做到很好的流畅性。

2. 4G 和 5G 网络的发展，让网络直播如虎添翼

4G 网络是新一代集 3G 与 WLAN（Wireless Local Area Neurorks，无线局域网）于一体的移动通信技术，能够快速高质量传输数据、音频、视频和图像等。

① 转引自 ［英］尼克·史蒂文森《认识媒介文化：社会理论与大众传媒》，王文斌译，商务印书馆2001 年版，第 185 页。

② ［丹麦］克劳斯·布鲁恩·延森：《媒介融合：网络传播、大众传播和人际传播的三重维度》，刘均译，复旦大学出版社 2015 年版，第 111 页。

③ 参见《中国互联网络发展状况统计报告》，见中国互联网络信息中心（https://cit.buct.edu.cn/2021/0925/c7951a157922/page.htm），引用日期：2023 年 4 月 1 日。

④ 参见《中国互联网络发展状况统计报告》，见中国互联网络信息中心（https://cit.buct.edu.cn/2021/0925/c7951a157922/page.htm），引用日期：2023 年 4 月 1 日。

其图像传输质量与高清晰度电视旗鼓相当。4G 系统下载速度达到 100M bps（bits per second，比特/秒），比目前的家用宽带 ADSL（Asymmetric Dirgital Subscriber Line，非对称数字用户线路）（4 兆）快 25 倍，能够以 20M bps 的速度上传。[①]但是，此网速还是不太理想。现阶段全球 4G 网速平均值为 16.9Mbps，4G 网速最快的国家有着 45 Mbps 左右的平均速率，下行带宽可能达 100Mbps。因为如果一路视频（分辨率 1280×720，帧数 20fps），占用带宽为 1500kbps 左右，那么并行连接 1000 路远端用户同时接收视频的情况下，系统网络所需下行带宽要求为至少 $1500Kbps \times 1000 = 1.5Gbps$。

　　5G 网络的网速带宽预计为 $1 \sim 20Gps$，相比于 4G 网络，5G 网络的数据吞吐量更高、延迟更低、移动性更强，数据传输速率比 4G 网络提升了 100 倍，并且能够在高连接密度下（城市中心、大型办公楼商业区、早晚高峰地铁和节日高峰旅游景点等联网设备数量多的区域）保持稳定性。这样可以保证每台设备都能同时同地顺畅使用低延迟的高速网络。5G 的 G 比特级接入速率，将使终端用户的体验发生本质变化，令用户进入"无限网络容量"的体验时代，即让终端用户感觉就像移动网络有无限的容量一样。[②] 5G 技术的实现使流媒体支持 4K + VR/AR 甚至 8K 高清视频成为可能，消除卡顿，使得直播画质更好，画面传送能力更强，催生高清直播，而打赏、弹幕、连麦等各种微观技术的支撑让直播现场呈现一派热闹景象。

3. VR 技术的产品和服务也将实现普及

　　《2020 中国网络视听发展研究报告》显示，5G 对网络视听领域影响最大的是催生了音视频内容的新形式，以及大力推动了 VR/AR 设备的普及，等等，使新媒体平台上的场景化传播要求视听内容更加垂直。所以说，技术是网络直播能够迅速普及的重要保障和支撑。工信部在 2019 年 1 月 10 日开始发放 5G 临时牌照，并指出 2020 年我国将完成 5G 商业化。2019 年 11 月，中国首个国家级 5G 新媒体平台——中央广播电视总台"央视频"新媒体平台正式上线。这是我国媒体"国家队"基于"5G + 4K/8K + AI"等新技术重新整合优质资源的代表。喻国明教授认为，5G 到来之前是所谓的互联网发展的"上半场"，5G 开启了互联网发展的"下半场"。5G 时代极大促进社会的"线下"生活向着"线上"转移，5G 时代迎来的是社会生活进一步"加宽、加细、加厚"的过程，"线上"生活将日益主流化，成为社会生活的"主阵地"。中国联通联合华为发布的《5G + 8K 电视技术白皮书》数据显示，截至 2022 年，超高清（或 4K）的视频点播 IP 流量占全球 IP 视频流量的 22%，超高清占视频点评 IP 流量的比重将高达 35%。

---

① 参见钟绪君、王燕荣《浅析网络直播火爆的原因》，载《东南传播》2016 年第 9 期，第 1 页。
② 参见喻国明《5G 时代传媒发展的机遇和要义》，载《新闻与写作》2019 年第 3 期，第 64 页。

据了解，目前互联网直播产品中所用的流媒体协议并不统一，包括 RTSP/RTP、RTMP、HTTP 和私有协议。不同的协议可能导致不同的直播延时和传输速率，接入不同的协议也可能增加传输延时。5G 是符合 IMT—2020 要求和3GPPR15/R16 标准的无线系统，如能统一 5G 的流媒体传输标准协议，亦可能提高网络直播的流畅性。

第四节 基于扎根理论的发展影响因素

一、研究方法、案例选择和数据来源

扎根理论是在 1967 年学者 Glaser 和 Strauss 提出的一种从经验资料中产生新理论的研究方法。研究人员需要采用"理论性抽样"的标准，有目的地选择研究对象，整理并分析所获取的原始资料，最终生成并检验理论①。本研究课题组将扎根理论运用到影响直播行业发展的因素中，通过深度访谈获取资料，严格按照开放性编码、选择性编码和理论性编码这三重编码过程对深度访谈的原始语句进行处理，分析直播行业现状和健康发展的主要影响因素，并尝试探讨如何实现直播业更好地发展。

本研究选取网络直播产业相关从业者为研究对象，探究影响直播行业可持续发展因素。因此所选择的访谈对象必须包含以下条件：①访谈对象必须是直播行业相关从业人员，且从事直播行业相关工作有一定时间或有较大的粉丝量，对网络直播行业有较深的理解。②访谈对象的性别、年龄、直播年限等分部随机，最大限度地降低受访人员的偏异化。基于此，本研究选择 23 名符合要求的访谈人员，其中 21 位网络直播从业者和 2 位直播机构管理人员，通过半结构性访谈对23 位受访者进行深入访谈，其基本信息如表 3 – 4 所示。

---

① 参见黄春荣、张丽生《经典扎根理论在中国情境下的应用优势》，载《现代商贸工业》2019 年第8 期，第 173 – 177 页。

表3-4　访谈对象基本信息表

编号	称谓	年龄（岁）	性别	从业年限	粉丝量（万）	直播内容	职业
1	A	22	女	2019年至今	551.7	直播带货	兼职主播，学生
2	B	23	女	2020年9月至今	55	直播带课	兼职主播，学生
3	C	25	男	2017年至今	33	配音、艺术类	兼职主播
4	D	24	女	2018年下半年至今	436.7	互动类	兼职主播
5	E	26	女	2017年下半年至今	1300	互动性类	职业主播
6	F	26	女	2016年底至今	2600	各地美食	职业主播
7	G	/	女	2020年10月至今	/	带货直播	兼职主播
8	H	23	女	2015年至今	200	商演类、探店类	兼职主播
9	I	21	女	2020年至今	/	直播带货	职业主播
10	J	25	男	2020年5月至今	/	直播带货	兼职主播
11	K	24	男	2020年11月至今	0.1	才艺类	全职主播
12	L	24	男	2020年11月至今	0.1	才艺类	全职主播
13	M	23	女	2019年底至今	5	互动类	兼职主播，学生
14	N	31	男	2019年至今	1100	工作生活	兼职主播
15	O	23	女	2020年3月至今	620	短视频内容	全职主播
16	P	32	女	2019年4月至今	110	形象管理	兼职主播
17	Q	21	女	2019年至今	/	直播带货	兼职主播，学生
18	R	24	女	2018年至今	/	直播带货	兼职主播
19	S	21	女	2018年至今	/	直播带货	全职主播
20	T	24	女	2019年至今	500	秀场直播和直播带货	全职主播
21	U	24	男	2019年7月至今	113	穿搭、护肤、探店	全职时尚播主
22	V	/	男	/	/	/	清橙文化（娱乐）大猫好货（电商）工会负责人

续表 3 - 4

编号	称谓	年龄（岁）	性别	从业年限	粉丝量（万）	直播内容	职业
23	W	/	男	/	/	/	耀美文化，mcn 机构，运营总监

　　访谈样本的特征统计见表 3 - 5。访谈对象中，女性人数约为男性的两倍，这一情况符合现在直播行业男女比例情况，且在其他问卷调查中也比较常见。本次访谈样本涵盖兼职主播、全职主播、机构负责人三类人群，样本来源较为全面，具有较好的代表性。

表 3-5　访谈样本特征统计

项目	属性	样本数（人）
性别	男	8
	女	15
职业	职业主播	9
	兼职主播	12
	企业管理人员	2

二、范畴提炼和模型构建

（一）概念化与初步范畴化（开放性编码阶段）

　　为了尽量保留研究对象的真实观点，减少研究者主观观点对初步范畴化的影响，本研究在研究期间始终围绕着"影响直播行业可持续性发展因素"这一核心问题展开，基于采访对象的原始语句进行编码，反复推敲受访者被访谈内容，对原始的数据资料进行逐字逐句的编码，经深度分析以后提取出初始概念，并加以提炼发现范畴，最终获得 360 条原始资料语句及初始概念。通过对原始访谈资料语句的逐行编码和持续比较，获得 447 个初始概念。

　　由于此时得到的初始概念数量太多，一些初始概念存在一定程度的内容交叉，还有一些初始概念的出现频次很低，与之相关的原始资料语句不集中。因此，本研究通过进一步的比较和分析，将指向同一现象的概念聚集为一个初始概念（如将"粉丝维护""做好粉丝运营""维护铁粉关系""直播需要粉丝黏性"

这四个初始概念合并为"保持粉丝黏性"），并剔除了出现频率在两次以下的初始概念（如"电脑上传增加视频清晰度"，仅有一位受访者的原始访谈资料中出现过一次，其他受访者并未提及任何相关的概念，因此将该概念舍弃）。

最终本研究确立了128个初始概念，依照编码顺序排列见表3-6。

表3-6　初始概念列表

序号	初始概念	序号	初始概念	序号	初始概念
1	非正式	24	行业乱象	47	直播瓶颈期
2	家庭支持	25	直播行业饱和	48	带播存在感低
3	行业偏见	26	淘宝顾客购买意愿强	49	专业魅力
4	直播偏娱乐	27	内容同质化	50	性格魅力
5	带货主播职业化	28	抖音节奏快	51	人格魅力细分领域直播有优势
6	规范性影响	29	抖音变现难	52	个人技能
7	政府支持	30	准入门槛低	53	大众接受
8	观望职业前景	31	维护成本高	54	职业相关
9	电商直播利润可观	32	位置属性	55	具备达人素养
10	传播愿景理想	33	短视频火	56	个人属性明显
11	自我约束	34	国家政策介入整治	57	全职转兼职
12	看好职业前景	35	电商直播几乎无打赏	58	带播转型达人主播
13	使用方便	36	淡旺季影响收入水平	59	转型
14	MCN提高自我认同	37	商业化主播无个人特点	60	娱乐主播转型直播带货
15	喜爱	38	个人主播逐步商业化	61	主播真实体验分享
16	感兴趣	39	寻求社会资源	62	换位体验思考
17	分享	40	加入机构保证收入	63	领域权威可信
18	适合自己职业匹配	41	MCN资源好	64	客观推荐产品
19	守住职业底线	42	MCN主播轻松	65	表达自然流畅
20	行业生存周期	43	MCN团队合作	66	内容准备
21	社会距离	44	工作自由	67	框架准备
22	位置属性	45	加入MCN	68	语言话术准备
23	直播火	46	主播孵化	69	优惠信息准备

续表3－6

序号	初始概念	序号	初始概念	序号	初始概念
70	短视频引流直播间	90	营造氛围	110	贴合标签
71	抖音引流带货	91	通过采访互动	111	选取热门话题
72	转发直播间引流	92	准备刺激粉丝的活动	112	首创且内容优质
73	主播互动相互引流	93	建粉丝群	113	风格转变
74	多账号运营	94	保持粉丝黏性	114	内容迭代创新
75	多手段引流	95	线下互动	115	利益分配导向
76	增加抖音投放量引流	96	发福利吸粉	116	打赏收入
77	线上引流线下课程	97	抽奖引关注	117	带货收入
78	及时回复	98	粉丝群专属优惠	118	信息流广告收入
79	及时解决问题	99	礼物馈赠	119	线下创收
80	满足粉丝需求	100	内容质量要求高	120	满足感
81	直接解决问题	101	提高内容质量以增加流量	121	荣耀感
82	关注新人	102	注重内容质量	122	幸福感
83	提取关键问题	103	内容符合受众口味	123	焦虑感
84	融汇问题信息	104	关注同类账号	124	疲惫感
85	掌握互动节奏	105	精准风格定位	125	提升自我
86	现场临场感	106	团队专业	126	他人认同
87	直播现场效果	107	团队帮助策划运营	127	直播赋能实现社会价值
88	互动角色转换	108	每日更新	128	扩大社交圈
89	增加参与感减少社会距离	109	持续更新		

为反映开放式编码过程，本研究如实列举了部分开放式编码过程，示例如表3－7所示。

表 3 - 7　部分开放式编码过程示例表

序号	原始语句示例	概念化	初始范畴化
1	早期的时候直播间可能更多的是交流、答疑，大家提学科上的问题，然后我们就聊[1]，这个时候准备是比较少的，可能会有框架性的准备，其实直播不是说你一直讲就行了，比如说上来你要介绍，然后引导大家点赞、提出问题，如果后面有带课的话，会有促单环节，然后再次循环，它是有这种框架的[2]，每隔多少分钟是要引导新进来的人，因为他那个流量是一波一波推的，如果进了很多新人的话，肯定是介绍环节，然后到了整点或者某一个阶段的时候，你需要去引导直播间的热度，然后内容的话，后面我们直播运营跟上之后，会有整场大纲的，就是我们整场都会有这个直播内容的大纲，当然你肯定不能照着念，但主要还是以这个大纲为基础上讲[3]	直接解决问题[1] 融合问题信息[2] 掌握互动节奏[3]	互动有效性[1] 互动兼顾性[2] 互动兼顾性[3]
2	因为有小助理在整理大概的框架[1]、卖多少钱、它的优惠力度[2]以及产品特点，用一两天去熟悉一下，比如吃的先试吃一下，看看口感如何；如果是日用品或者化妆品先上手试一试，看看效果如何。在小助理给的框架下加一些自己的感受以及直播间现场的粉丝互动[3]，基本上是提前准备一两天	框架准备[1] 优惠信息准备[2] 主播真实体验分享[3]	直播准备[1] 直播准备[2] 情感信任感[3]
3	我会经常让大家转发我们直播间出去，利用旧粉去引流[1]，一般抽奖前，我都会让大家先转发直播间，然后让新进直播间的粉丝先关注，然后再抽奖这样[2]	转发直播间引流[1] 抽奖引关注[2]	多方联动相互引流[1] 福利激励[2]
4	帮主播营造氛围打赏[1]，我们会去联系一些比较有名的主播去跟我们的主播互动，就是你这边粉丝也能看到我的主播，互相带一下，连麦互动，比如说 a 粉丝最后变成 b 粉丝了，b 粉丝的粉丝变成 a 粉丝了[2]	营造氛围[1] 主播间相互引流[2]	互动临场感[1] 多方联动相互引流[2]

续表 3-7

序号	原始语句示例	概念化	初始范畴化
5	但是就像你说的一样，<u>我并不会把它做成一个很长久的一个职业</u>[1]，因为这个账号他不可能会长久的活下去。他一定是有一段时间的没落期的，所以只能在它火的时候把它应带来的价值做到位，之后找一份安稳的工作，或者当作一份兼职也很好的，我们也经常关注短视频，就会发现以前很火的那些人好像他们是不是不行了[1]	非正式[1]	行业社会认同度[1]
6	<u>因为自己的喜爱媒体行业，就转全职了，是做了很短的一段，就开始变成职业主播了。</u>[1]	喜爱[1]	行业发展自我认同度[1]
7	台里应该是有自己的广电 MCN 的，但我没有把这个当成主业去做，感觉人设不太认同吧，<u>加入 MCN 无非就是有人统一管理你的账号，去给你经营</u>[1]，我个人觉得，<u>这样会磨灭个人的亮点，前期孵化的话，还是得靠个人努力去出圈</u>[2]	团队专业[1] 商业化主播无个人特点[2]	团队合作[1] 主播生存现状[2]
8	<u>刚开始做短视频挺偶然的</u>[1]，在 2018 年的时候，抖音用户没有那么多，<u>我当时非常偶然地发了一个自己讲英文的视频</u>[2]，然后就察觉<u>到这方面内容还是有挺多人喜欢，就开始了</u>[3]。这与个人经历很有关系，我自己本来就是渴望正能量的人，生活比较积极的人，<u>使周遭可以变更好的女孩子</u>[4]，其实我没有具体的原因就开始，不断为每一个阶段赋予意义，做得过程是自己不断去找意义的过程。它给了我思想和行动上的正循环，会让我越来越想做，<u>是让我螺旋上升成长的模式，我乐意继续坚持</u>[5]	偶然[1] 个人技能[2] 大众接受[3] 性格魅力[4] 不断成长，提升自我[5]	/ 主播个人属性[2] 主播个人属性[3] 主播价值感知[4] 社会价值[5]
9	<u>在直播过程中，也会紧盯评论区，及时回复每一位粉丝的提问</u>，因为大家来看你，问你问题，肯定是希望能听到答案的，如果说为了直播内容去忽略掉互动的话，粉丝是会流失的，就像朋友跟你讲话，你总不回复，别人下次就不会想见你了[1]	及时回复[1]	互动及时性[1]

续表 3 - 7

序号	原始语句示例	概念化	初始范畴化
10	这个挺重要的，要维护好跟他们之间的关系，特别是那些经常来的。我是在<u>直播当中发放福利</u>[1]，我有一个专门的粉丝福利群，就是平时<u>跟我互动多或者比较熟的粉丝</u>[2]，假如今天商家带来给我 20 张优惠券或者是奖品，那么<u>我会留 3～5 个位置给群里的粉丝</u>[3]，然后另外一些就在直播间抽	发福利吸粉[1] 维护铁粉关系[2] 建粉丝群[2] 粉丝群专属优惠[4]	福利激励[1] 粉丝运营[2] 粉丝运营[2] 福利激励[4]
11	大家都是想把内容做好，大家心里面都有<u>荣誉感</u>[1]知，还大部分都是<u>内容为主的</u>[2]	荣誉感[1] 内容为王[2]	情感价值[1] 内容质量重要性[2]
12	第四，视频内容要符合受众口味，<u>不能今天想拍什么就拍什么，另外要在拍视频的同时进行直播养粉，粉丝定期回来看你关注你，会觉得是你的老粉</u>[1]	内容符合受众口味[1]	垂直度保持一致[1]
13	我其实从 2017 年就在玩抖音，<u>但那个时候没有给自己固定的人设，什么东西火我就跟着去拍</u>[1]，但其实拍出来也没有多大区别，所以<u>我认为在同类型的当中作出差异化是最好的，你要突出你自己的特点</u>[2]，你做什么东西能吸引人这才是最重要的。<u>一旦火了一条就按照这个思路持续去发，只要他能涨粉</u>[3]	赶上热潮[1] 个人特征明显[2] 持续更新[3]	紧跟热点[1] 主播个人属性[2] 持续投放[3]
14	我是尝试<u>在这个基础上再加点传统文化、历史、旅游以及地域情感</u>[1]，在不同领域和我现<u>有的英文做个结合，去寻找碰撞，这是我自己努力的方向</u>[2]	直播内容多元化[1] 结合自身英文标签[2]	内容多元化[1] 主播个人属性[2]
15	我觉得有满足感吧，在每一次直播中积累粉丝，我有些粉丝是从第一场直播就看，一直到现在，都是我们直播间的铁粉了，而且<u>最让我欣慰的是，她们还是认我这个人</u>[1]，如果是别的主播开播，也会有粉丝在底下问，"蕉蕉呢，蕉蕉今天不播吗？"<u>看到这样的评论，我就会很开心</u>[2]，觉得这份工作能给我带来<u>幸福感</u>[3]、<u>获得感</u>[4]、<u>满足感</u>[5]	满足感[1] 他人认同[2] 幸福感[3] 获得感[4] 满足感[5]	情感价值[1] 社会价值[2] 情感价值[3] 情感价值[4] 情感价值[5]

续表3-7

序号	原始语句示例	概念化	初始范畴化
16	<u>大概在几万,有很多不确定[1]</u>。短视频这一块的话广告是比较少的,但我自己是有课程,比如某个时期里面的盈利,<u>不是长线持续的,我目前没有持续长线的盈利[2]</u>。可能更多的是<u>信息流广告的方式[3]</u>	收入不固定[1]	行业发展现状[1]
		短期盈利[2]	/
		信息流广告收入[3]	物质变现[3]

注:①表中带下划线的原始语句按上注数字序号,与概念化、初始范畴化一一对应。具体示例如下:原始语句示例"早期的时候直播间可能更多的是交流、答疑,大家提学科上的问题,然后我们就聊[1]",概念化为"直接解决问题[1]",初始范畴化为"互动有效性[1]"。

②"/"表示因出现频率少于两次予以剔除的初始概念。

范畴化是对概念进行类属划分的过程,在对初始概念进行范畴化的过程中,本研究进一步对获得的初始概念进行了聚类分析,形成了能够解释和涵盖多个初始概念的编码。如"专业魅力""性格魅力""人格魅力"这三个初始概念都是研究对象对于电商直播主播的价值感知,因此本研究用"主播价值感知"这一范畴统领这三个初始概念。最终,本研究通过范畴化过程确立了25个初始范畴,依照编码顺序排列见表3-8。

表3-8 初始范畴列表

序号	初始范畴	序号	初始范畴	序号	初始范畴	序号	初始范畴
1	行业社会认同度	8	情感信任感	15	粉丝运营	22	内容多元化
2	行业发展自我认同度	9	直播准备	16	福利激励	23	物质变现
3	行业发展现状	10	多方联动相互引流	17	内容质量重要性	24	情感价值
4	主播生存状态	11	互动及时性	18	垂直度保持一致	25	社会价值
5	主播价值感知	12	互动有效性	19	团队合作		
6	主播个人属性	13	互动兼顾性	20	持续投放		
7	未来发展倾向	14	互动临场感	21	紧跟热点		

(二) 主范畴的发掘 (选择性编码阶段)

考虑到初始范畴的意义比较广泛,范畴与范畴之间的相互关系模糊,因此需要进一步将初始范畴放回原始资料中，对原始网络评论资料进行分析。在对研究情境和研究对象进行充分理解的基础上，深入分析范畴的属性，通过不断比较，按照不同范畴之间的相互关系和逻辑次序，对其进行归类，对"影响直播行业可持续发展因素"的 25 个初始范畴加以综合分析，最终形成行业因素、主播因素、互动方式、内容因素、流量变现共 5 个主范畴。各主范畴及其对应的开放式编码范畴见表 3-9。

表 3-9 主范畴及其对应开放式编码范畴表

主范畴	对应初始范畴	范畴内涵
行业因素	行业社会认同度	大众对直播行业从业者的职业看法，包括觉得主播这份工作是否正式等问题
	行业发展自我认同度	各类主播对直播行业前景能够理智地看待并接受自己目前的状态
	行业发展现状	直播行业发展过程中普遍存在的问题和现象
	主播生存状态	个人主播和机构主播的职业特点
主播因素	主播价值感知	直播间的观众因主播的性格魅力、人格魅力、专业魅力等被吸引
	主播个人属性	主播独有的个人特点
	未来发展倾向	在现有的生存环境下，主播未来考虑的发展方向和规划
互动因素	情感信任感	受众群体在观看直播的过程中，其内心出于对主播长期依赖所引发情感上的信任状态
	直播准备	主播在直播开播前，为本次直播所做的准备工作
	多方联动相互引流	主播借助不同的平台、账号或群体，通过各方的联动，达到引流的目的
	互动及时性	主播与粉丝互动的过程中，能够随时随地、实时为粉丝答疑解惑的特性
	互动有效性	主播与粉丝互动的过程中，能准确、有效的为粉丝答疑解惑的特性
	互动兼顾性	主播与粉丝互动的过程中，既能解决粉丝问题又能顺利完成直播任务和安排的内容
	互动临场感	主播与粉丝互动的过程中，能够让粉丝沉浸其中的特性
	粉丝运营	主播为了增强与粉丝之间黏性，利用线上、线下互动的方式维系粉丝关系
	福利激励	主播发放各种优惠、抽奖等福利信息，刺激粉丝消费

续表 3 - 9

主范畴	对应初始范畴	范畴内涵
内容因素	内容质量重要性	主播生成内容的质量受关注程度
	垂直度保持一致	主播生成内容保持精准风格定位，满足个性化需求体验
	团队合作	主播通过团队共同合作，完成整个直播的运营
	持续投放	主播生成内容定期、持续在平台投放
	紧跟热点	主播生成内容贴合热门话题和个人标签
	内容多元化	主播生成内容多样，主播风格随受众口味转变
流量变现	物质变现	主播通过直播活动，获得收入
	情感价值	主播从直播中所得到的情感或者情感状态的效果
	社会价值	主播通过直播提升自我社会感知

（三）模型的构建（理论性编码阶段）

本研究在进行主轴编码发展主范畴的同时，发现范畴之间的关系也在逐渐显现，所得的主要范畴基本涵盖了"影响直播行业可持续性发展因素"的全部必备要素，判定理论已经基本实现饱和，于是停止对初始资料的编码，进入最后理论性编码阶段。本研究在前述编码的基础上进一步厘清和分析各范畴之间的联系，进而从中挖掘出核心范畴，分析核心范畴与其他主范畴之间的联系，并以"故事线"（story line）的形式描绘整体行为现象，由此从"行业因素—主播因素—互动方式—内容因素—流量变现"五个维度构建直播行业可持续性发展影响因素概念模型（图 3 - 9）。

本模型的主要内涵是：直播行业发展受行业的社会认同度、自我认同度、发展现状和主播生存状态的前提条件影响。在粉丝观看直播的过程中，主播因素、互动因素、内容因素是影响直播能否快速吸粉并且得到更好发展的核心因素。其中，主播因素包括主播自我价值感知、主播个人属性、未来发展倾向三个方面，互动因素包括互动及时性、互动有效性、互动兼顾性、互动临场感等九个方面，内容因素包括垂直度保持一致、持续投放、紧跟热点等六个方面。直播效果最后反映在主播的收获上，主要体现在物质变现、情感价值、自我社会价值实现等方面。而这些收获最终又会影响到主播的自我认同度和行业社会认同度。最后，本研究通过再访谈调研对所构建理论模型的饱和度进行检验。该结果显示，模型中的范畴已经发展得非常丰富，对于影响直播行业发展的 5 个主要范畴都没有发现形成新的范畴和关系，因此可以认为本研究所构建的概念模型在理论上是饱和的。

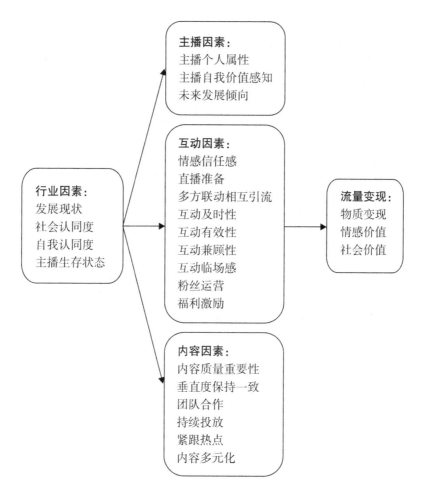

图 3-9　直播行业可持续性发展影响因素概念模型

三、影响直播行业可持续发展因素模型作用机理

　　基于前述的分析和对各个初试范畴的详细解释，本研究发现，行业因素、主播因素、互动因素、内容因素四个范畴均会对直播结果（即流量变现）产生影响。行业因素通过影响主播因素、互动因素、内容因素间接影响流量变现的结果，而流量的变现结果直接对行业因素产生影响。这样一个循环理论模型，通过不断地改进互动因素、内容因素、主播因素，最终形成健康发展的直播产业。

（一）行业因素对主播因素、互动因素、内容因素的直接作用

通过对本研究的访谈原始资料的对比发现，基于直播行业目前的整体发展现状，头部主播需要具备个人属性、价值感知和未来转型等特点，而其互动方式和内容质量也需要提高。我们还发现，娱乐主播处于基本饱和的状态，因此主播转型、向什么方向转型是主播需要考虑的首要问题。早期行业的认同度较低，直播的互动和内容可以改变这一偏见。正如受访者 C 所说："人们是追求刺激而来的，它需要大量的、浅薄的、能被快速理解的东西，需要嗨过就忘的东西。所以在这种情况下，谁能掌握这个点，谁就是拥有流量的人……如果你创作的时候不追求这个新内容的时候，大众就不买单……"行业的现状在很大程度上影响了受众群体，而为了满足受众群体的口味，需要主播去做内容的贴合、在线互动和形成主播个人属性。D 提出直播行业"准入门槛低但是坚持下去的门槛高，前期可能很多人在做，但是五十条、七十条、一百条之后，真正能坚持产出跟最初视频质量相等或不断地改进、调整再坚持下去的其实没有多少……"的观点，这也间接表明了在当下的行业生存状态下，主播需要重视内容的产出质量。直播这种新型互联网产业，其核心要素围绕"人、货、场"。所谓的人，不仅是直播间的主播，还有主播和观众之间的良好互动。而互动不仅可以拉近主播和观众之间的社会距离、增进临场感，更能为主播创收。

（二）流量变现对行业因素的直接作用

流量变现包括物质变现、情感价值和社会价值。笔者在研究中发现，大多数主播都将"赚钱"也就是物质变现，作为直播的目的之一。正如受访者 F 所说："如果能够让你支撑一份事业的话，还是要有一定的收入待遇。如果总是以兴趣来支撑和维持的话那就太'桃源生活'了……"A 说："既然做这个视频大家也付出了财力、物力、精力，所以肯定也是要有一定回报的。其实我觉得所有人做短视频，想要火，最后的目的都是为了赚钱。"如果这个行业不赚钱或者自己目前的方向不被大众群体所接受，大多数主播会选择转型或者不再从事这一行业，进而影响行业的发展状态和自我认同度。情感价值是指主播从直播中所得到的情感或者情感状态的效果，包括荣耀感、满足感、信任感等正面情感，也包含焦虑、疲惫感等负面情感。这种情感收获在很大程度上影响着主播对于这份职业的热爱程度和坚持下去的可能性。D 说："相比于这个身份带给你的荣耀感不如说你去坚持把小视频做下来，这一份坚持更让我觉得比较骄傲、满足。"G 说："我觉得有满足感吧。在每一次直播中都能积累粉丝。我有些粉丝是从第一场直播就看，一直到现在，都是我们直播间的铁粉了，而且最让我欣慰的是，她们还是认我这个人，如果是别的主播开播，也会有粉丝在底下问，'蕉蕉呢，蕉蕉今

天不播吗?'看到这样的评论,我就会很开心,觉得这份工作能给我带来幸福感、获得感、满足感。"社会价值是指主播通过直播提升自我社会感知。社会价值一方面来自他人对自己的认同,另一方面是主播自身感受到自己的进步和变化。D 说:"偶然地发了一个自己讲英文的视频,然后就察觉到这方面内容还是有挺多人喜欢……它给了我思想和行动上的正循环,会让我越来越想做,是让我螺旋式上升成长的模式。我乐意继续坚持。"K 和 L 双胞胎说:"可以被别人喜欢,说明我们有很多吸引别人的地方,对我们自身是很大的肯定,对我们来说很有价值。"这种正面的价值实现直接影响主播对自身所处行业的认同度及其对未来发展前景的看好程度。

(三) 主播因素、互动因素、内容因素的中介作用

结合深度访谈资料,我们发现,当主播具备头部主播的要素特征、掌握互动方式、提高内容质量时,主播就可以收获更多情感价值和社会价值,更容易实现物质变现。主播凭借个人特征吸引粉丝进入直播间,高互动性社交提高了观众的愉悦程度并唤起了从众心理,而内容质量则决定观众会不会转化为粉丝,三者相结合共同影响着直播结束的结果——流量变现。R 说:"首先有一个博主的形象在那里,比如说我是一个美妆博主,我给大家推荐一些很有效果的产品,然后粉丝试了以后也觉得很有效果,那这个博主对粉丝就很有信服力。所以这个博主他带货的话,粉丝都会很相信他。"运营 V 说:"就是从短视频入手,根据他自己的特色,以及一些比较热门的视频,有自己的特色就好,不要去刻意地模仿,去寻找一个贴近标签的优质内容。去拍摄喜欢他的粉丝喜欢看的这种视频。"F 说:"我们也可以做一些更多的东西,而且这样能够让我的账号走得更长远,也就不仅仅是吃青春饭。以美食为辐射,其实是有发展空间的,比如你现在是大家眼中的美食博主。人家认识你是因为你是美食家,或者说你是传扬中华美食文化的名人。"

通过上述的分析研究,我们发现主播因素、互动因素、内容因素在直播行业可持续发展影响因素模型中起到中介作用。要形成健康发展的直播产业,就必须不断改进互动因素、内容因素和主播因素,同时在外部市场环境需要日渐旺盛的情况下,行业从业者需要意识到专业素质和从业能力对行业良性发展非常重要。所以,行业发展需要设置一定的主播门槛,对已进入行业的直播加强管理,制订有效的选择和淘汰机制,保证直播内容制作水平,加强社会认同,优化行业的生存环境。

本章小结

　　一项技术无论其本身的科技含量有多高，只有能够被广泛接受和使用，才能凸显其意义和社会价值。网络直播中，参与者们在经济、文化、身心等方面的价值获取，使得直播不仅是传播人的秀场，也是观看人的舞台，是所有人多种利益满足的平台。同时，网络直播具有互动和激化功能，提供多种超越大众媒介和现实生活的满足体验，这使其拥有比电视优越的用户黏连度和传播效能。从运行机理看，直播也确实有存在并迅速受到市场欢迎的道理，加之外界环境的助推，一登上历史舞台就迅速发展便不足以为奇了。但是，直播在不断追逐满足主体利益和迅速发展过程中，各种问题也开始显露，应该说行业本身还没有达到运行和与用户需求匹配最佳的状态，这样必然影响其自身发展和社会价值释放。

第四章　网络直播的社会影响

　　1948 年，美国政治学家哈罗德·德怀特·拉斯韦尔（Harold Dwight Lass-well）在《社会传播的结构与功能》一文中提出媒介的三大功能，即监测环境功能、协调社会功能（协调关系、组织协调）和社会遗产传承功能。美国社会学家查尔斯·赖特（Charles Wright）在他所著的《大众传播：功能的途径》一书中又增加了媒介的"娱乐"功能。应该说，大众媒介是启蒙运动以来社会现代化的产物，是推动现代化进程活跃的重要社会结构因素。麦克卢汉指出，媒介在对人的组合与行动的尺度和形态方面发挥着"塑造"与"控制"的作用。[①] 他还认为，世界越来越依赖媒体技术，社会的秩序也取决于正确地应对这些技术，其中当然包括媒介技术。技术发展在人类社会的演进中具有关键作用，这一点无须质疑；每一种媒介都对文化有再造的能动性，这一点也毋庸置疑。阿尔温·托夫勒（Alvin Toffler）在 20 世纪 80 年代出版的《第三次浪潮》中敏锐地意识到，现代科技尤其是信息技术的发展，不仅简单地加速了信息流动，而且还深刻地改变了我们赖以日常行动和处世的信息结构。因此，新兴的网络直播技术和因此而来的直播媒介无疑对社会有着重要的影响。网络直播不必依赖于权力控制下的机构和机制，其本身即存在一种独立的力量，其对社会的影响力在不断发展的过程中日益凸显。

第一节　社会互动的拓展

一、社会互动推动社会影响

　　对于媒介的影响力，西方学者对大众媒介在社会系统的功能和作用研究较多，这实际上是论证媒介对社会的影响力。在他们的研究中，大至社会权力、社会结构，小至每个人的心理、行为，都受到媒介的影响。美国学者戴维·L. 阿什德（David L. Altheide）在他的著作《传播生态学——控制的文化范式》中指

----

　　① 参见［加］马歇尔·麦克卢汉《理解媒介论人的延伸》，何道宽译，商务印书馆2000年版，第34页。

出："在当代媒介技术无所不及，信息技术已经影响到了下面所列的事项，并且经常改变它们之间原有的特性和联系：工作、吃、睡、爱、记忆、计算、游戏、战斗、学习、研究，当然还有写作。"① 也就是说，信息传播已经影响到了社会的方方面面。西方学者对媒介影响力的研究主要分为媒体形式影响论和媒体内容影响论。形式影响力研究者主要研究广播、电视、报纸、杂志、互联网等在技术上差别巨大的媒体将如何以及在多大程度上影响整个社会。媒介内容研究者关注传播过程对受众心理、思维、认知的影响，也同时关注对社会及文化层面的影响。在保罗·F. 拉扎斯菲尔德（Paul F. Lazarsfeld）、伯纳德·贝雷尔森（Bernard Berelson）、黑兹尔·高德特（Hazel Gaudet）三人所著《人民的选择》一书中，首次提出假设："观点常常是从收音机和刊物流向观点领袖，再从这些人流向芸芸众生。"② 后来的很多历史事件，比如苏联解体、海湾战争都成为学者研究媒介对大众影响作用的有利时机，并且佐证了媒介具有强大的影响力。

网络直播当然继承了媒介在形式和内容两方面对社会的影响力，更重要的是，它不仅具有视频媒介对视听感官刺激的形式影响力和多元内容对受众的多维度影响力，还以互动功能加强了媒介的作用力和鲜活度。保罗·萨福（Paul Sappho）认为，同其他人发生联系，进行跨越时空的互动交往，是网络传播方式的本质特征。③ 符号互动理论强调人类互动是以由文化所定义的符号的意义作为中介的，即人类互动是基于有意义的符号之上的一种行动过程，是个体在某种情境下的全部反应。"社会互动"最早由德国社会学家齐美尔于 1908 年在《社会学》一书中提出，它指的是两个人或两个以上的人之间的来往、接触与沟通。20 世纪 30 年代，美国的米德（G. H. Mead）提出了"符号互动论"。20 世纪 60 年代，赫伯特·布鲁默（Herbert Blumer）全面、系统地论证了符号互动论，而后戈夫曼在符号互动论的基础上又形成了拟剧论。总体而言，社会互动主要基于符号的流动，也可以理解为符号或由符号组成的信息流动后产生的效果，这种效果必然包含着相互间的影响。也就是说，社会互动不仅带来信息层面的社会流动，还带来社会多层面的影响。网络直播中相互之间并不熟知的主体之间的弱关系社会互动，反而会对社会产生广泛影响。

马克·格兰诺维特（Mark Granovetter）在《弱关系的力量》一文中指出，关系是指人与人之间、组织与组织之间由于交流和接触而存在的一种纽带联系。他发现，由家人、好友构成的强关系在工作信息流动过程中起到的作用很有限，反倒是那些长久没有来往的同学、前同事，或者只有数面之缘的人能够提供有用

① ［美］戴维·阿什德：《传播生态学——控制的文化范式》，邵志择译，华夏出版社 2003 年版，前言第 1 页。
② 转引自贾毅著《电视节目主持人影响力研究》，学习出版社 2015 年版，第 7 页。
③ 转引自胡泳、范海燕《网络为王》，海南出版社 1997 年版，第 219 页。

的求职线索。强关系组成者的相似度高，他们之间信息的重复性也高，通过强关系传播的信息更有可能被限制在较小的范围内；弱关系中的信息传播由于经过较长的社会距离，因此反而能够使信息流行起来。于是由网络直播构成的较大范围的弱链接，十分有助于社会的价值性互动和影响。社会的价值性互动包括信息互动、情感互动、情绪互动和资本互动。其中，信息互动是基本内容，情感互动是内容互动中对情感因子的触动，是两者互动中产生的情绪变化。情绪互动是人与人之间情绪的相互作用和影响。而资本的互动恰恰是由于前三者建立的关系而促成的。布迪厄1980年在《社会资本随笔》中指出，社会资本以关系网络的形式存在，是实际资源和虚拟资源的总和。

二、网络直播创造立体式时空互动交往

当人们购买了门票去观赏一场音乐剧、话剧或电影的时候，看到的也许是顶级的表演，但唯一的权利就是坐在那里欣赏，连与邻座交流都被视为一种不合时宜的行为。电视打破了影院、剧院、音乐厅的规则性和地理性束缚，使人们不需要再移动身体去一个特定的场所而被限制语言和行为权利，于是人们可以有说有笑地于自家的客厅欣赏影视作品或艺术作品，但人们的身份仍然是观众，是一名欣赏者。直播则摆脱了以上的束缚，主播或用户只要在线就可以随时随地在任何空间发生互动。

自互联网交互功能广泛应用以来，处于不同时区和空间的人们就可以在网络上自由沟通了。美国学者针对网络联网信息传播特点，创造了一个新的词语叫Humanode，即 Human（人）＋node（节点）。也就是说在互联网传播中，人就是传播节点。每一个人既是信息的传播者，也是信息的接受者。马克·波斯特（Mark Poster）总结出网络交往不同于实际交往的四大特点：①它们引入了游戏身份的新的可能性；②它们消除了性别提示，使人际交往无性别之差；③它们动摇了已存在的各种等级关系，并根据以前与它们不相干的标准重新确立了交往等级关系；④它们分散了主体，使它在时间和空间上脱离了原位。网络直播不仅继承了已有的交互状态，还把以往的咖啡馆式交流变为了剧院式交流，受众一边观赏一边交流，剧院则通过呈现奇闻趣事、另类表演、多元文化聚集了不同背景的人群，并且可以使之围观和互动。数据证明，兴起整整晚了6年的网络直播在用户规模上远远超过微博（微博元年是2010年，网络直播元年是2016年）。例如，第42次《中国互联网络发展状况统计》报告显示，截至2018年7月，中国网络直播用户规模达到4.25亿，而微博用户数量仅为3.37亿。① 同时，由于用户可

① 《中国互联网络发展状况统计报告》（第42次），见中国互联网信息办公室官网（http://www.cac.gov.cn/2018-08/20/c_1123296882.htm），引用日期：2023年3月12日。

户可以直接与主播取得联系，促进了主播和用户从线上交互走向线下交往。网络世界是现实生活的某种复制，根源于现实生活，但又经过了选择、传播、互动等程序。真实与幻想相交错，当幻想要变为实实在在的现实的时候，就必须发生线下交往。本研究一项名为"主播与用户线下交往意愿"的调查研究发现，大部分主播具有与用户线下交往的意愿，如图 4 - 1 所示。于是形成了线上、线下共有的立体式时空互动。"互动仪式市场"是柯林斯提出的一个重要概念，人与人之间存在一个际遇的互动市场。互动的加强进一步填充了人类的时间和空间。正如西美尔所言，人们之间的相互作用，会被感到是对空间的填充，[①] 同样也会被感到是对时间的填充。

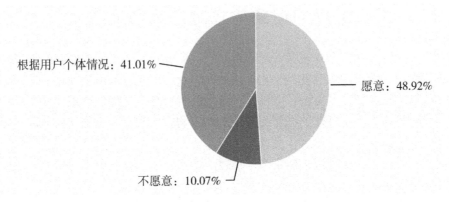

图 4 - 1　主播与用户线下交往意愿示意

三、情感、货币、市场、产业的互动

扎克伯格曾说过："当你在直播中互动时，感觉用了更人性的方法与人做连接，这是我们在沟通上的重大进展，也创造了人们聚在一起的机会。"[②] 人类学家马塞尔·莫斯（Marcel Mauss）说："交换的不单单是货物和财富、不动产和个人财产以及具有经济价值的东西。他们还交换礼貌、娱乐、仪式、军事帮助、妇女、儿童、舞蹈和宴会；集市——市场只是其中的一个成分——和财富的流通只不过是广泛而持久地接触的一部分。"[③] 直播作为一个信息交互平台，不仅提供了不同时空和群体的符号交流，还提供了社会情感互动和物质互动。有学者对

---

①　参见［德］盖奥尔格·西美尔《社会学：关于社会化形式的研究》，林荣远译，华夏出版社 2002 年版，第 461 页。

②　转引自宋江龙著《直播：移动互联时代营销新玩法》，中国经济出版社 2018 年版，第 9 页。

③　［法］马塞尔·莫斯：《礼物》，汲喆译，商务印书馆 2016 年版，第 1 页、第 3 页。

《来自星星的你》的粉丝社群研究得出结论：当前的互联网视频/文字直播技术已经使观众可以在不同的物理空间也能感觉到他人的情感变化。主播获得的成就感、荣耀感、快乐感等与用户获得的快乐感、新奇感、存在感等构成相匹配的情感交换。当然，情感也是一种资本。同时，用户的注意力资源、货币等与主播的倾情表演构成服务与物质的交换。在这一交换过程中，货币、情感、服务（产品）都发生了流动。综上所述，我们可以认为，网络直播主播的类型越多、数量越多、传播越投入，用户的数量越多、在线时间越长、观看或参与越多，各种主体和资本之间的互动规模与动能也就越大。网易传媒直播中心高级总监庄笑俨指出："当我们觉得直播特别赚钱的时候，你已经陷入了一个误区：直播不是一个独立的产品。"[1] 那么，直播是什么？直播是一个关系工具，这个工具不仅能让人与人之间发生关系，还能让物与物之间、不同资源之间、不同产业之间发生关系和交换。美食直播是把美食资源和享用美食的感觉与对美食有体验欲望的人群连接起来；教育直播就是把知识资源与知识的收容场连接起来；电商直播的消费者端（C端）就是把某一产品的销售市场与购买市场结合起来，而商户端（B端）就是把两个产业连接起来……

安东尼·吉登斯（Anthony Gidelens）提出社会整合（social integration）与系统整合（system integration）这两个概念。社会整合指根本的、具身化的、面对面的交流活动；系统整合则是指"在共存环境之外，处于延伸的时间与空间之中的行动者或集体之间的相互性"——系统整合需要依托于媒介技术。[2] 网络直播因为参与人群的广泛性，在社会系统的整合中扮演着重要角色。同自然系统相比，社会系统主要由具有目的性与主动性的适应性主体构成，适应性主体与环境相互作用，构成了社会发展和演化基本动因。[3] 直播就是一个形象化关系网络平台，提供视觉享受服务和促进各种交换目标达成。当然，目标的完成是由各种外部环境因素和内部的互动能量所决定的。在互动中，人们会对时间、能量、符号资本和其他能应用的资源进行评估，在此基础上选择那些能够最大程度增进他们情感利益的方式。

---

① 转引自赵欣乐《直播的未来不是秀场》，载《中国新闻出版广电报》2016 年 11 月 17 日，第 7 版。

② 参见［丹麦］克劳斯·布鲁恩·延森《媒介融合：网络传播、大众传播和人际传播的三重维度》，刘君译，复旦大学出版社 2015 年版，第 109 页。

③ 参见范如国《复杂网络结构范型下的社会治理协同创新》，载《中国社会科学》2014 年第 4 期，第 109 页。

第二节 视觉场域的扩充

一、网络直播扩充视觉范围和影响力

早在 1913 年，电影理论家财立·巴拉兹（Béla Balázs）就曾预言，视觉文化将取代"概念文化"。德国思想家马丁·海德格尔（Martin Heidegger）说："从本质上看来，世界图像并非意指一幅关于世界的图像，而是指世界被把握为图像了。"[1] 麦克卢汉将现代人界定为"图像人"，以区别于传统的"印刷人"。以电影、电视、互联网和手机媒体为代表的数字新媒体给当代人带来了极为丰富的视觉文化。这就是海德格尔所言的"图像的世界"，也是麦克卢汉所言的"图像人"。20 世纪中叶，海德格尔就说："我们所进入的时代是一个世界图景的时代，从某种意义上说，世界对人来说已经变成一系列图景的组合。"[2] 视觉文化早已开始冲击我们的认知，尤其是互联网和智能手机不断刷新人们感知、接触视觉的密度和广度。瓦尔特·本雅明（Walter Benjamin）的机械复制理论、罗兰·巴特（Roland Barthes）的图像分层理论和符号学、居伊-埃内斯特·德波（Guy-Ernest Debord）的景观社会、让·鲍德里亚（Jean Baudrillard）的仿像与超真实、米歇尔（W. J. T. Mitchell）的图像学原理等都是对视觉图像不同角度的理论阐释。美国学者米歇尔 1994 年在《图像转向》一文中指出，视觉文化已脱离了以语言为中心的理性主义形态，而日益转向以形象为中心特别是以影像为中心的感性主义形态。视觉文化不仅意味着文化形态的转变，还意味着人类思维范式的转换。

读图时代，人们早已习惯于接收影像信息和影像塑造的各种奇观。互联网把视频空间的可视量一下提升了数倍，长视频、短视频、直播等为我们提供了一个新的视界领域。网络直播作为其中重要的一员，以真实的非拟像的方式，以多主体、多视角的方式，传输了海量流动的图像，成为"视界"影响"世界"的重要推动力。人们的思想观念、价值取向受到图像强有力的影响。欧文·潘诺夫斯基（Erwin Panofsky）将图像的意义分为三个层面，分别是事实（图像中元素的表意）、故事（图像所指）和价值（所指中更为深刻的文化）。[3] 无数案例证实，

---

① ［德］马丁·海德格尔：《林中路》，孙同兴译，上海译文出版社 1997 年版，第 86 页。
② ［德］马丁·海德格尔：《存在与时间》，陈嘉映译，生活·读书·新知三联书店 1999 年版，第 15 页。
③ 转引自楚小庆《艺术史研究中潘诺夫斯基的图像学视角及其阐释》，载《江西社会科学》2011 年第 4 期，第 189 页。

图像修辞比文字更加容易引起受众的情感触动或共鸣，视觉传播与认知—行为存在密切关系，视觉传播对受众产生作用本质上是受众的个体心理活动和情感活动。例如，影片《花样年华》中由张曼玉饰演的女主角前后一共换了 23 件精美的旗袍。这是 20 世纪 60 年代时代特征的需要，更是主人公身份的需要和剧情的需要，同时也展现了东方女性的传统美。影片播出的当年，在整个亚洲都掀起了一股旗袍流行风尚。麦克卢汉指出，电子媒介尤其是电视活化感觉通道，就像那些在面对面的"部落"社会中有特色的交流方式一样，随着电子传播技术的突破，全世界的人，通过电子传播技术将广泛共享的人类情感和经验联系并统一在一起。德波发现，生活的一切已经呈现为景象的无穷积累，当代社会是景象的生产、流动与消费。

二、人类进入视频日常化时代

当前视频用户群体快速扩张，视频表现形式的多元变化，视频与日常生活的深度融合，都在昭示着视频传播的日常化时代已经到来。我们所提出的"日常化"，是一个动态的趋向，关注内容的日常、生产主体的日常、表达形式的日常和审美体验的日常，日常生活被作为视听传播的重要范畴，日常生活中的方方面面都体现在视听传播当中。普通人成为视听传播的绝对主体，视频创作与传播的门槛极度降低，人群覆盖前所未有地广阔；视频创作与传播区别于以往精英化、神圣化的风格特性，转向口语化、零散化、随意化，视听传播不再仅仅作为信息传播的载体，而是作为日常生活的组成部分被充分表达和展示。在这一过程中，视频成为一种交流语言、一种生活方式和一种社会文化。

阿格妮丝·赫勒（Agnes Heller）指出，日常活动的特征是"在生活给定时期""每一天都发生"的"无条件的连续性"；同时，他还指出，日常生活最基本的图式包括实用主义、可能性原则、模仿、类比和单一性事例。关注日常生活，是从电影诞生之日起就有的。乔治·萨杜尔（George Sadoul）在《电影通史》中这样说："路易·卢米埃尔曾规定这样一个原则，即他的器械是用来记录生活、拍摄现场景象的。除此之外，他的器械再没有其他目的，不能有，也不应有另一种功用。"[①] 卢米埃尔兄弟最初的电影放映场所是咖啡馆，他们的《工厂大门》《水浇园丁》《火车进站》等短片正是攫取了生活中稀松平常的事情。以光影技术将现实世界复制再现，正是电影诞生伊始的本质功用。20 世纪 80 年代电视走入客厅，从一件家用电器转变为仿佛家庭中的"成员"，电视传播的内容也是将正在发生的现实生活进行记录并传播，看电视成为当时人们日常生活中的

[①] ［法］乔治·萨杜尔著：《电影通史第 1 卷：电影的发明》，忠培译，中国电影出版社 1983 年版，第 394 页。

一种习惯。

（一）视频内容的日常化

如今，各种各样的视频尤其是视频直播，内容涉及生活记录、美食、萌宠、亲子、旅行、文化教育、家庭生活等几十个大类，并且创作圈层呈规模化发展。以抖音为例，2019—2020 年变现最多的创作类别，排在首位的便是生活记录，其次是剧情和才艺。[①] 许多创作者以不同群体组合的个性化生活日常作为自己的创作标签，比如，巧手情侣的万能"制造"生活、欢乐夫妻相爱相杀的生活日常、张家界山间隐藏的"搞笑一家人"等。其他各类直播平台上，更是将生产生活同步展现在用户面前。正如马克思和恩格斯将日常生活看作本体存在的物质基础，今天的网络视频传播正是把生产物质生活的过程、形态，作为一种视听内容进行生产、传播。

（二）创作主体的平民化

随着拍摄设备与剪辑设备的轻量化和简单化，以及互联网分享、互动的基础特性，普通人有机会接触并掌握视听产品的生产与传播技能，用户不仅是内容的消费者，也是内容的生产者。这必然带来生产者范畴的不断扩大，渗透到社会各个阶层和各类群体。首先，生产主体数量增多。2019—2020 年间，仅抖音就有1.3 亿新增创作者。如此庞大的生产主体数量在以往任何的影像生产中都绝无仅有。其次，生产主体的平民化。普通人获得了更多的表达和展示机会，他们的日常生活在互联网空间中被看见、被关注。抖音平台上每天 1 万以上播放量的作品中，62% 由拥有不足 1 万粉丝的创作者贡献。2020 年以来，新成长为百万粉丝的作者数达 7109 个，其中 85% 是从普通人成长起来的原生创作者；新成长为万粉丝的作者数有 725969 个，其中 88% 是从普通人成长起来的原生创作者。[②] 同时，生产主体的覆盖面广，不仅地域分布广泛，而且其所在的城市层次多样。

（三）制作技术的便利与简化

从影像生产的发展脉络看，科学技术始终是第一生产力。远古时期的岩画，是人类祖先最早对空间光影的复刻。19 世纪四五十年代，随着摄影技术的蓬勃发展尤其是设备的逐渐轻量化，越来越多的人开始享有摄影的实践机会，工业化也为摄影师的工作提供了社会用途。此时的影像创作以相对静态的瞬间画面反映

---

① 参见巨量算数《2020 抖音创作者生态报告》，见"网络视听前沿"公众号（https://www.douban.com/group/topic/200012505/?_i=6737000qE7t3jL），引用日期：2023 年 3 月 15 日。

② 参见巨量算数《2020 抖音创作者生态报告》，见"网络视听前沿"公众号（https://www.douban.com/group/topic/200012505/?_i=6737000qE7t3jL），引用日期：2023 年 3 月 15 日。

现实，呈现复杂世界的某一段残片。1889 年，爱迪生发明了"电影视镜"，在我国史称"西洋镜"，他利用滚动装置将拍摄的跑马、舞蹈表演等场景的胶片连续转动起来，造成活动的幻觉，使静态的摄影图像有了连续的动态展现，但那时还不具备逻辑性的表意功能，且仅能一人观看。1898 年末，卢米埃尔兄弟的"活动电影机"标志着世界电影的诞生。画面的更迭表意、对现实场景的记录，使电影具有了"物质现实的复原"的价值，也成为特殊剧场中的专门影像创作。20 世纪二三十年代，电影所拥有的影像优势被"坐在家中尽知天下事"的广播电视技术的便利深深影响。电视的影像质量与电影无法相比，但其技术可得的便利程度以及声画传输的同步体验、类型多元的内容产品，都极大地扩展了电视在人群中的覆盖范围，电视也成为一种强有力的社会性力量。但无论是电影还是电视技术，其生产方式仍需专业设备和专业团队介入，并非普通观众所能企及。随着视频拍摄和制作技术的简化与互联网技术的快速发展，高清摄像技术搭载智能手机、移动互联网技术从 4G 到 5G 的迭代等，都将视频生产和消费的便利性、参与性、互动性、获得感提升到一种身体功能延续和本能需求被激发的水平，视频的生产、传播、接收甚至成为用户社会生存的基本实现方式。

迈克·费塞斯通（Mike Featherstone）认为，艺术和生活的距离正在经由日常生活审美化的过程中被消灭，生活转换成艺术的同时，艺术也已转换为生活。今天，新媒体作为影像生产的阵地，已经超越了电影、电视的影像构建，而成为社会生活的一大景观，融入社会日常生活的肌理中。网络直播以其创作主体的平民化、创作内容的生活化、创作手段的随机化、表达形态的口语化等特征在互联网上建构了一个百姓日常的生存和生产图谱，展示其生存状态和生存体验。用户在观看和使用视频文本的过程中，除了获得基本的娱乐享受外，更与作品产生精神和情感上的平等交流，形塑自己与他人同在的共同经验。那些简单重复却总有未知的日常生活细节如果能以品质影像记录呈现，便会给予视频消费者美好的生活体悟与审美体验。

（四）创作审美的日常生活化

网络直播推动了审美的日常生活化和日常生活中对审美的评判标准的变化。审美被认为是一个严肃的智力经验过程，需要审美主体具有较高的基础文化艺术素养。审美经验在艺术的接受活动中产生并发挥作用，成为美学实践的中介。以各种艺术形态为主要内容创作的网络视频，在社交网络的快速传播与互动分享中，为用户带来了审美经验的积累和审美理想的普及。视听同频的动态影像加之其他的互动方式，使用户更易于获得具象、生动、丰富、沉浸的审美体验。对于用户来说，通过运用视频文本创造新的内容，促使他能够欣赏自己、欣赏他人。网络视频正成为全民美育的重要途径。也正因此，网络直播虽然是主播随时、随地、随心、随手的创造与传播，但其内容肩负着社会责任，其品质保障至关重要。

三、网络视频直播快速影响社会文化

"文化"一词最早在拉丁语和中古英语中出现时是"耕耘"或"掘种土地"的意思。马尔库斯·图利马斯·西塞罗（Marcus Tullius Cicero）使用"文化"一词时已有转移或比喻的意义，有"耕耘智慧"（cultura mentis）之意。后来，这个词就被运用于形容某一位受过教育的人取得的实际成就。此后，各国的学者都在不断"进化"和"解释"着文化的概念。良好的风度、文学、艺术、科学等，都被称为"文化"。直到今天，"文化"也没有一个完全统一的定义，这恰恰说明了文化本身的宽泛性和丰富性。文化流动的活跃程度是社会互动活跃度的重要表现。

媒介文化是以大众传媒为载体、用媒介符号来表现的现代社会特有的一种文化存在，是因大众媒介的社会影响而产生的一种文化形态，是显现在大众传播活动中的社会文化现象。媒介文化可按不同的媒介形态分为电影文化、电视文化、网络文化等不同的文化类型。媒介文化表现为物质技术形式和精神观念（内容）的交融。也就是说，媒介既展现和传播现实文化，也对现实文化起到影响；反之，社会文化也影响媒介。克劳斯·布鲁恩·延森（Klaus Bruhn Jensen）说："文化和社会塑造了其间的媒介，而媒介也反过来塑造着文化和社会。"[①]传播累积形成文化，文化通过媒体记录得以保存和传承。

传播学家威尔伯·施拉姆（Wilbur Schramm）认为，电子传播技术为发展中国家提供了潜在的信息渠道，这些渠道可以通向数量上多得难以置信的受众，可以冲破国家图书馆的栅栏向平民百姓传播信息，可以通过示范表演来教授复杂的技巧，可以在演讲时几乎得到面对面的传播效果。实际上，电子媒介因为音视频的传输特点在传播信息的同时扮演了重要的文化传播角色，而且涵盖了各种文化、亚文化、区域文化、类型文化……网络直播不仅继承了音视频传播文化的优势，还因为传播主体、传播方式、传播内容等特点，具有更广泛文化传播的能力，比如在公共空间传播"喊麦"这种非主流文化、把折子戏这种传统艺术更广泛传播、把消费文化在网络端延伸，等等。鉴于网络直播广泛的群体性和互动性，以及直接的视觉和听觉传达，我们完全有理由把它作为现代重要的文化生成土壤和重要的文化传播工具。网络直播是我们现代文化版图视野中非常重要的一种存在形式和载体。直播人的行为本身就可以被视为一种对技能没有严格要求的文化实践。

---

① ［丹麦］克劳斯·布鲁恩·延森：《媒介融合：网络传播、大众传播和人际传播的三重维度》，刘均译，复旦大学出版社 2015 年版，第 107 页。

直播对文化的影响具体体现于以下三个方面。

第一，网络直播为不同群体和文化汇聚与交流提供了平台、创造了可能。网络世界冲破了现实社会中所谓的正式价值和传统的被少数人掌握的话语权利通道，为人们提供了众人聚焦的舞台，使每一个普通人都有机会把属于自己的"资源"公开化展示，带来了一种能让全民嗨起来的大众文化。约翰·费斯克认为："大众文化制造了从属性的意义，那是从属者的意义，其中涵括的快乐就是抵制、规避和冒犯支配力量所提出的意义和快乐。"① 文化和物质财富一样，并不是被公平地分配的，网络直播让文化再一次广泛流动的同时被大众化分配。

第二，网络直播为社会大众提供了不计其数、风格各异的交流对象和文化空间，建构了多元文化消费渠道，从高雅文化到世俗文化，从二次元文化到真人秀文化，从主流文化到青年亚文化……不同视频空间均标有主播的个性化标签。主播与用户即兴互动式的生产方式既使得该产业产品内容具有高度差异性和不可复制性，也使得该产业产品具有高度的文化交融性和差异性。每一个直播空间的文化都具有一定的趣缘相投性，但又是具有不同文化背景的个体跨文化碰撞的结果。商品的一项重要功能就是被用来辨明已被构建的个人差异感，媒介产品的独特性是其竞争的重要筹码，这一诉求在网络直播中被天然构建。这种具有多元文化特征的个性视频空间与大众媒体提供的主流文化产品形成鲜明差异，也形成了对大众眼球的吸引力。

第三，网络直播具有很强的能动性和辐射性，并能够溢出互联网，引发流行文化。网络直播也和很多事物一样，会带来围绕其本身和对其使用的文化反应。比如，书籍带来阅读文化、美食带来饮食文化、汽车带来汽车文化，等等。网络直播也必然带来直播文化。这仅仅是网络直播引发的文化反应的一个缩影。直播对公开展示文化、商业文化、娱乐文化等都有流行性影响作用。

尤尔根·哈贝马斯（Jürgen Habermas）在《交往行为理论》中表示，人是社会人，势必产生交往行为，搭建交往网络，从而建构社会。在这个过程中，人类的奋斗不是使工具行为合理化，而是使交往行为合理化。直播互动中，所有网络使用者通过某种讯息桥实现全点互动，互动的最终结果是资源的重新分配，是不同主体在社会关系网络中占据不同的位置、扮演不同的角色、发挥不同的效应的反馈。

---

① ［美］约翰·费斯克：《解读大众文化》，杨全强译，南京大学出版社2006年版，第105页。

第三节 社会资源的重构

一、媒介资源的重构

"资源"是一个被学界广泛讨论的话题和高概率提及的名字。关于资源的概念，人们从经济学、地理学、生态学、法学等不同学科和视角做出不同界定。总体而言，"资源"是拥有的物力、财力、人力等各种物质要素的总称，分为自然资源和社会资源两大类。前者指阳光、空气、水、土地、森林、草原、动物、矿藏等天然性的物质；后者包括人力资源、信息资源以及经过劳动创造的各种物质财富等。媒体显然属于后者，是人类创造出来的一种资源。它长期以来被严格分配和管理。这就牵扯到另外一个概念"资源配置"，相对于社会需求而言，资源总是相对稀缺的，这就要求人们对有限的、相对稀缺的资源进行合理配置，以便用最少的资源耗费来生产出最适用的商品和劳务，从而获取最佳的效益。资源配置合理与否，对一个国家经济发展的成败有着极其重要的影响。而对于媒介资源的配置除了这一原因之外，还因为媒介是国家的"第四权力"，具有对社会的广泛影响力，对国家权力的监督与制衡作用，社会的三大支柱权力——立法、行政、司法都受它的牵制。正因为媒介在国家政权中具有极为重要的作用，所以，纵观世界各国的战争，抢夺电视台、电台等媒介机构，夺取媒介资源都是重要的战争内容。也正因为如此，国家对于大众媒介这种资源一定是谨慎分配和严格管理的。

在互联网诞生之前，具有大众传播性的自媒体并不存在。对广播、电视、报纸、杂志这些大众媒介资源的占有和使用也不是媒体完全自主控制的。报纸、杂志要向新闻出版主管部门申请刊号，获得批准才能够出刊；电台、电视台频道的开办、增设要向广播电视总局申请；电影上映要向国家电影局批准；户外广告牌也不是所在地段主体机构自己想竖就可以竖起来的，要向城管部门申请。因此，传统的媒介环境下，一方面，从国家管理的角度，资源是可控且具备宏观规划条件的；另一方面，普通民众是不具备大众媒介资源的，机构也不是随意可以拥有的。

资源的占有量往往决定了生产能力和社会影响能力。互联网——作为第四媒体的诞生，对社会产生了多方面的影响，对原有的媒体格局产生了巨大冲击。互联网平台上各种自媒体的陆续诞生，应该说就是不断在变革本有的媒介格局，博客、微博、微信、直播……从视频媒介格局看，网络直播是有历史性影响力的。网络直播的出现，首先，迅速扩充了原有的媒介资源总量；其次，改变了原来视频资源的占有方式；最后，催生了新的视频媒介资源使用规则。这种影响还会在后面的内容创新、产业发展、媒介融合等方面有更多的终端表现。

视频媒体资源的重构直接带来大众注意力资源的再一次分配。媒介资源总体呈上涨趋势，但注意力资源的基数却是相对稳定的，即可接触到视频媒体的眼睛数量。这样一来，出现了三层资源的变动：首先，会直接分割电视的收视资源；其次，间接对广播、报纸、杂志等听阅人群进行挤压；最后，培育出新的媒介消费人群和消费习惯，也必然挤压人们对其他非媒体类产品的使用时间和精力。

可见，网络直播带来了媒介资源的变革，媒介资源的变革又带来社会其他资源的变化，如何最优化配置和管理直播资源成为学界后续要讨论的重要议题。

二、空间和时间资源的重构

从媒介发展历史来看，媒介一直在社会空间的划分或改变过程中起着重要的作用。比如，私人空间变为了公共空间，公共空间被电影院、话剧院区隔为小众空间，当然，话剧又可能因为影音传播被置入更广阔的空间。麦克卢汉说，媒介即人的延伸，但延伸的广度和深度分别由技术和内容所决定。直播是目前为止从技术角度讲最简便的传输方式，而由此提供全景式"世界影像"，让人的眼睛和耳朵最大化延伸——看到越来越多超出本我空间和想象空间的景观，看到周围不是我们自己影像的东西，将自我沉浸于陌生而有欲望的空间。空间既是传播背景也是传播内容，既是意义表达的衬托也是意义本身的重要构成部分和表达。"空间在其本身也许是原始赐予的，但空间的组织和意义却是社会变化、社会转型和社会经验的产物。"① 媒介打破了物质的空间和社会场景之间的固有关系，产生了新的时空组合。最早提出"媒介空间"这一概念的英国学者约翰·哈特雷（John Hartley）认为："媒介的整个宇宙——既是实际的，又是虚幻的，存在于所有媒介形式中（包括纸媒、电子媒体等）、所有的种类中（新闻、电影、戏剧、音乐作品）、所有的欣赏趣味层次中（艺术欣赏、纯粹娱乐）、所有的语言形式和所有的国家中。"② 在直播技术的支持下，亨利·列斐伏尔（Henri Lefeb-vre）所认为的"（社会）空间就是（社会）产品"得到了最大化实现。直播通过无数人的摄像头累积了一个巨大的"景观带"，这个景观带由无数小的景观点构成，有吃饭的景观、睡觉的景观、唱歌的景观等，这个景观带空间无限，任何人难以完全估量其内容。直播以记录的方式改变了空间本身的距离，空间通过直播

---

① ［美］爱德华·苏贾：《后现代地理学：重申批判社会理论中的空间》，王文斌译，商务印书馆2004年版，第120－121页。

② 转引自邵培仁、杨丽萍《转向空间：媒介地理中的空间与景观研究》，载《山东理工大学学报》2010年第3期，第75页。

技术和直播人的手动操作被聚集于网络，成为难以逐一欣赏的巨型景观空间。

空间不仅是几何学或传统地理学的自然概念，而是一个社会关系的重组与再生产的过程；是一个具有生成性的、社会秩序实践性的建构过程，是一个具有行动能力的活的实践空间。也就是说，我们日常活动的空间，一方面是真实的地理空间，另一方面是由文化、社会关系搭建起的多层次空间。对于空间的调整，实则是对社会建构的调整。从电子媒介时代开始，我们所接触到的空间就大幅度增大了，依赖地域差异和文化差异建立起来的地理空间，从电子媒介开始也不再那么边界分明，人们的交往方式发生根本性改变，人类社会结构及文明形态将产生颠覆性变革。

空间的形成不仅与自然和外界环境有关，还受到地位阶层、种族文化、风俗习惯等社会因素的影响，从而产生不同的聚集空间。因此，空间不仅是一个自然的和地理的概念，也是社会的和心理的概念。

直播同时被两个空间影响，一个是收看直播时受众的地理和社会空间，另一个是直播中呈现的地理和社会空间。例如，直播的地理位置是蒙古草原，社会空间是草原上一群十几岁的小伙子在摔跤，他们是情绪激昂的。用户对这一场景的收看，在地铁早高峰的拥挤中和在安静的卧室中会有不同的感受。

直播对于空间轻而易举地转移，也是轻而易举在转变人们视觉的"中心"和"边缘"，转变"中心角色"和"边缘角色"。处于地理边缘区域的主播也可以通过恰当的直播跻身于头部频道，都市中心的主播也可能不被关注。现实社会无人问津或关注的"小人物"摇身一变可以成为各个地理空间人们都追捧的"明星"。正如梅罗维茨所认为，电子绕过以前传播的种种限制，改变传播变量中的空间、时间和物理的重要程度，并且越来越多地介入了空间结构划分的场景。① 与此同时，"社会空间"在发生变化，亚文化可能因为有效的传播不断增大社会空间，如"喊麦"就被直播推广到更多场景；而主流文化也很可能因为传播方式不佳而被缩减社会空间。因此，媒介作用下空间的改变不仅仅是物理层面的改变，也会连带影响到认知层面。地理学对景观展现的研究，也不再仅仅局限于物质的、自然的环境地理，而是深入到精神与经验的层面。

康德指出，地理学所讲的是空间，历史学所讲的是时间。② 在媒介作用中，空间与时间的改变往往是同时发生的。20 世纪后半期以来，各种技术对时间和空间的争夺不断白热化，寻呼机、移动电话、移动电视、互联网等技术使人们的时间和空间一再被挤压。就好像楼宇电视的出现，挤占了人们原本等电梯时聊天或休息的时间；微信的出现，挤占了人们打电话、发短信的时间。网络直播同样

---

① 转引自邵培仁、杨丽萍著《媒介地理学：媒介作为文化图景的研究》，中国传媒大学出版社 2010 年版，第 63 页。

② 转引自［英］大卫·哈维《地理学中的解释》，高泳源等译，商务印书馆 1996 年版，第 89 页。

如此，一端是在给已经密密麻麻布满了线的空间增加负荷，一端是在进一步占用人们的空闲时间和挤占本属于其他设施的时间。在近万名受访用户中，95.80%的人表示曾经看过网络直播，甚至有接近一半的受访者表示几乎每天都会看。①米歇尔·福柯（Michel Foucault）把电视看作一种组织时间和控制时间的制度模式，直播同样如此。直播把空间距离"缩短"，出现空间的"时间收缩"，把空间和时间合并。直播为全民提供了一个开放的空间，成为全民性娱乐空间、创客空间、讯息空间……个体将闲置的或原本会用于其他项目的时间、精力、知识投资于此。

三、社会关系资源的重构

社会关系是人们在共同的物质和精神活动过程中所结成的相互关系和相互链接。社会关系是一种重要资源，是社会资本的重要来源。布迪厄认为，社会资本指的是一个人的朋友圈和交往圈，是个体或群体借助由多少制度化的相互认识和承认的关系组成的一套可持续的网络而获得的资源。② 它包括经济资本、文化资本和社会资本，三者之间可以相互转换。而场域作为各种要素形成的关系网，是一个动态变化的过程，变化的动力是社会资本。社会资本以关系网络的形式存在，同对某些持久的网络的占有密不可分。詹姆斯·科尔曼（James Coleman）指出："蕴含某些行动者利益的事件，部分或全部处于其他行动者的控制之下。行动者为了实现自身利益，相互进行各种交换……其结果，形成了持续存在的社会关系。这些社会关系不仅被视为社会结构的组成部分，而且是一种社会资源。"③ 社会关系包括个人之间的关系、个人与群体之间的关系、群体与群体之间的关系、个人与国家之间的关系、群体与国家之间的关系。卡尔·马克思（Karl Heinrich Marx）在《1857—1858 年政治经济学手稿》中写道："社会并不只由个人所组成，它还体现着个人在其中发现自己的各种联结和关系的总和。"④

于是，社会关系的广泛建立成为构建社会资本的重要手段和过程。社会资本被认为是行动者在行动中获取和使用的嵌入在社会网络中的资源，包括两个组成部分：一是嵌入在社会关系中而不是个人中的资源。二是这些资源的获取和使用

---

① 《2017 主播职业报告》，见网易（https://www.163.com/dy/article/D7QAM1US0518D0F5.html），引用日期：2023 年 4 月 25 日。

② 转引自［英］安东尼·吉登斯《社会学》（第五版），李康译，北京大学出版社 2006 年版，第 267 页。

③ 转引自王斌著《我国高校体育教师心理资本特征及影响因素的研究》，天津社会科学院出版社 2019 年版，第 10 页。

④ 转引自［法］皮埃尔·布尔迪厄、华康德《反思社会学导论》，李猛、李康译，商务印书馆 2015 年版，第 15 页。

取决于行动者。沟通是建立关系的必然路径。哈贝马斯认为，人是沟通的存在物。沟通权利与形式的改变，必然带来人与人之间关系的变化。沟通对象的数量和质量就成为社会关系的资源。通过工作、生活进入各种圈子建立社会关系是一种基本途径，但范围十分有限。于是，媒介开始在沟通中扮演重要角色。吉登斯认为，信息技术"改变的不仅仅是人们相互沟通的方式，而且还有整个社会是如何组织的问题"。① 保罗·莱文森（Paul Levinson）认为，人类利用媒介尽可能地重建"自然"与"符合人性"的传播手段，媒介进化方向呈现出更适合人类感官生理特性的趋势。唐纳德·霍顿（Donald Ray Horton）和 R. 理查德·沃尔（R. Richard Wall）认为，即使信息传播是单向的，如收音机和电视，其所形成的特殊关系也不可能存在于印刷媒介中。他们认为，新的大众传媒非同寻常的地方在于，它们提供了表演者和政治人物面对面交往的图像。霍顿和沃尔提出"准社会交往"理论，认为电视媒介传播者与接收者之间的关系虽然是有中介的，但是在心理上类似于面对面交往。具体而言："观众感到'认识'在电视上'遇到'的人，这与认识朋友和同事的方式是相同的。许多观众相信自己对某位表演者的认识和了解超过其他所有的观众。有趣的是，这种社会交往能够与'数百万人建立亲密关系'。"② 在世界各国的调查中，节目主持人都有高被信任度。1972 年在美国进行的一次对著名人物信任指数（即在公众中受信任程度）的调查中，主持人沃尔特·克朗凯特（Walter Cronkite）遥遥领先，他的信任指数为 73%，而美国参议员们的平均信任指数为 67%，州长们的平均信任指数为 59%，而当时的总统尼克松为 57%。③

霍顿和沃尔提出的"准社会交往"概念，同样解释了受众在持续观看节目时发展起来的一种与媒介人物的特殊关系，虽然这种关系类似于真实的人际关系，却是单向的。研究发现，受众对角色的感知和关注越多，受众对角色的准社会交往越强烈，且这种准社会交往也会因受众与相应媒介接触行为的加强受到积极的影响。④ 很多人因为收看了一部电视剧而熟知和喜欢上其中的某位演员，于是开始关注这位名演员的一举一动，也会因此收看他出演的其他剧目，这便开始了一步一步不断加深的准社会交往。

梅罗维茨曾简明地表达了这一观点：开车的时候听卡带和听电台广播有很大

---

① [英] 安东尼·吉登斯：《现代性与自我认同：现代晚期的自我与社会》，赵旭东、方文译，生活·读书·新知三联书店 1998 年版，第 74 页。

② [美] 约书亚·梅罗维茨《消失的地域：电子媒介对社会行为的影响》，肖志军译，清华大学出版社 2002 年版，第 113 页。

③ 参见展江《十五名美国电视新闻节目主持人的经历与素质》，载《现代传播》1996 年第 2 期，第 65 页。

④ 转引自马志浩、葛进平《日本动画的弹幕评论分析：一种准社会交往的视角》，载《国际新闻界》2014 年第 8 期，第 119 页。

的区别。区别在于卡带播放机把你与外部世界隔离开，而广播电台把你们联系起来。即使是听本地电台，你也在任何关于国内和国际事件新闻的"覆盖范围内"。但这种连接始终处于一种被动知晓的状态，即"被动式连接"，即使是以电视这一最形象化的媒介为中间的交往也并不能实现真正的面对面交流。所以，马克·波斯特认为，媒介时代"界面"的存在让人与人之间的交流始终是不充分的，"界面介于人类与机器之间，是一种膜（membrance），使相互排斥而又相互依存的两个世界彼此分离而又相连"①。也就是说，通过媒介建立的交往并非传统意义的交往，结识的朋友并非真正意义上的朋友。在众多学者的研究中，大多把电视节目主持人的传播认为是大众传播平台上的人际传播，亦有不少研究中把电视节目主持人形容为家庭会客厅中的一员，是观众的朋友。但由于缺少有效的交流渠道，主持人与受众之间并不能形成常规性的人际交往，因此是一种副社会交往和准社会交往。

互联网诞生后"虚拟社区"应运而生。1993 年，德国社会学家莱茵戈德·霍华德（Rheingold Howard）首次提出"虚拟社区"这一概念，在国外也有"Virtual Community""Cyberspace Community"等叫法，在国内则有"在线社区""网络社区""虚拟社群""虚拟社会""虚拟社区"等多种叫法。核心意义均是指互联网空间的非实体性群体组成的社区或小社会。霍华德认为，虚拟社区源于虚拟空间上有足够多的人、足够多的人际关系以及人类情感，并且这些关系和情感得以在网络上的长期发展。但网络直播既不同于网络社区中处于"蒙面"状态的文字交往，交往双方往往并不清楚对方的性别、年龄、相貌；也不同于电视媒体这种一方长期表演，另一方长期接收的单项化交往。连麦功能使得直播双方实现了真实的面对面交往，虽然还有物理距离的区隔。弹幕功能也能够实现近面对面交流，因为所有人可以看到主播，主播虽看不到用户，但双方的交流可以是完全畅通的；而且以主播为中心的这张交互网络可以无限广阔、无限密集，也就是说节点可以是远离主播地球范围内的距离，也可以涵盖地球所有能够上网的人口，每个人都成为世界的一个连接点。在这种连接过程中，所有交互点都可以主动表达、主动交往，因此是"主动式连接"。

在几千年前人们就认识到网络作为社会基本力量的普遍存在，并对网络持肯定态度。② 只不过在那个时代连接社会的不是互联网。马匹、轮船、火车等是不同时代或独有或叠加的社会网络连接方式。现代网络社会，主要是基于微电子的信息和通信技术推动的网络组成。互联网普及后由其建立的虚拟交往与现实空间的交往并行，成为人类日常的交往方式。而直播在技术的支持下把虚拟空间和实体空间有效地结合，这种近真实性面对面交往是过往其他任何传播平台难以实现

---

① ［美］马克·波斯特：《第二媒介时代》，范静晔译，南京大学出版社 2000 年版，第 25 页。
② 参见［美］曼纽尔·卡斯特《网络社会》，社会科学文献出版社 2009 年版，第 4 页。

的。网络是一组由内部连接的节点而勾勒的曲线图形。每个节点对于网络来说具有不同的关联性，通过更多地吸收并更加有效地处理相关信息，节点就能增强其在网络中的重要性。① 在直播这张网络中，主播是中心节点和情境的主要创造者，具有处理信息和连接不同个体的优势，其以直播开始的问候以及直播过程中不断"欢迎某某进入直播间"的方式开启和加强由自己担任主角的互动交往仪式，以谈话发起人、主持人、发言人和倾听者的多重角色促进沙龙的召开，其交互能力和人际资源累积与直播空间的场景状态、传播氛围及话语表达的实际权利成正比。直播在同一时刻把处于不同空间的人聚合并连接在一起，构成了一个跨越空间的交互仪式。以此推理，社会中任何个体，原本除了身边同事和朋友甚至没有能力把社会关系推向另外一个城市，而今却可以通过直播建立强大的社会关系网，这样就彻底打破了传统社会的关系网络建设规则，而且其连接的紧密性要远远高于大众媒介捧红的明星与粉丝之间的关系。Ellison 研究发现，Facebook 连接社会资本的用途比结合社会资本的用途增长迅速。② 但无论是链接资本还是结合资本，都以"关系"为基础。按照数学理论，网络的价值总和按其成员数目的平方而增长。随着网络中节点数量以算术方式增加，网络的价值则以指数方式增长。③ 个人网络的价值和一个人之所以拥有权力，都是因为存在关系，关系可以生成价值和影响。

第四节　公民权利的升级

一、媒介开办权与话语表达权

从古希腊至今，权力（power）或权利（right）问题引起了诸多学者的关注。马克思认为，权力是经济关系中能够从根本上决定社会形态的一个面相；马克斯·韦伯（Max Weber）认为，权力是一种可能性，即社会关系内部的一个活动者能够不顾反抗，不顾这种可能性依赖的基础推行自己意志的那种可能性；安东尼·吉登斯（Anthony Giddens）指出，"资源"是权力的基础，是权力得以实施的媒介；福柯认为，权力是通过话语发生作用的。话语权是一个社会重要的资源

---

① 参见［美］曼纽尔·卡斯特《网络社会》，社会科学文献出版社 2009 年版，第 3 页。

② Nicole B. Ellison, Charles Steinfield, Cliff Lampe, "The Benefits of Facebook 'Friends:' Social Capital and College Students'Use of Online Social Network Sites", *Journal of Computer-Mediated Communication*, 2007, Vol. 12, No. 4, pp. 1143 – 1168.

③ 参见［美］凯文·凯利《网络经济的十种策略》，肖华敬、任平译，广州出版社 2000 年版，第 34 页。

配置对象，在很大程度上影响着社会关系的特征。权力既外在于主体，又是主体发生的场所（venue）。①权力和权利在本节的讨论中具有相互交叉和融合的特点，话语表达途径实现了权利的扩大化，而关系资源、话语权利等的共同作用其实已经使主体拥有了权力。

在工业文明诞生前，制度赋权或行政赋权是主导模式。这两种模式下，个体是实现整体利益的手段，整体效能是个体效能的简单叠加，个体在社会中生存与行动的合法性完全来自权威制度或行政力量的赋权。印刷机发明以来，除了电报和电话，一切技术媒介都具有这样的特征：少量人通过手中的媒介权力制造出的少量的讯息向多数人流动。互联网、智能手机等技术和设备的出现，使人类社会实现了真正的媒介大众化。罗杰·菲德勒（Roger Federer）指出："传播媒介的形态变化，通常是由于可感知的需要、竞争和政治压力，以及社会和技术革新的复杂相互作用引起的。"②互联网使社会对个体的赋权模式发生了范式转变，个体的能动性和关系资源网络被激活，这改变了权力格式，关系赋权成为新的赋权机制。而关系赋权的过程中有一个很重要的环节，就是用户具有话语表达权，话语表达也是关系链接和聚集的途径。彭兰教授说："从总体趋势来看，互联网关系网络对相对无权者的赋权是一个渐进的、可以预测的过程，在基础价值层面和权利意识方面，底层群体无疑是在知识、信息、话语权中受益最多的，个体得以更广泛、更深层次地参与社会生活。"③也就是说，互联网成为话语表达的重要权利场域，互联网技术在发展过程中重塑了公民的权利意识，自媒体赋予了公民权利方式，也赋予了吉登斯所言的资源或者是能够汇聚资源的途径。

巴洛（John Perry Barlow）在1996年发表《计算机空间独立宣言》，满怀激情地宣称："工业世界的政府们，你们这些令人厌烦的铁血巨人，我来自计算机空间新的精神（Mind）家园。以未来的名义，我要求过时的你们不要再干预我们。在我们集聚的地方，你们不再享有特权。"④互联网成为理想的公共空间，根本的原因在于这里人人具有话语表达权利。从BBS到博客、微博，社会大众的话语表达权和信息分享权得到极大满足。网络直播则是对公民话语赋权的再次升级，是对资源配置的进一步"去中心化"。一来，人人具有视频媒介拥有权——个人电视台，且不像以往的博客、微博对文字表达能力有一定要求，只要有网络就可以立刻向世界"喊话"，人人拥有了大众传播的能力、机遇和途径；二来，网络直播给予了收视群体，即用户即刻话语表达的权利，也就是说即使不

①　转引自［美］朱迪斯·巴特勒《权力的精神生活：服从的理论》，张生译，江苏人民出版社2009年版，第14页。

②　［美］罗杰·菲德勒：《媒介形态变化：认识新媒介》，明安香译，华夏出版社2000年版，第18页。

③　彭兰：《也谈微博话语权》，载《信息安全与通信保密》2014年第3期，第34页。

④　转引自杜雨、张孜铭著《WEB3.0赋能数字经济新时代》，中译出版社2022年版，第10页。

拥有媒介，也具有公开发布信息的权利和机会。而这种互动本身也是权利的产生和释放形式。凡有人际互动的地方，就会产生权力关系，除非双方的互动已经达到绝对理性的层次。①当然，主播比用户的话语权利要更具优势，博特（Burt）的结构洞理论认为，个人在网络的位置至关重要，其在网络中的位置往往决定了个人的信息、资源与权力。不管关系强弱，如果存在结构洞，那么将没有直接联系的两个行动者联系起来的第三者拥有信息优势和控制优势，这样能够为自己提供更多的服务和回报。

在传统视频媒介——电视体系中，普通公民绝不具有媒介控制权，也不是信息传播主体，更不是媒介的自由使用者。自由指的是"没有阻碍的状态，我所谓的阻碍，指的是运动的外界障碍，对无理性与无生命的造物和对于有理性的造物同样可以适用"②。电视媒介环境下，普通公民大多时间只能担任受众角色，他们与电视中人物主体的交互也基本停留在想象阶段。通信和网络技术介入之后，互动性虽大有提升，但"即时交流"仍难以常态化。尤其是在节目进行过程中，传播主体与受众是在传播仪式中两个缺少直接话语交集的群体，传播主体遵照节目流程与角色需要传播信息，受众接收或拒绝信息，双方没有"现场商议"。在直播空间所有人都是传播主体，主播与用户、主播与主播、用户与用户之间"多点互动"和"集体展演"。主播通过有声语言、肢体语言、服饰语言、空间语言等多种手段传递信息，用户或"音视频连麦"交流，或通过"弹幕"和个性化符号信息（如虚拟礼物符号、VIP 身份符号）表情达意。美国哈德逊研究所客座研究员韩连潮博士说，从大趋势看，人类文明和科学技术的发展就是要把原来由少数人控制的资源、财富、信息、话语权等都逐渐民主化、大众化。③当然，表达权利与表达力度没有必然联系，因为直播频道的粉丝可以上百万，也可以无人问津。也是说，同样是开设个人电视台，赋权之后权力大小又会因主体而异。但是，同一直播频道，主播一般要比受众的传播权力大。因为，节点的接近中心性数值越高，它与网络中其他节点就越接近。出于这个原因，这些节点与其他节点相比，则拥有更大的影响力以及更核心的作用。④

① Tim Jordan, *Cyberpower*: *The Culture and Politics of Cyberspace and The Internet*, London: Routledge, 1999, pp. 36 – 37.

② ［英］霍布斯《利维坦》，黎思复、黎廷弼译，商务印书馆 1985 年版，第 97 页。

③ 转引自郭庆娜《美媒看中国网络直播：催生草根主播 多数月入仅几千》，见参考消息网（http://www.cankaoxiaoxi.com/china/20161015/1347313.shtml），引用日期：2023 年 4 月 2 日。

④ 参见［意］瓦莱里奥·阿尔纳博尔迪等《在线社交网络：在 Facebook 和 Twitter 个体关系网中发现的人类认知约束》，凌非、程之译，电子工业出版社 2017 年版，第 12 页。

二、媒介购买权与话语表达权

对于传统媒体的购买，我们说"买份报纸""买本杂志""交有线电视费"；对于新媒体视频的购买，我们说"购买此片""交会员费"，在这其中，"购买"和"交费"是行为核心。网络直播采用的打赏是一种自愿性付费方式，它把媒介产品的价格变为"从零到无尽高"，把支付频率"从一次变为零至无数次"，用户既可以只观赏不付费，也可以在节目播出过程中的任何时间付费，次数不限，额度不限。打赏通过代表不同价值的"礼物"完成，"礼物"以各种精美的个性化、虚拟化图像符号呈现。"礼物"不仅具有货币支付功能，更被注入了多种情感，如"开心""兴奋""喜爱""感动"等，因为符号在互动情境中会获得情感意义，同时情感会随着符号在会话空间传播。打赏并不是一种完全新鲜的支付方式，比如我国古代戏曲、相声、杂耍表演等都有这样的付费习惯，但是在音视频互动功能和符号化礼物展示的支持下，它把媒介支付从一种获得准入的手段和瞬间行为变为一种情感性、持续性、体验性行为。通过礼物进行的物质和情感交互并不是机械地、刻板地、流程化的行为，其过程充满了不确定性和游戏娱乐性。直播过程中，用户可以任凭心情送出礼物，可以对主播提出各种表演要求，主播或不予理睬，或以不同方式、不同程度的语言和行为方式"回复"；主播也可以对用户提出打赏请求，用户或直接以各种礼物"回复"，或进一步与主播"讨价还价"，或拒绝支付。这一过程一方面体现出主播具有超越大众媒介传播主体的媒介制作与销售权利，另一方面体现出网络直播中用户具有超越传统的媒介订制和购买权利。双方以"类游戏"的方式使权利在相互愉悦中发挥效用。主播是这场游戏活动的主持人，用户是参与游戏的玩家，礼物是玩家手中的"装备"。主播以各种方式引导大家进行装备竞赛，一次又一次地使用装备发起进攻，也一次又一次地试图制造狂欢的巅峰时刻，持续一场并没有最后一关的游戏、没有最后一集的娱乐节目。美国学者威廉·斯蒂芬森（William Stephenson）认为，大众传播的最精妙之处就是允许阅者沉浸于主观性游戏之中。著名游戏研究者胡伊青加说："游戏者，总是同时既是知情者又是受骗者，但他却宁愿做受骗者。"① 因此，在这个过程中用户不断支付媒介费用，毫无吝惜地订制个人产品，此时主播虽然成为货币受益者，但用户已不知不觉地扮演了节目制片人的角色。我们都知道，制片人媒介是拥有绝对话语权的，因此，在直播界即使不直接开办媒体也能够成为媒体的作用人，间接拥有媒介话语权；而且这个制片人不能用经济学中科学的投资回报率计算，亦不需要跟导演商议，更不需要担心后期的财务审计，一切由情感因子冲击下的个人意愿决定。

---

① ［荷］J. 胡伊青加：《人：游戏者》，成穷译，贵州人民出版社 1998 年版，第 28 页。

三、话语表达权与场景转移

"场景"这一概念最早由美国科技领域资深记者罗伯特·斯考伯（Robert Scober）和技术专栏作家谢尔·伊斯雷尔（Shell Israel）提出。他们在《即将到来的场景时代》一书中预言未来 25 年互联网将步入场景时代。"场景"一词很早就被人们使用，原指戏剧、影视、文学作品里的场面或情景，既包括场所或景物等硬要素，也包括空间和氛围等软要素，硬要素与软要素密不可分，软要素依赖于硬要素并反作用于它。① 场景理论源自场景的五种技术趋势，也就是构成场景的五种技术力量（简称"场景五力"），即移动设备、大数据、传感器、社交媒体和定位系统。②

文字的创造使人们可以以书写的方式随时记录世界，录音技术的诞生使人们可以随时保留声音和记录声音信息，照相机的发明使人类能够以静态画面的形式呈现世界，摄像技术则把视觉呈现带入了连续性的时代，电影的诞生让人们看到了流动在荧幕中的世界，电视机的诞生把人类带入了地球村时代。因此，梅罗维茨说："电子媒介交往的结果，场景和行为的界定不再取决于物质位置。"③智能手机的出现使得文字编写、录音、拍照、摄像均轻松完成，而智能手机与直播的结合则把人们带入了"想拍就拍，即拍即播"的场景时代。人们拥有了即时性传输场景的能力，原先无法大众化分享的场景公开转移，促进了物理地点的开放和分享。理论上讲，世界可以被 360 度无私密性视觉呈现，世界上所有生物与物质都成为直播的备选对象和主播表演的舞台背景。从空间维度看，人类对身体空间的揭示度和异空间的知晓度大幅提升，这也把自己置于更多的景观之中，受到更多元素的影响。梅罗维茨指出："电子媒介最根本的不是通过其内容来影响我们，而是通过改变社会生活的'场景地理'来产生影响。"④

因此，影像话语权是直播赋予公民的重要权利，人人都可以成为影片导演和主演，人人都能以自己的视角对身边的场景"整体搬迁"；而且直播摄像头下拍摄的影片不需要主管部门下发"电影公映许可证"，不需要电视台的流程审批和时间段科学排序。人们从景观欣赏者、事件旁观者变为事件参与者，甚至人本身都变为公共性产品，万物即道具，万物即信息。连续性"场景"信息输出方式，

---

① 转引自邵书馔《场景理论的内容框架与困境对策》，载《当代传播》2015 年第 4 期，第 38 页。

② ［美］罗伯特·斯考伯、谢尔·伊斯雷尔：《即将到来的场景时代：移动、传感、数据和未来隐私》，赵乾坤、周宝曜译，北京联合出版公司 2014 年版，第 11 页。

③ ［美］约书亚·梅罗维茨：《消失的地域：电子媒介对社会行为的影响》，肖志军译，清华大学出版社 2002 年版，第 111 页。

④ ［美］约书亚·梅罗维茨：《消失的地域：电子媒介对社会行为的影响》，肖志军译，清华大学出版社 2002 年版，第 22 页。

改变了多年来文字或图片对场景的描述，把线性的信息流入受众，变为立体的信息呈现于受众。人们通过手中的摄像头和传输场景的选择，表达个人的情绪、情感和观点。

四、话语表达权与叙述手段变迁

对身边场景的"整体搬迁"是大众有了话语权利之后的最终呈现，在此之下更重要的意义是人类叙述手段和方式正在不知不觉中发生变迁。叙述大体可以分为两个阶段：第一个阶段包括前文字的口头叙述和传统文字书写阶段。这一阶段口头叙述与文字叙述并存，报纸、图书、杂志等普及让文字记录充分体现了叙述能力。第二个阶段是图像记录阶段或视频叙述阶段。1839 年照相机的出现，让人类进入了图像叙述或图像记录阶段。1874 年，法国人朱尔·让桑（Jules Jean）发明了摄影机，又开启了人类社会用视频记录世界的历史。从 1895 年卢米埃尔放映电影，视频作为大众化展示登上了历史舞台，再到后来电视的诞生和普及，视频虽然被不断普及，但仍然是一种专业化的文化产品，并不是人类普遍化的叙事方式。虽然照相机早已进入家庭，但也并不是一种日常化叙述工具，而图片的广泛分享也没有便捷途径。2000 年后配有照相功能的手机开始普及，开启了大众化图片叙事的历史。但此时记录分享还没有达到"傻瓜"状态，只有智能手机和网络普及后，我们才从图像记录阶段转入了记录＋分享时代。视频记录和分享同样是在智能手机和网络普及后才得以广泛实现的。

网络直播是对视频叙述手段的广泛化应用和推广，而且直播的特征把"叙述方式"的复杂程度降到了最低，因为倒叙、插叙在这里均不存在，平铺直叙是唯一的叙述方式，虽然开启摄像头的那一刻不一定是拍摄事件的开始发生时刻，但是在播出的时间限定范围内一定是线性叙述。因此，直播的广泛应用的过程是人类从口语、文字以及图片叙述向视频叙事转变的过程，也是真实叙述方式被广泛应用的过程。同时，由于移动直播的普及，实现了对不断变化的叙述空间和对象随时叙述。

网络直播传播与表达权利的赋予也会对社会产生影响，即："所有形式的权力都在社会空间中引发难以计数的后果。但符号权力对社会的影响更广泛，更是无处不在，因为社会符号资源的集中化不仅仅影响我们做什么，而且影响我们描述社会本身的能力。符号权力的集中，其本身既是事实，也影响所有社会事实（包括符号资源本身）的表现"①。

---

① ［英］尼克·库尔德里：《媒介仪式》，崔玺译，中国人民大学出版社 2016 年版，第 44 页。

五、话语表达权与舆论引导压力

媒介与舆论的形成和方向有密切的关系。网络与手机的普及，把舆论的时间跨度延伸，传递速度加快，空间缩小，主体扩大，自由度加强。尼葛洛庞帝曾在《数字化生存》中提到，在信息时代，每个人都可以是一个没有执照的电视台。如今，个人电视台时代真的到来了，拟态环境的制造者从大众媒介变成了每个公民，每个公民都有权利打开直播以自己的视角建构和传输一个"世界"，而这个"世界"的内容呈现则由传播者的选择对象、选择角度、自我注释来阐述或注解。无论是大众媒体还是自媒体都具有影响舆论的能力，也都带有一定的自我立场性。

自媒体在赋予大众话语权的同时，也就赋予了大众制造和影响舆论的权利。网络直播不仅形象直观，而且很多传播主体本身就是极具影响力的网红，这就更增添其舆论影响力。例如，某网红粉丝数达 1000 万、年收入上亿元，被曝网络直播贩卖假货。事发后该网红恼羞成怒，在直播间对当事人进行辱骂，其粉丝迅速将舆论风向指向揭发者，转而引发网络暴力。显然这是一起主播对社会舆论的错误引导制造的社会负面事件，该事件不断发酵，最终监管部门以违反《中华人民共和国反不正当竞争法》立案调查。再比如，曾经的 YouTube 某网红，订阅数高达 5800 万人次，每段视频都有数百万的点击量，但其在 2017 年年初公然发表种族歧视言论。有研究者对 Twitter 的两个情感类别（快乐和悲伤）进行分类，发现在 Twitter 中表达类似情绪的用户往往聚集在一起。[1] 这种情绪聚集的特点，会唤醒并点燃情绪，一旦负面情绪聚集，将可能引爆网络、影响社会舆论。

由于拥有缺失把关人的传播权利，以及相对自由的传播环境，直播间乱象频发。这不仅严重破坏了国民的审美情趣和文化品位，而且导致舆论混乱和社会无序，这里似乎成了真空性的全民公共领域。网络空间可能会出现与社会主流意识形态相偏差或相对抗的信息符号，而这些符号的离散传播不利于社会发展。[2]因此，赋权下的内容生产质量成为网络直播正负能量的关键。

需要阐明的是，网络直播中权利的赋予与权力的大小存在个体显著差异。网络直播虽然给予了人人发言、人人购买的权利，但不要忘记，人与人之间的媒介素养、传播能力、经济能力等存在着无法短时间弥补的差异，话语权利始终受到政治资本、经济资本和文化资本等规约，并随着这些资本的变动而变动。网络本

---

① 参见［意］瓦莱里奥·阿尔纳博尔迪等《在线社交网络：在 Facebook 和 Twitter 个体关系网中发现的人类认知约束》，凌非、程之译，电子工业出版社 2017 年版，第 35 页。

② 参见张琦、贾毅《电视综艺娱乐节目主持人的舆论影响力》，载《新闻爱好者》2015 年第 11 期，第 78 页。

身没有中心，但有节点，换句话说，即网络是一组由内部连接的节点而勾勒的曲线图形。每个节点对于网络来说具有不同的关联性。节点通过更多地吸收并更加有效地处理相关信息，其就能增强在网络中的重要性。[①]"择优连接"理论告诉我们，社会网络中的节点与其他节点的连接具有差异性，影响力越大的节点优先获得其他节点连接的概率也越大，变得越来越强，表现为同向匹配特征。因此，形式上的均等并不等于能力上的均等和事实上的均等。

本章小结

从积极的意义上来说，媒介是文化和社会的构成单位。文化和社会塑造了其间的媒介；而媒介也反过来塑造着文化和社会。[②] 互联网时代的社会化媒体，使得草根群体凭借地理上的分散性、数量上的庞大性以及信息上的渴求性等特点，逐渐成为技术赋权的权利掌握者。正如控制论的创始人维纳所说，信息和信息的传播是使社会得以连接在一起的"黏合剂"。也就是说，有什么样的信息传播样态，就有什么样的社会组织方式。网络直播打破了电视台对"视频直播"的专属性拥有，一部手机就能成就人们成为导演、摄像、演员、记者等的梦想。受众从"观看视频"到"自导自演"，从作品的"共同创造者"到"独立制作人"，完成了从"收看者"到"创作者"的权利变革。普通大众从低度参与变为深入参与的权利掌握者，从只有解码权变为具有编码权的意义生产者，从被动型消费者变为主动型消费者和生产型消费者，实现了经济资本、社会资本、文化资本的相互转换，影响了整个社会的交互关系、文化占有、资源分配和权利结构。

---

① 参见［美］曼纽尔·卡斯特《网络社会的崛起》，夏铸九、王志弘译，社会科学文献出版社 2001 年版，第 3 页。

② 参见［丹麦］克劳斯·布鲁恩·延森《媒介融合：网络传播、大众传播和人际传播的三重维度》，刘君译，复旦大学出版社 2015 年版，第 107 页。

第五章　网络直播的内容规范建设

在技术驱动下创造的每一种工具，都蕴含着也最终会释放出超越其自身的意义和能量。技术人性化，人性技术化，从口语传播时代到文字传播时代，从文字传播时代到印刷传播时代，从印刷传播时代到电子传播时代再到网络传播时代，每一次传播形态的变化都是建立在技术先行的基础之上。在德波的《景观社会评论》一书中提到的景观概念里，正是技术的不断改进与提升使人们沉浸在技术所创造出的充满幻想与快乐的影响世界中。① 但技术又是一把双刃剑，技术的每一次进步都是对人们身体或心智的延展，但每一次摆脱自然束缚的过程也往往会带来困惑和矛盾，或者说社会与技术之间是一种辩证互动的关系，技术所给社会的力量方向和大小，取决于人类对它利用的合理性和合理程度。哈佛大学社会学系教授丹尼尔·贝尔（Daniel Bell）在著作《后工业社会的来临》中指出，后工业社会是技术高度发达的社会，但技术能够造福人类，也能够对社会产生负面影响。曼纽尔·卡斯特在《网络社会的崛起》一书中说："技术并未决定社会，而是具体化了社会；社会也并未决定技术发明，而是利用技术。"② 所以，技术发展的核心问题是人类在发明技术之后如何最有效化利用。网络直播与其他技术一样，在推动社会发展的同时，也必然出现矛盾和问题，需要进行必要的规制。被不断曝出的网络直播负面事件，给社会大众留下一种不规则播出是直播常态表现并且难于治理的刻板印象，这严重影响了大众对网络直播及相关元素的认知。我们认为，存在问题就要分析问题、解决问题，这首先必须洞悉其发生的机理和规律，把握其不规则行为背后的动因，做好冲突解释和治理的衔接，进而提出科学的治理理念和切实可行的治理路径。在戈夫曼的自我呈现理念中，社会的顺利运转有赖于社会生活的参与者遵守人们为他们的角色所确定的社会行为准则，所以，社会中每个人都各司其职，各自扮演自己应有的角色。

---

① 参见［法］居伊-埃内斯特·德波《景观社会评论》，梁虹译，广西师范大学出版社 2007 年版，第 5 页。

② ［美］曼纽尔·卡斯特：《网络社会的崛起》，夏铸九等译，社会科学文献出版社 2006 年版，第 4 页。

第一节　规范直播内容势在必行

一、互联网信息治理由来已久

约翰·奈斯比特（John Nesbitt）1982 年在其著作《大趋势》一书中正式提出"信息社会"这一概念，并指出，"失去控制和无组织的信息在信息社会里不再构成资源，相反，它成为信息工作者的敌人"，"这种资源太多，造成泛滥却是个大问题"。① 今天，互联网已不仅仅是一项技术，也没有哪一个国家仅仅将其视为技术现象，网络社会已经成为人类的重要社会领域，网络治理已经被视为国家治理的一项重要内容。美国人把网络空间和海洋、国际空域、太空一同列为单一主权国家无法拥有的"全球公域"。2003 年，美国的《保护网络空间的国家安全战略》首次正式阐释网络空间，即"它由无数相互关联的计算机、服务器、路由器、交换机和光缆组成……并支持着国家基础设施的运转"②。2011 年，《英国网络安全战略》把网络空间视为由多个数字网络组成的人际互动域，它以存储、修改和交流信息为目的。国际电信联盟进一步将之拓展为："由包括计算机、计算机系统、网络及其软件支持、计算机数据、内容数据、流量数据以及用户在内的所有要素或部分要素组成的物理或非物理领域。"③ 2010 年，国务院新闻办公室发表的首份《中国互联网状况》白皮书提出，中国境内的互联网属于中国主权管辖范围，中国的互联网主权（internet sovereignty）应受到尊重和维护。在互联网时代，国家之间的边界已经从地理空间扩展到网络空间，国家主权也从领土、领空扩展到"信息边疆"。网络已成为新的国际政治角力场，网络安全成为国家安全的重要组成部分。2015 年 7 月 1 日颁布的《中华人民共和国国家安全法》第二十五条规定：加强网络管理，防范、制止和依法惩治网络攻击、网络侵入、网络窃密、散布违法有害信息等网络违法犯罪行为。④

有研究者指出，在互联网大部分发展历史上，网络都处在美国工程师与学者的管理之下。比如，在域名系统成功地实现商业化和私有化之前，网络是由南加州大学的乔恩·布鲁斯·波斯特尔（Jon Bruce Postel）个人来负责管理的，他后

---

① 转引自任重著《面向未来：世界新技术革命简介》，冶金工业出版社 1986 年版，第 36 页。
② 参见惠志斌《全球网络空间信息安全战略研究》，上海世界图书出版公司 2013 年版，第 8－9 页。
③ 参见张新宝、许可《网络空间主权的治理模式及其制度构建》，载《中国社会科学》2016 年第 8 期，第 142 页。
④ 参见许玉镇、肖成俊《网络言论失范及其多中心治理》，载《当代法学》2016 年第 3 期，第 54 页。

来成为 IANA 的创始人。① 原因是，在互联网早期，能够接入其雏形——"阿帕网"的仅仅是美国国防部下属或关联的研究机构和人员，而当初负责管理这一网络的就是少数几位相关科研人员。但由于互联网的"去中心化""分布式"的技术属性和开放、共享的天性，谁来管理、如何管理一直是一个备受关注和讨论的问题。而且由于网络不断升级，应用软件和使用方式日新月异，互联网管理也就必须不断改进和应对。网络直播的出现，就给互联网管理提出了新的议题。

二、网络直播迫切需要有效治理

戈夫曼指出："向上流动需要人们呈现出恰如其分的表演，并且，无论是为向上流动所做的努力，还是为了避免向下流动所做的努力，实际上都是人们为了维持前台所做出的牺牲。"② 布劳指出："在彼此交往中，人类往往受到对获得各种类型的社会报酬之渴望的支配。"③ 社会吸引过程才能导致社会交换过程。于是，某些主播为了获得人气和收入，造假在线人数、粉丝数、打赏流水；主播们为了能够上首页、成为关注焦点，为了能够最大化实现自我的各种需求，使出了浑身解数，把产品最大化变为商品，把商品最大化变为畅销品；用户则为了自身情绪的自由表达，发出的弹幕也常常会出现低俗言论。当各种不规则符号或无意义符号大量充斥于某些直播空间的时候，就变成了对这些具有对抗性、破坏性的大众力量的强大和持久性的一种承认，该直播频道实则已经变成了"公共文化污地"。

艾媒咨询数据显示，77.10% 的网民认为在线直播平台存在低俗内容，90.20% 的网民认为在线直播平台的整体价值观导向一般或偏低。④ 可见，目前直播内容的社会满意度不高。有调查显示，"公众认知和社会舆论对网络直播行业和相关从业人员，存在着社会偏见和刻板印象。虽然稳定的社会政策和监管机制相继出台，但刻板印象的消除是一个长期的社会过程"⑤。在中国知网，本研究以"报纸"为信息检索源，键入"网络直播"进行主题搜索，在"相关度"排序前 50 篇报道中，"问题报道"有 39 篇，占比 78%。⑥ 由此可见，网络直播的不规范传播已经引起了社会的广泛认知和关注。如果长此以往，社会很容易形

---

① 参见邹军《从个人管理到全球共治：互联网治理的历史变迁与未来趋势》，载《现代传播》2017年第 1 期，第 80 页。

② ［美］欧文·戈夫曼：《日常生活中的自我呈现》，冯钢译，北京大学出版社 2008 年版，第 30 页。

③ ［美］彼得·M. 布劳：《社会生活中的交换与权利》，李国武译，商务印书馆 2008 年版，第54 页。

④ 《深度关注｜给直播乱象敲响警钟》，见百度网（https://baijiahao.baidu.com/s？id＝1688368910273995488&wfr＝spider&for＝pc），引用日期：2023 年 11 月 15 日。

⑤ 刘蓓蓓：《网络直播行业如何优化发展》，载《中国新闻出版广电报》2019 年 3 月 6 日，第 7 版。

⑥ 2018 年 10 月 15 日检索数据。

成对主播和直播的定型化形象认知。沃尔特·李普曼（Walter Lippmann）曾提出"定型"这一概念，是说人们对另一群体成员所持有的简单化看法，一种与其代表的真实情况不相符或不完全相符的固定印象，它通常伴随着对另一群体的价值评价和好恶感情。大众媒介在形成、维护和改变一个社会的刻板印象方面有非常重要的作用，而按照网络直播发展现状定型的结果必将形成对其的阻碍。

回顾发展历程，网络直播于 2015 年开始爆发，很快就出现低俗色情问题。直播乱象在西方国家也同样存在，《华尔街日报》2017 年 3 月报道显示，Facebook Live 直播的暴力行为至少有 50 起，包括自杀或谋杀。

电商直播一边飞速发展，一边问题涌现。2020 年 11 月 20 日，中国消费者协会发布"双 11"消费维权舆情分析报告，通过对 10 月 20 日—11 月 15 日期间相关消费维权情况进行网络大数据舆情分析，发现促销活动期间消费负面信息不少。共收集有关"直播带货"类负面信息 334083 条，"槽点"主要集中在明星带货涉嫌刷单造假，以及售后服务满意度低、体验较差两个方面。

网络直播的无序发展，一方面给社会文化、舆论、价值观等造成负压力，另一方面对直播产业进行破坏性的市场开发。《中共中央关于繁荣发展社会主义文艺的意见》（以下简称《意见》）指出，要繁荣中国文艺，需要推出更多文艺精品，并提出要大力发展网络文艺。《意见》同时指出，要加强内容管理，创新管理方式，规范传播秩序，让正能量引领网络文艺发展。习近平总书记在中央网络安全和信息化委员会第一次会议上作了重要讲话，他指出："网络安全和信息化是事关国家安全和国家发展，事关广大人民群众工作生活的重大战略问题，要从国际国内大势出发，总体布局，统筹各方，创新发展，努力把我国建设成为网络强国。党的十九大报告明确提出，满足人民过上美好生活的新期待，必须提供丰富的精神食粮。互联网无疑已经成为提供精神文化食粮的重要途径。"[①] 约翰·菲斯克（John Fisk）指出："人们从社会体系中得出的意义和他们追求的快乐最终对社会稳定与否起着决定作用。"[②] 因此，无论基于社会的稳定与积极发展需求，还是直播产业的持续发展以及国家对网络文艺的定位和要求，有效治理直播行业都是必须而迫切的。艾媒咨询《2018—2019 中国在线直播行业研究报告》显示，对于政府的监管表示"十分支持"和"支持"的受访者，分别达到 43% 和 37.80%；关于政府监管方式，选择"封停、封杀违规主播"的占 56.40%，选择"关停违规平台"的占 48.80%，选择"引导正能量内容输出"和"鼓励网民自助举报"的受访者仅占 25% 和 20.40%，这说明受众确实认为目前的直播存在不健康问题和现象，有规范和治理的诉求。

---

① 《习近平与网络强国战略》，见国家互联网信息办公室官网（http://www.cac.gov.cn/2015－12/15/c_1117468634.htm?from=timeline），引用日期 2023 年 8 月 2 日。

② ［美］约翰·菲斯克：《电视文化》，祁阿红、张鲲译，商务印书馆 2005 年版，第 240 页。

三、规制措施仍有待提升

2020 年年底，国家广播电视总局针对部分电视购物频道播出的收藏类购物节目存在虚假宣传等违规问题，组织有关省局开展全国电视购物频道收藏类购物节目专项清查整治工作，发现 19 个购物频道有违规问题，涉及 23 档收藏类购物节目，最终相关频道和节目全部停播，同时停止了销售相关违规商品。这充分说明，无论是以何种方式取得的媒体播出权，也不论是谁在哪里生产和传播媒介内容，一旦违规，就必须受到规制。

"regulation"一词，即"规制"，也有学者将其译为"管制"，于 20 世纪 90 年代被引入我国，主要是指政府通过实施法律和规章制度来约束和规范经济主体的行为。制度经济学认为，政府介入经济运行的方式有两种：一种是宏观调控，即国家制定和执行宏观调控政策；另一种是微观规制，即行政机关依据有关法律，对微观经济主体的行为进行直接控制、约束和规范。① 对于具体某一产业而言，微观规制是必不可少的。媒介规制就是媒介生产过程中不可回避且一直在进行的活动，我国在媒体发展的各个时期都针对时下媒介问题颁布了相应的法规：如 1997 年，中央宣传部、广播电影电视部、新闻出版署、中华全国新闻工作者协会颁布《中央宣传部、广播电影电视部、新闻出版署、中华全国新闻工作者协会关于禁止有偿新闻的若干规定》（中宣发〔1997〕2 号）；1999 年，国家信息产业部、国家广播电影电视总局颁布《关于加强广播电视有线网络建设管理的意见》（国办发〔1999〕82 号）；2015 年全国人民代表大会通过了《中华人民共和国广告法》；等等。

实践证明，制度本身也是一种生产力。同时，随着媒介形态、媒介功能、媒介观念的发展，媒介制度也必然随之变革，以最好地发挥其生产力作用。相关管理部门不仅对网络直播的不规范传播予以高度关注，还推出了多个相关法规加以管理。例如：2016 年 7 月 7 日，文化部出台《关于加强网络表演管理工作的通知》，要求平台对播放内容进行监管和审核。2016 年 11 月，国家网络信息办公室颁布《互联网直播服务管理规定》，明确了监管部门、直播平台和网络直播者各自的权利和义务。对于直播平台，该规定赋予直播平台一定的管理责任；对于网络直播者，设置了相关处罚措施。2018 年 2 月，中共中央宣传部、中央网络安全和信息化委员会办公室、文化部、国家新闻出版广电总局、全国"扫黄打非"工作小组办公室作出部署，进一步开展针对网络直播平台传播低俗、色情、暴力等违法有害信息的集中整治行动。2018 年 8 月，全国"扫黄打非"工作小

---

① 参见刘军茹《论我国媒介规制的现实困境及制度原因》，载《国际新闻界》2008 年第 2 期，第 68 页。

组办公室办会同工业和信息化部、公安部、文化和旅游部、国家广播电视总局、国家互联网信息办公室联合下发《关于加强网络直播服务管理工作的通知》，部署各地各有关部门大力加强网络直播行业基础管理。2020 年 8 月，国家互联网信息办公室对网络直播行业再次进行专项整治和规范管理工作部署，着力提升直播平台品味，引导用户理性打赏，规范主播带货行为。2021 年 4 月，国家互联网信息办公室、公安部、商务部、文化和旅游部、国家税务总局、国家市场监督管理局、国家广播电视总局等七部门联合发布《网络直播营销管理办法（试行)》，不断加强对网络直播的规制。

对网络直播的规制目前呈现出以下三个特点：一是规制措施不够完善。违规直播不断被媒体报道，这说明规制措施的严密度、规制力不够强。二是规制措施不断推出。对网络直播的规制从来没有停止过，相关机构不断推出新的规章制度，但尚未彻底改变网络直播中的不规范行为。三是规制主体部门繁多。对互联网的管理涉及中共中央宣传部、国家广播电视总局、国家互联网信息办公室、文化和旅游部、公安部等多个部门，相互之间联合与协调力度不够。

波兹曼说："符号环境中的变化和自然环境中的变化一样，开始都是慢慢地累积，然后突然达到了物理学家所说的临界点。"[1] 网络直播的价值毋庸置疑，然而突破瓶颈、缓解冲突更为必要。目前，网络直播发展非常迅速，对其规制的理念和方式存在一定滞后性，因此，应肃清根源，进行系统规划、动态规制才能切实解决根本问题。

第二节　网络直播的失范机理

一、网络直播现实性的关系冲突

网络直播中既有忠实的用户，也有因转移战场成本几乎为零而不断变化频道的"游击队员"。在网络直播间无须购买产品，产品也没有指定价格，即使用户自愿贴上标签付费购买，也没有发票可以出具。主播在直播间的符号回馈是唯一的收据，但用户能不能拿到，还要看支付金额的竞争力。这正是直播这场真人秀的独特之处，也是现实性关系冲突的导火索。

（一）主播与用户之间的权力地位边界模糊甚至颠倒

用户通过具有一定货币价值的打赏成为与主播互动中的权力主体和命令发布

---

① ［美］尼尔·波兹曼：《娱乐至死》，章艳译，广西师范大学出版社 2004 年版，第 34 页。

者，互动网络中心节点的主播则成为命令接受者。由于双方是在自愿的意识中完成命令的传达与实施的，因此，情感关系随之产生聚合与强化。这说明，在直播仪式中，没有严格的地位差别，核心成员与边缘成员并无明显界线，直播间内的任何人只要拥有货币，就可以拥有权力，就可以瞬间改变其在直播网络社会中的地位，决定演出内容并制造出自我狂欢空间，不必担心角色的越位和错位。在这种互为彼此的角色定位中，主播与用户互为粉丝关系。在直播平台中，主播收益与用户数量并不一定成正比，其中，"土豪"的踊跃贡献很关键。因此，与电视媒体中受众是主播的粉丝不同，在这里，主播同时也是用户的粉丝。例如，当"国王"出现时（在 YY 直播平台，受众被分为"勋爵""男爵""子爵""伯爵""公爵""国王"6 个级别。"国王"有虚拟车子和嘉宾席，可以在中央舞台处打字。而用户想要获得"国王"马甲必需首充 12 万元，每月续费 3 万元），主播会兴奋地开启迎接仪式，会以非常热烈、崇拜的语气问候，主播会尽其所能追逐偶像；反之，这些重要的长期用户也都是主播的铁杆粉丝。在彼此的交往中，人类往往受到对社会报酬的渴望的支配，由此发生的利益交换塑造着社会关系的结构。① 同时，"土豪"可以把主播捧成网红，自己也能成为网红。因此，双方成为利益交互的关系。

（二）用户与用户之间竞争

传统媒介中的受众呈现散落状态，相互之间没有交互渠道和关联性。而网络直播中用户之间是分享与竞争的关系。一方面，任何个体传播的信息都被其他受众赏阅；另一方面，任何个体传播的信息都会与其他人发出的信息产生竞争，其竞争对象是主播和用户的注意力。而打赏则是对演播空间资源的更直接的竞争，因为通过打赏定制了个人信息内容。打赏人的"权力"和"财力"还成为被当众展示的身份符号——鼠标对准礼物按下，其图像立刻在荧屏显眼位置闪烁，这是对用户身体缺场情况下其符号化的代言展演。"礼物榜"更把货币支出以一种可视化排序的方式展现。用户在通过打赏获得订单式展演的同时，也是在欣赏自我的符号构建和能量展示。在本研究关于"如果收到'打赏'，你会立刻做出什么反应"的一项调研中，75.74% 的主播表示会立刻"感谢金主"，12.50% 的主播选择"投其所好表演节目"，这说明金钱的影响力在直播空间能立竿见影式的显现。托斯丹·邦德·凡勒伦（Thorstein B. Veblen）指出，可见的成就一旦被认为是做出有贡献的技巧和能力的标志，就必然会被仿效和敬仰。②

---

① 参见［美］彼得·M. 布劳《社会生活中的交换与权利》，李国武译，商务印书馆 2008 年版，第 54 页。

② 参见［美］彼得·M. 布劳《社会生活中的交换与权利》，李国武译，商务印书馆 2008 年版，第 168 页。

（三）主播与主播的话语权力悬殊

虽然直播技术赋予了所有个体理论上均等的话语权力，但每个个体的最终话语权力并不均衡。"求关注"是所有具有社交性质媒介话语人的共同目的，好比电视媒体的"收视率"。主播是直播频道的中心节点。尽管每个主播都是自我频道的中心，但因为受众数量不同，其实际话语权力千差万别。比如，王宝强做客斗鱼直播，开播半小时内受众数破 400 万；傅园慧在映客直播首秀，半小时受众达 800 多万。因此，网络直播的展演规模和话语效力，一方面来自因直播表演而获得的直播平台人际资源，另一方面来自现实社会人气积累的转移。人与人之间的权力来自对他人的影响力。社会网中，居于中心地位的节点与其他节点的互动更为频繁和便捷，对他人的影响性更大，他人对中心节点的依赖性也更大。主播就是中心节点，其粉丝量越大，该直播间中心节点的动能也越大。

二、网络直播失范的类型与表现

网络直播是通信技术、计算机技术、音频技术、视频技术的融合。它使人们能够传播和接收没有经过重新组合的信息，对人类生活方式和交往方式有着或多或少的调整，是网络媒体自诞生以来对现实社会最直接、最形象、最迅速的延展。实时人际传播的特点，使网络直播成为到目前最有"温度"的媒体，但同时也出现了各种有意或无意、主动或被动的失范传播。社会学家埃米尔·迪尔凯姆（Emile Durkheim）在《社会分工论》中首先提出"失范"这一概念，即一种标准规范缺乏、含混或者社会规范变化多端，以致社会成员自由无度和行为的混乱。我国著名学者朱力教授通过对马里·居友（Marie Juyou）、埃米尔·迪尔凯姆（Emile Durkheim）、罗伯特·金·默顿（Robert King Merton）、索罗尔（L. Sorol）等西方社会学家已有成果的综合研究，从规范瓦解与行为越轨两个层面对失范的概念作出解释：一方面是指社会的价值与规范体系产生紊乱而导致功能丧失，无法指导与约束社会成员的思想与行为；另一方面是指社会成员违背主导的社会规范的行为。[①] 网络直播中，传播主体既是价值的主要创造者，也是问题制造者，同时也是风险承担者。网络直播失范，是因为相对自由的传播空间，以及各主体的传播言行超越了媒介或社会规范界限，使直播间出现无序化状态。

从传播主体——主播和用户的视角，对现有失范现象作以下归类总结。从主播的角度，主要表现为：污浊言行、低俗言行、失德言行、情色言行、虚假言行、侵权言行、暴力言行、极端言行，等等。从用户的角度，主要表现为：炫富打赏、污浊话语、低俗诉求，等等。

---

① 参见朱力《失范范畴的理论演化》，载《南京大学学报》2007 年第 4 期，第 143 页。

从以上归纳分析可以看出，直播中从"言语不当"到"行为混乱"，从"违背伦理"到"严重违法"，失范的具体形式和呈现样态五花八门。由于直播是不经修饰的视觉化呈现，因此，真实度高、易于接收，失范信息造成的负面影响力度大。直播带货兴起后，亦是问题频出，如互动受众数量不真实、产品质量不合格、实际销售远远少于直播间所显示的，等等。

三、网络直播的失范框架

在目前的直播技术中，主播拥有丰富的视听传播手段，而用户使用的弹幕传播表现时间和显示度有限，因此，主播的展示性失范表现更为鲜明。但直播中的主播和用户均是具有传播权力的主体，也是两个具有交互变化的变量，且互为因变量和自变量。平台是具有可变性的衡（恒）变量，可变是因为平台具有随时改变其规则、体系的权利，衡变是因为无论怎么变化对于同一时刻的平台主体都是一致的。直播主体存在以下两种失范传播框架，如图5-1。

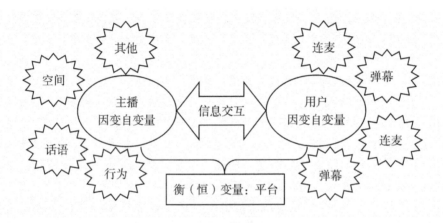

图5-1　三变量交互示意

（一）自我式传播失范

这是一种原发性失范行为，指传播主体思想缺少规约或对行为风险缺少判断，为满足自身需求而产生的传播失范。这种失范类型中，主播的表现行为比较多样，从着装不雅到出格行为都有；用户的失范行为则主要表现为言语污垢。自我式传播失范，按照角色行为又可分为自我表演性失范和自我播出性失范。自我表演性示范指传播主体为内容呈现主体，其表演行为不规范且被播出；自我播出性失范指传播主体拍摄并传播不健康、不合法或没有合法拍摄权利的信息。直播平台给予了人们超越历史的传播权利和创意空间，从拍摄自己到拍摄他人，从身体本身到空间万物均可以成为其创意和传播素材。先锋派艺术家安迪·沃霍尔（Andy Warhol）曾有一句预言："在未来，每个人都可能在 15 分钟内成名。"[①] 但成为众人知道的名字和众人认可的明星有本质上的意义区别，品牌价值完全不同。权利与风险并存，一旦信息符号超越社会规范，创意就变为过失，博得粉丝亦为哗众取宠。

（二）传播主体间失范

这是一种突发性失范行为，指两个及两个以上传播主体在互动过程中，或在共同勾勒的空间场景中，逐步升级交互尺度、产生竞合关系，最终在无意识或不能自控的情境情绪中发生失范行为。传播主体间失范具体有两种失范模式：一是"合作性"失范，如用户通过打赏升级，不断对主播提出诉求，主播为了自身获益而不断满足用户的各种诉求，直至踏过底线；与此相反的是，主播为了吸引用户努力做各种表演，而粉丝不断迎合，最终走向失范。二是"冲突性"失范。它是指传播主体间因信息不融洽而引起的主体间摩擦，如互相对骂、说粗话。冲突主体可以是主播与用户、主播与主播、用户与用户之间的冲突，也可以是两人之间的单一矛盾冲突，还可以是多人之间的复杂冲突。无论是合作性失范还是冲突性失范，都是传播主体自我欲望追逐的需要和表现。直播中，人们得以在这一过程中逃避日常限制、颠倒日常权力关系，使得每个人都参与其中。

这两种失范框架之间存在很强的交叉性，原发性失范行为在传播过程中也会因为互动发生新的失范行为，突发性也是因为主体的需求而缺少公共认知和规范传播的原本意识，而平台的任何变化都会对端口进入者同时产生直接或间接的作用。

四、网络直播失范的动因

任何一项技术或产品的兴起都缘起于满足人们的某种需要。因此，对网络直播进行规范使用的引导同样需要从消费行为的背后动因和行为规律入手，必须首先探明失范传播行为的生存土壤和根源。

（一）使用与满足的现实需求是失范传播的内在动因

使用与满足理论告诉我们，人们接触并使用媒体的原因是为了满足自己的需要，这种需要与社会因素和个人因素均有关系。网络直播以一种不同于电视的风格和功能满足人们的多种心理需求。网络直播提供了远远超越传统媒体和个体现

[①]　转引自［爱尔兰］马修·威尔科克斯（Matthew Willcox）著《畅销的原理：为什么好观念、好产品会一炮而红?》，北京联合出版公司 2017 年版，第 94 页。

实世界可触范围的视听元素和个性服务，满足了人们诸多心理和精神诉求，包括窥探欲、好奇心、认同感、存在感、荣耀感、快乐感等，带来了诸多新体验。媒介依赖理论也指出受众依赖媒介提供的信息以满足自身的需求并实现自身的目标。在这一理论中，媒介作为受众—媒介—社会这一系统中的有机组成部分发挥着重要作用。鲍德里亚则认为，消费与需要是对立的。事实观察告诉我们，人们的需要似乎很难停止。因此，主播们在利益的驱动下不断满足用户的需求，不断创造真正的或所谓的需求，突破阈限，倾情上演各种真人秀，甚至不惜触碰底线；用户为了获得心理满足而没有诉求边界。双方同时产生"行为上瘾"。综上，直播是以信息交互为手段来满足传播各方主体的多种利益的获取和诉求。

（二）违规直播的暴利收益是内在动力

由于网络直播没有交易次数、额度、时间的限制，因此，一次直播的收益介于零到无穷大之间。直播中，主播提供的视听内容与用户获得满足后的经济投入形成完全没有边界的交易。而超出常规的内容必然会吸引更多关注，加之各种"套路"的运用，违规直播尤其是涉黄直播就具有极高的收益回报。浙江绍兴警方破获的"泛果直播"淫秽表演案中，直播平台在女主播唱歌、跳舞等表演之后会引导会员对女主播进行打赏。女主播在打赏达到一定金额之后会把这些会员拉入专门的直播包间或者微信群里并开始进行涉黄表演。2017 年 10 月 20 日至 11 月 30 日的短短 40 天时间内，用户通过微信、支付宝对泛果直播平台的充值金额高达 1300 多万元。"净网 2018"专项行动侦破的最大一起利用直播平台传播淫秽物品牟利案中，观看的会员达 350 多万人，涉案金额估值更是高达 2.5 亿元。调查发现，在高额利益的驱动下，有些直播平台默许黄色直播，主动把涉黄直播推向头部，甚至平台出钱鼓动主播传播涉黄内容以吸引人气，并以不断变换"马甲"或转移地点的方式逃避监管。①

（三）用户毫无约束地发言和毫无畏惧的心理是潜在动因

瑞士心理学家卡尔·古斯塔夫·荣格（Carl Gustav Jung）从心理学层面对群体行为进行了深入的分析。他指出："当众人聚集在一起分享某种情感时，从团体中生发出来的整体心理低于个体心理的层面。如果是一个很大的团体，集体心理就会更像一个动物的心理，这就是大组织的伦理态度始终让人怀疑的缘故。大团体的心理学不可避免要堕落至'乌合之众'心理学的层面。比如，倘若某个建议得到了整个团体的支持，必然就会发生点什么；即使这个建议有失道德，我

---

① 参见绍兴热线《事发绍兴，警方破获，数十名女主播大尺度淫秽表演，涉案金额上亿》，见搜狐网（https://www.sohu.com/a/462758785_99972931），引用日期：2023 年 3 月 21 日。

们大家同样会赞成。在团体中，我们既不会感到责任，也不会有恐惧。"①相比主播，用户有着更为自由的话语表达权。

（四）无人互动型传播模式是失范传播的技术成因

直播即在同一时间将被拍摄对象传输于终端播放器呈现给受众。广播电视媒体的直播技术一般用于对时效性要求很强的新闻节目，例如对重要事件、突发事件的报道。电视媒体的其他大多数节目采用录播形式，一是为了保证节目质量，二是易于把关以安全播出。在网络直播技术的支持下，全民均可以随时开播节目，担任摄像师、主持人、记者、演员等各种角色，世界被理论上无死角地作为节目内容传播。而在如此多元和无门槛的媒介平台中，却没有审核与把关机制，甚至没有剧目彩排或准备过程，个人尺度和态度成为中控，个体经济利益和身心需求成为主导。要知道，即使是在大众媒介有层层把关人的制度下，不恰当或不真实的信息传播还是时有发生，美国哥伦比亚广播公司著名新闻主播丹·拉瑟（Dan Rather）因错误报道布什服役门事件而最终提早结束职业生涯就是典型例证；同时，网络直播不仅实现了互联网固有的节点连接节点，还实现了节点主体间即时性面对面互动，实现了不同空间社会主体的共在，把"人机交互"升级到以机器为中介的"人人交互"时代。正因如此，直播间所有文本都可能是协商的结果，媒介制作者和受众在互动传播中角色界限模糊。这也是公众热衷于使用直播的一个重要因素，因为对社交媒体的早先研究证明"社交媒体提供了相互的社会参与和情感支持是其吸引人们的原因"②。主持人与受众的线状传播，变成了以主播为中心节点的网状传播。其中任何两个节点均构成互动线路，并即刻影响整个传播网络的走向、频率、氛围等。节点通过更多地吸收并更加有效地处理相关信息，就能增强其在网络中的重要性。③ 这种互动方式和连接机理实现了从物理触碰到心理呼应，也诱发激情、导入冲突。表象的"信息与信息"和最终的"服务与购买"是直播的两种互动模式。互动传播与服务消费并行，礼物与服务之间进行的物质和情感交互充满了游戏的不确定性和娱乐性。再加上直播空间没有现实社会中熟人交往和文化风俗的顾忌，直播间内情绪、情感、思想完全放纵，而大多数传播主体又缺少传播素养训练和法律常识、缺少对信息的认知和判断能力，其互动过程就夹杂着各种合理与不合理的事实、意见、情绪等，

① ［瑞士］卡尔·古斯塔夫·荣格：《原型与集体无意识》，徐德林译，国际文化出版公司2011年版，第100页。

② Kim, Hyosun, Whom do you follow?: Examining Social Distance in Facebook Friendship and Its Influence on Brand Message Adoption ［D］. The University of North Carolina at Chapel Hill Graduate School, 2014, p.12.

③ 参见［美］曼纽尔·卡斯特《网络社会》，夏铸九等译，社会科学文献出版社2001年版，第3页。

直播间成了各种有序和无序信息的展示与冲突舞台。有研究发现，"社交网络的主要参与者创造了虚拟社区，沟通不仅仅是基于所需信息，而是超越个人水平"[1]。

（五）直播平台的系统设置是失范传播的外部原因

首先，研究者发现平台的功能设置会直接影响主播和受众的言行以及相互之间的互动行为。比如，通过增加投票区让观众决定主播下一步该怎么操作，让观众能在直播视频中标示出希望主播注意的区域等，这样可以增加用户对直播的参与；通过设计分布式视频系统，让主播在直播中可以增加复杂的视频效果和声音效果；通过设计多元视频直播，将主播们上传的对同一个事件的直播视频进行整合，让观看者们可以从多个视角来了解事件，等等。[2] 其次，平台的设置趋于对直播的更愉悦、直观、刺激的体验和更强的互动性，比如对 VR、AR 等新技术的应用。最后，这些设置的最终目的都与利益最大化相关。在信息高度盈余时代，任何一个信息通道和传播主体，都必须接受激烈的竞争。在直播系统中，不需要进行收视率调查，粉丝人数、直播间人气、本小时/本周排名第多少位等信息实时显示，经营收益以礼物公开化展示；用户"忠诚度"也不需要进行问卷调查，用户收视时间并非最重要指标，单次打赏额度和累计投入才是关键。直播平台尽最大努力把用户的投入和主播的资源可视化、竞赛式展现，"贡献榜""粉丝榜""贵宾席"等一目了然。直播领域目前没有科学的评价体系，没有金话筒、最佳男女主角、最佳导演……的评选。各个网站自己制订的公开化评价系统以直接或间接的方式同时完成对主体的评价和激励。布迪厄认为："在各个场域中的行动者之间的斗争，决定于各个行动者所占有的社会地位，决定于各个行动者的'生存心态'结构及其实际活动能力，也决定于各个行动者在斗争中所采用的策略。但这一切，都同行动者所握有的各种资本的性质、类别和总量相联系。"[3] 于是，直播平台中就有了"人有多大胆，粉有多大产"的口号。

---

① Brandon Charles Hoffmann, "An Exploratory Study of A User's Facebook Security and Privacy Settings", Minnesota State University, 2012, p.11.

② 参见刘颖、孟健《国际网络视频直播研究述评》，载《信息资源管理学报》2018 年第 11 期，第110 页。

③ 高宣扬：《布迪厄的社会理论》，同济大学出版社 2004 年版，第 148 页。

第三节　网络直播的治理策略

一、网络直播的治理难点

综上所述，网络直播的失范传播是技术条件的允许、内部动机的存在、外部环境的诱导、心理需求的满足和经济利益的获取等多因素共同碰撞的结果。在这种技术特点、各种需求和内外环境等多因素交织的情况下，直播领域具有很高的传播风险和治理难度。

（一）风险易于生成不可预知

从以上对网络直播的失范表现、框架、成因分析可以看出，网络直播作为一个媒介平台存在着内生风险和外生风险。内生风险是指，供应链条元素或产品制造的高度不确定性，包括产品供给主体的自由性，直播平台的自由选择性，产品生产地点、时间、方法的随机性，工序的无规则性、无流程化，等等。外生风险是指使用人和传播内容的不确定。风险最可能来源于不可知、不可预测的因素，风险控制的难点也正在于不确定性。信息系统的安全性，取决于其最小的开放程度。在直播中，主播与用户均是生产者与消费者，共同建设起临时性会话语境以实现群体性传播，且群体构成具随意性和不稳定性，成员的数量、身份、背景、趣好等诸多元素均不固定。每个直播间的个体独立决策，选择进入或离开、对话或沉默、合作或冲突，均具有高度随机性和随意性。所有成员共同营造了一个高度流动性的动态型社区和复杂网络系统。直播个体大部分是非职业传播人，没有经过传播素养训练，其风险识别和规避意识或能力有限。这些因素的交错、繁杂与影响必然意味着直播空间的高风险及不可预测性。

（二）风险快速流通不易控制

直播向来是最令电视人紧张的播出方式，因为信息瞬间流出不能修正，所以，一般要提前做充分的准备，甚至模拟演练。网络直播同样具有音视频流媒体生产即时输出的特点，这就造成信息传输通道中没有或难以布设风险防控点。信息不可预知且一闪而过，行为主体对此都可能毫无准备，只能是各种环境因素激发下的即兴传播且不可撤回；网络直播是一个过程，用户消费也是一个过程，传播风险点存在于这一全过程中，是一个过程性隐含元素，是否会发生、时间长短、频次高低、尺度大小等都是未知数；再加上网络直播不像电视节目播出受到工种制作、播出程序、播出时段、播出渠道等诸多因素限制，而是想播即播、播了再说，把供应链缩短为零，或者聚合为一个点，因此，对网络直播内容的前期安全评估或检测的可能性也很小。上述种种传播风险因素的存在，使得国家一直推行的互联网内容审查机制难以被很好地执行；而视频只要播出，其影响力即存在，对文字信息采取的监测、识别并删除、阻止其继续传播的方式亦不适用。

（三）风险种类纷杂难于辨识

由于直播空间提供了人类已有的所有信息传播符号和符号组合的方式，提供了以世界任何景象作为直播景观的可能性，信息和信息传播的背景均达到极致化丰富且没有统一的规范，这就带来风险信息种类多、维度多、辨识难度大的后果。风险识别是风险治理的开端和基础。违规者为了逃避监督，各种方法频出。央视记者发现直播圈中出现了一系列"暗语"："福利""开车"暗指有露骨的色情表演，涉黄主播被称为"车手"，"老司机"则指经常围观涉黄直播的观众。[①]

同时，这些暗语也被广泛应用在百度贴吧、论坛或者 QQ 群里，以吸引粉丝关注。2016 年 11 月，国家互联网信息办公室颁布《互联网直播服务管理规定》，明确禁止互联网直播服务提供者和使用者利用互联网直播服务从事危害国家安全、破坏社会稳定、扰乱社会秩序、侵犯他人合法权益、传播淫秽色情等活动。但从规定出台后的情况来看，各种游走于违规边缘甚至违规的直播并未中断。

（四）投入成本低、风险成本小

"成本"，简而言之就是生产商品过程中所花费的全部费用。无论是进行经济活动还是社会活动，成本与收益间比值的最大化是人类必然的追求目标。人们一般会在行为实施之前衡量风险收益，在犯错或犯罪成本低而收益可能很大的情景下铤而走险。成本与行为发生之间有着密切的联系。成本包括现实支出和未来可能的支出，主要有直接成本和预期惩罚成本。目前，直播人投入的成本主要是时间成本、心智成本和体力成本，而这几种资源个体普遍拥有且损失可承受；直播平台除此之外还有有限的平台建设费。目前，直播平台和主播可能承担的风险一般是关闭直播平台、清理用户账号、封禁违规主播账号、纳入永久封禁黑名单等。亚当·奥尔特（Adam Alter）说："人的行为部分受连续不断的条件反射式成本效益算计所驱动。一旦好处压倒成本，人就很难不反反复复地去做它，尤其是该行为又恰巧击中了人的神经乐符的时候。"[②]

[①] 参见南方新闻网《今天被曝光的地下"色播"到底是怎么回事？》，见南方都市报网（https://static.nfapp.southcn.com/content/201702/13/c280862.html），引用日期：2023 年 3 月 1 日。

[②] ［美］亚当·奥尔特：《欲罢不能：刷屏时代如何摆脱行为上瘾》，闫佳译，机械工业出版 2018 年版，第 12 页。

二、网络直播的治理理念

波兹曼在《娱乐至死》中的追问令人深思：我们声嘶力竭所追捧的娱乐会不会亲手葬送自己？在无序狂欢的直播空间中，适度治理与质量引导必不可少。"治理是将不同公民的偏好意愿转化为有效的政策选择的方法手段，以及将多元社会利益转化为统一行动，并实现社会主体的服从。"①治理的目的是对多方利益的共同保障和对相关领域的保护与持续发展。互联网治理一直是一个复杂的议题，受到政府、市场、技术、主体间的多种因素的综合影响和作用。同时，网络治理又是这个领域发展过程中必须解决的议题。互联网治理工作组（Working Group on Internet Governance，WGIG）认为"互联网治理是政府、私营部门和民间社会根据各自的作用制定和实施旨在规范互联网发展和使用的共同原则、准则、规则、决策程序和方案"。罗洛·梅（Rollo May）说："我们之所以焦虑，是因为我们不知道应该追求什么样的角色，应该相信什么样的行为原则。"②

网络治理是指网络组织中关键资源所有者围绕协作目标进行的制度设计与过程③，但应该首先"管理"，而后"治理"，也就是说先是运营发展的视角，然后才是问题整治的视角。网络直播的风险点高、多、快，对其管理和治理存在"预防风险""发现风险""消除风险"等多种实际难度。基于此，网络治理应提倡自律和他律同行、内向式建设和外向式管理并进、多方主体共同参与的治理理念。

"自律"一词最早由康德提出，指"自己制订出道德规律又要求自己遵守"，即"人为自己立法"，是行为主体基于自觉、自愿的基础来规范自我行为。自律包括自我约束、自我管理和自我提升，具有柔和、灵活、高效的特点。直播主体的数量巨大，自律是行业基本要求和保障。"他律"，简言之受到除本体外的行为个体或群体对本体的直接约束和控制。行业自律就是在缺乏明确的法律要求和规定的时候，行业会员联合设定标准的活动。行业自律是一个规制过程，是指与政府或企业水平组织相对应的行业水平组织（行业协会或专业社团）设定行业内单个企业行为准则，并负责实施规则和标准，以及许多对产业或职业产生普遍影响的活动。

从网络直播目前的乱象来看，他律必不可少。国内互联网领域已经有不少自律公约，《文明上网自律公约》《抵制恶意软件自律公约》《互联网新闻信息服务

---

① 秦前红、李少文：《网络公共空间治理的法治原理》，载《现代法学》2014年第4期，第15页。
② ［美］罗洛·梅：《人的自我寻求》，郭本禹、杨韶刚译，中国人民大学出版社2008年版，第21页。
③ 参见李维安、林润辉、范建红《网络治理研究前沿与述评》，载《南开管理评论》2014年第10期，第43页。

自律公约》等。其中，2005 年发布的《中国互联网行业自律公约》和2007 年发布的《博客服务自律公约》，有较大影响力。在法国，有"法国互联网理事会""法国域名注册协会""互联网监护会"和"互联网用户协会"等行业机构。在德国，有"国际性内容自我规范网络组织"等。在日本，有电信服务业提供商协会、日电气通信从业者协会等行业组织。行业自律相比政府管制更加迅速、灵活而又有效。行业自律可以利用行业内长期积累的经验和判断来解决那些政府无法用明确法律条文解决的问题，因此很多政府机构已经开始寻求改变受限资源的现状进而鼓励推动行业自律。①

所谓内向式建构，是指直播平台内部通过一系列调节方式营造积极、健康的传播景象，包括明确主播上岗要求、规范直播功能设置、成立平台监督委员会和平台义工队等。外向式管理是通过外部相关机构以法律、法规的方式进行管理，包括政府部门、行业协会、第三方专业监管机构等。所谓多方主体共同参与，是指与直播有直接或间接关系的组织、个体相互协作，共同治理。美国人早把网络空间和海洋、国际空域、太空一同列为单一主权国家无法管理的"全球公域"，同时呼吁"多利益攸关方治理模式"。网络治理的通常方法是，"各国根据互联网管理的需要和属性，对网络管理职能进行任务分解，按照'功能等同'和'现实对应'的原则"，"在已有政府管理机构之间进行分配和安排，在现有国家行政管理体制中默认、授权或者指定某些传统的行政管理机构，来行使互联网的各种政府管理职能"。②但现实问题是，网络存在的问题越来越复杂，并非某一个或者几个政府部门就能完全解决的，需要多方相关组织、责任主体协同完成。协同的主体间是一种非结盟式联盟。实践证明，越是复杂的系统，对协同的要求就越高，对应的协同效应也越明显。

协同社会治理是指社会治理主体之间、社会各子系统之间，通过既竞争又协作、自组织非线性作用，把社会系统中彼此无秩序、混沌的各种要素在统一目标、内在动力和相对规范的结构形式中整合起来，形成社会系统的宏观时空结构或有序功能结构的自组织状态，产生单一社会主体无法实现的社会治理整体效应。③

全民直播平台推出的"主播合伙人"模式具有一定可借鉴性。平台以"内容合伙人"的身份参与到主播的直播活动中，共同策划直播内容，对内容负责，保证平台和主播间健康发展，维护平台的品牌长期性，推动企业利用自身技术优势，结合大数据、人工智能、云计算等先进技术提升管理能力。协同是远离平衡

---

① 参见林静时《互联网治理中行业自律机制研究》，载北京邮电大学 2011 年博士学位论文，第29 页。

② 马志刚：《中外互联网管理体制研究》，北京大学出版社 2014 年版，第 11 页。

③ 范如国：《复杂网络结构范型下的社会治理协同创新》，载《中国社会科学》2014 年第 4 期，第107 页。

的开放系统中具有差异性的成分之间相互协调、补充，自组织地产生出系统的有序时空结构和功能，或从一种有序状态走向新的更高有序状态的行为。协同可以使系统产生出微观层次所无法实现的新的系统结构和功能。① 社会系统学派认为，任何协同系统都包含三个基本要素：协同意愿、共同目标和信息沟通。② 协同治理必须有合理的主体责任机制、动力机制、激励机制、利益平衡机制等，要能保证行业治理的科学、高效、持续。

三、网络直播的治理路径

网络治理无论基于什么治理理念，主体责任人都必须先行明确。直播间的主播是直播服务提供者和人际网络中心节点，直播平台是接入服务提供者和技术支持者，理应成为主要责任主体。他们对所提供的产品、服务以及经营行为负责。网络直播用户参与传播，是次主体责任人。而网络治理对象或者说失范主体同样是以上三者。直播的社区安全与健康文化，需要多个群体使用多种手段进行多层保障，明确责任主体、主体间联合治理，治理于各个环节，多主体采用多中心、多向度、交互式治理方式，将网络直播系统优化、调节、控制，形成自组织治理效应。在这种共治理念下，直播的治理模式即为政府与社会共同治理模式，包括技术、人文、法制三个层面。网络治理的核心是对权利合理、合法使用的引导和约束，最终实现不同价值和利益之间的协调，达到权力平衡、利益平衡、发展平衡的体系。

（一）技术控制层面

技术层面是传播权利赋予或剥夺的基础，可以从宏观上影响谁传播（who）、怎么传播（how）、传播什么（what）、传播速度（speed），即从技术层面设置传播人准入门槛、供给传播手段、过滤传播内容和调节传播速度。直播平台的功能和使用方式的设置方式直接影响使用行为。由于视频直播的传输过程中，当按下摄影功能键时，云端会同步抓取、同步存储、同步传递，这一过程的延迟不会超过2秒。这给直播平台监管方造成了很大技术困难。目前，技术上可以实现对关键画面的拦截，但无法对动态视频进行拦截。技术上可以预先设定某些常见的敏感画面，以实现画面拦截，但不在设定范围内的画面就难以拦截。

（二）人文规约层面

人文层面是指自我认知与管理，包括行业自律和个体自律。自律是一种美

---

① 参见范如国《复杂网络结构范型下的社会治理协同创新》，载《中国社会科学》2014年第4期，第103页。

② 参见许国志《系统科学》，上海科技教育出版社2000年版，第29页。

德，是道德素养水平和自我管理能力的体现。亚当·斯密（Adam Smith）在 1795 年发表的《道德情操论》中指出，"人们在前往市场之前就必须具有的道德义务"。① 主播实名制认证和主播黑名单制度，是目前对直播入口的主要控制方法。但这种事先备案、事后清除的方式并不能从本质上解决问题。精神和价值层面的上层共识应该成为治理的基础，从意识形态方面建立"共同愿景"，平衡长久的直播发展机遇、当前的直播商业利益诉求和直播社会责任义务，正视直播行为的边界与导向，让所有直播参与主体形成优良传播生态的共同愿望或理想，拥有共同的价值和使命。美国学者埃瑟·戴森（Esther Dyson）在《2.0 版数字化时代的生活设计》一书中指出，"网络比大多数环境拥有较少的普遍规则，也较少需要这样的规则，网络环境依赖的是每个参与其中的网民的自我判断能力和积极参与能力"②。源于"霍布斯丛林"极端自由的"自律"，既是主体对自我的约束，也是主体对自我的保护，是以保护共同利益为目的有效性"约束"，可以降低不确定性、摩擦和交易成本，从而提高其共同收益。美国学者凯斯·桑斯坦（Cass R. Sunstein）曾指出："比揭露还要积极进取的方式是鼓励信息提供者自律。"③

行业自律是产业性组织对企业及个人行为制定、实施的规范及规范化过程。直播业中的行业自律主要指三大核心主体。

一是直播平台。平台对直播功能和环境的设置直接影响所有直播参与者的行为方式，有平台为了诱导用户打赏制造虚假打赏金额和热闹场景，当然，也有平台在主动规制失范传播。例如，斗鱼平台对主播实行扣分管理办法，对所有主播执行驾照模式的量化计分、扣分管理方式。每个直播频道总分值为 12 分。当主播直播频道分数低于 4 分时（包括 4 分），系统将关闭该直播频道的礼物、酬勤系统，内容监管人员将重点关注该直播频道；当直播频道分数为 0 分，将永久封停该直播频道，同时扣分结果将记入斗鱼主播档案。

二是"公会"或"MCN"。公会和 MCN 是直播艺人的发掘方、培养方和推广方，对签约主播的传播活动有很大的影响力和决策权。

三是行业组织。指与直播有关的各种组织，如互联网协会，主要是制定和执行整个行业的准则。行业监督机制和惩戒机制是行业自律的重要手段。

三大行业主体交叉承担着对直播社区的监督、管理职责，包括日常性监管和应急性事件处理。一旦行业形成统一规约，即可以从平台端有效降低传播失范和信息风险。2002 年 3 月，中国互联网协会曾发布《中国互联网行业自律公约》，

---

① 转引自张久珍著《网络信息传播的自律机制研究》，北京图书馆出版社 2005 年版，第 83 页。

② ［美］埃瑟·戴森：《2.0 版数字化时代的生活设计》，胡泳等译，海南出版社 1998 年版，第 347 页。

③ ［美］凯斯·桑斯坦：《网络共和国：网络社会中的民主问题》，黄维明译，上海人民出版社 2003 年版，第 5 页。

其后还有多个具体公约，起到了一定的监督管理作用。2016 年，新浪、搜狐、百度等 20 家网络直播平台共同发布了《北京网络直播行业自律公约》。对于每个传播个体而言，自律是公民的责任和义务。在技术创新和应用民主的社会环境下，大众媒介独有的媒介权利被打破，互联网给予了每个公民连接世界的传播权利，但传播权利与传播责任、传播风险并行，每个公民要想获得最自由的传播权利，就要承担最直接的传播责任。自律最终是所有主体之间和组织之间形成的一种隐性契约，并共同维护。

（三）社会法治层面

习近平总书记强调："增强按制度办事、依法办事意识。"[①] 任何一个行业都需要科学有力的制度管理，在此之上再上升到法律手段，这是管理和治理的重要逻辑。社会法治层面是指所有利益相关机构和公民对直播平台的共同监督管理，对于违规行为按照制度和法律进行处理。法治本身也是传媒领域一直在践行的规制路径。比如，电视是 20 世纪人类最伟大的发明之一，成为人们接受信息和娱乐生活重要的方式，但电视也是媒介批评家重要的谴责对象，为此各国以法规制度作为传媒领域监督管理的保障。在我国，广播电视相关法规有《广播电视管理条例》《广播电视广告播出管理办法》等；相关机构包括政府、相关企业、行业组织这三大核心主体。政府相关部门，如公安部、国家互联网信息办公室、国家广播电视总局、文化和旅游部、"扫黄打非"办公室等，对直播平台和个人实施监督与管理。在世界各国的文化产业发展和规范中，政府都扮演相当重要的角色。有调查显示，76.55% 的受访者认为，网络直播产业"需要"或"非常需要"政府规制[②]；直播平台、公会、行业组织既是自律的责任主体，也是他律的责任主体。近日，代表逾 1000 个品牌的美国服装和鞋履协会在一份声明中说，"我们认为，亚马逊可以也应该成为打击假货的领导者。"[③] 协会记录了亚马逊那些假货泛滥的电商网站和公司，建议列入美国政府的年度"恶名市场"名单。这就是行业监督并联合治理的典型案例。已有的行业规制，如《互联网信息服务管理办法》、《即时通信工具公众信息服务发展管理暂行规定》（简称"微信十条"）、《互联网用户账号名称管理规定》（简称"账号十条"）、《互联网新闻信息服务单位约谈工作规定》（简称"约谈十条"）等都可以作为网络直播平台监管的有效依据或参考。网民是互联网治理最广泛的可参与群体，用户是直播间细

---

① 习近平：《切实把思想统一到党的十八届三中全会精神上来》，载《求是》2014 年第 1 期，第 4 页。

② 参见易旭明、黄熠《网络直播市场的竞争与规制调查研究》，载《现代视听》2018 年第 12 期，第 49 页。

③ 《美国服装协会：亚马逊假货泛滥建议将其列入"恶名市场"》，见搜狐网（https://www.sohu.com/a/257546863_313745），引用日期：2023 年 10 月 9 日。

分化社区最直接、最灵敏的感应者，其监督是对主播和自身的双重保护。无论是常用的分级分类管理、黑名单管理制度，还是法律解决，只有多重主体机构和主体相互配合，才能有效发挥监督、管理的功能。

从法律视角审视目前直播中的诸多不当行为，如传播恐怖、暴力、色情信息，侵犯他人的肖像权、隐私权、知识产权，等等，都已经涉及法律层面，因此，依据法律法规治理网络直播必不可少。法律在世界各国都是对互联网进行管理的最强有力手段。我国在 2016 年 11 月就发布了《中华人民共和国网络安全法》，并于 2017 年 6 月 1 日起实施。目的就是为了保障网络安全，维护网络空间主权和国家安全、社会公共利益，保护公民、法人和其他组织的合法权益，促进经济社会信息化健康发展。

面对网络直播引发的新问题和新现象，各国也在被动或主动地通过法治层面预防和治理。比如，2019 年 3 月 15 日，新西兰克赖斯特彻奇市发生恐怖袭击，致 50 人死亡、数十人受伤；袭击者通过 Facebook 直播行凶过程，持续 17 分钟。仅仅 20 天后，澳大利亚议会就通过一项政府提案，在社交媒体平台"直播"暴力画面将构成犯罪，直播平台企业主管可能面临牢狱之灾和高额罚款。根据这项法案，无论注册地在哪里，社交媒体平台如没有及时删除"令人厌恶的暴力内容"，则可以被视为触犯澳大利亚刑法，可判处 3 年监禁再加 1050 万澳元（约合 750 万美元）或相当于企业年营业额 10% 的罚款。在我国，2016 年 11 月国家互联网信息办公室发布的《互联网直播服务管理规定》明确要求"提供互联网直播服务，应当遵守法律法规"。第二届世界互联网大会开幕式上，习近平主席在发表主旨演讲时指出："网络空间同现实社会一样，既要提倡自由，也要保持秩序。我们既要尊重网民交流思想、表达意愿的权利，也要依法构建良好网络秩序，这有利于保障广大网民的合法权益。网络空间不是法外之地。网络空间是虚拟的，但运用网络空间的主体是现实的，大家都应该遵守法律，明确各方权利义务。"[①] 法律是现代文明的成果，也是现代文明最有力的保护者，能够以巨大包容力实现国家—社会—公民的关系梳理，违规者必须受到民事责任、行政责任、刑事责任的依次追责。

四、网络直播的治理方法

（一）通过技术规范直播内容

网络直播所有功能的实现都是靠技术的支撑，对其现有功能的限制和调整同

---

① 《习近平的网络安全观》，见国家互联网信息办公室官网（http://www.cac.gov.cn/2018－02/02/c_1122358894.htm），引用日期：2023 年 10 月 9 日。

样可以通过技术手段来实现。一方面，应对内容传播的技术把关。如新华社"媒体大脑"，大数据、人工智能、云计算、物联网等多项技术，能够提供"大数据＋人工智能"的内容生产、分发和监测能力；阿里云、字节跳动等大公司都开发了自己的 AI 机器人，既能够通过算法推荐内容，也能够监控直播中的风险点。另一方面，应对内容接收的技术把关。比如，"抖音""快手"等多个平台上线的青少年防沉迷系统。用户开通、关闭"青少年模式"均需输入提前设置的独立密码。用户每日首次启动应用时，系统将进行弹窗提示，进入"青少年模式"后，用户使用时段受限、服务功能受限、在线时长受限，且只能访问青少年专属内容池。每日使用时长将限定为累计 40 分钟，包括打赏、充值、提现、直播等功能将不可用；每天 22 时至次日 6 时期间，"青少年模式"下，用户将被禁止使用短视频 App。通过地理位置判定、用户行为分析等技术手段还能筛选甄别农村地区留守儿童用户，并自动切换到"青少年模式"。字节跳动公司相关负责人介绍，"抖音"和"火山"小视频防沉迷系统根据后台的内容分类，过滤掉了不适宜青少年浏览的内容。可以假设，内容分发和监控技术先进到一定程度的时候，可以理想化阻止失范内容传出或阻止向不合适人群传播。

算法和机器在很长一段时间内还是无法完全取代人工审核，必须与人工相配合，因为算法还难以完全掌握语义的复杂性，尤其是深层次的逻辑推理和因果分析。2017 年 4 月，一位泰国父亲在 Facebook 上直播杀害亲生女儿，这个视频存在了 24 个小时，获得了至少 40 万人关注后才被 Facebook 官方删除。[1] 讽刺的是，就在此事发生的一个月前，Facebook 还曾表示，已经开发出一款 AI 应用来检索平台上涉及自杀字眼的内容。自杀直播事件发生后，Facebook 对外称公司将继续额外聘请 3000 名员工，负责监测社交媒体网络上不适当的信息，删除关于谋杀和自杀的视频。

（二）提升公民媒介素养，强化公民的责任与义务，提升内容规范度

这是一个对所有媒体都适用的、最基础的也是最根本的治理方法。因为任何媒介的最终功能都是由人来控制的，当公民媒介素养提升，其信息接收和传播效果都会得到相应提升。

媒介素养是传媒学者一直在研究的一个议题和开展的一项教育。早在 1933 年，英国学者 F. R. 利维斯（Frank Raymond Leavis）和他的学生丹尼斯·汤普森（Denys Thompson）在《文化与环境：批判意识的培养》一书中，首次提出在学校教育中加入媒介素养。这一举动有多重意图：一是保护本国传统文化、语言、

---

[1]　参见中国青年网《直播杀死女儿自杀　泰男子活生生吊死女儿仅为报复妻子》，见搜狐网（ht-tps://www.sohu.com/a/136576189_119038），引用日期：2023 年 4 月 1 日。

价值取向和民族精神的顺利、完整传承，二是使学生免受媒介不良文化、道德观念或意识形态的负面影响。欧美国家对此非常重视，媒介素养教育得以广泛开展。1992年，美国媒介素养研究中心给出了如下定义：媒介素养是指人们面对媒介各种信息时的选择能力、理解能力、质疑能力、评估能力、创造和生产能力以及思辨的反应能力。[①]"媒介素养"定义认为，媒介素养旨在帮助学生发展对大众媒介的本质有知晓和批评的理解力，懂得大众媒介所运用的技术以及这些技术所产生的影响。[②]

媒介素养不仅包括接受媒介产品的能力，而且包括用独立的批判的眼光审视传播媒介的内容和建设性地利用媒介的能力。早期的媒介素养多是从批判和预防的视角出发，研究者认为，大众媒介是"带菌者"，教育公众防止被侵害；其后重点是教育受众对媒介内容的选择和辨别力。自媒体时代的媒介素养还显著地表现于包括信息发布能力。因此，媒介素养理论也与时俱进，逐步发展到赋权视角，即通过赋权共同建设健康的媒介社区。媒介素养是一个现代社会公民必需的素质内容。提升公民媒介素养可直接表现于对直播技术的规范使用和信息的健康传播，因为公民具有良好的素养就会降低媒介平台的不安全风险。加强媒介素养教育不仅能提升普通公众积极利用媒介的能力，也是对大众社会作用能力的发挥。正如迈克尔·沃尔泽（Michael Walzer）所说："公民美德的关键标志是对公共事务的兴趣和投身于公共事业。"[③]

（三）通过分级分类管理，使内容具有对应传播人群的规范性

分级分类管理是指把直播平台按照类别和开放程度进行区分并明确标识。比如，开放度较高的直播平台应严格禁止青少年登录，这样可以对用户进行有效的引导，当然，所有内容仍需要在合理合法的范围之内。分级制度的经验来源于美国电影分级制度。美国电影协会下属的"分类与评级管理委员会"（The Classification and Ratings Administration，CARA）负责对电影评级，评审者由一些过去与电影界完全没有关联的家长组成，根据电影的主题、语言、暴力程度、裸体程度、性爱场面和毒品使用场面等对电影进行评价。评级目的是告诉家长该影片是否适合孩子观看，以及适合哪个年龄段的孩子观看。比如G级（大众级）指所有年龄均可观看；PG-13级指不适于13岁以下儿童观看；R级（限制级）指17岁以下必须由父母或者监护人陪伴才能观看。电影的预告片、海报、网络广

① 转引自张玲《媒介素养教育——一个亟待研究与发展的领域》，载《现代传播》2004年第4期，第102页。

② 转引自吴玉兰《媒介素养十四讲》，北京大学出版社2014年版，第5页。

③ Michael Walzer, *Radical Principles*: *Reflections of an Unreconstructed Democrat*. New York: Basic Books, 1980, p. 64.

告等也需要 CARA 审核通过方能发布。美国电影分级制度是一种自愿分级制度，是否要被分级是电影制片方自己的选择，但基本上所有的电影制片商都选择提交电影分级，因为这样既可避免由政府官员来审查电影艺术和管束电影工作者，又能及时帮助家长选择适合孩子观看的电影。

在我国，从 20 世纪 80 年代末开始，其实就已经有了电影的分级管理意识和方案。1989 年，国家出台《关于对部分影片实行审查、放映分级制度的通知》（以下简称《通知》），对少年儿童做出了一定的保护，其中第三条关于放映（播放）"少儿不宜"影片的具体办法规定："（一）各级电影发行放映公司和一切放映单位，均不许组织少儿专场放映，应利用电影海报、电影和电视宣传广告等多种形式，向观众展示'少儿不宜'的字样。（二）各级电影发行放映公司不许租供中小学校少儿观看。（三）凡实行售票放映的放映单位，对少儿一律不售门票，不许少儿入场（售票、入场时需检验学生证或户口本等有关证件）。（四）不提供农村流动放映队放映。（五）不得提供电视台播放。"[1]《通知》施行后，第一部被认定为"少儿不宜"的影片是《黑楼孤魂》。[2]

电影分级制度既保障成年人的观影需求，也保护少年儿童的权益，更会考虑到特殊人群，对产业发展和受众群体媒介素养的培养均有积极意义。

当然，由于互联网的发展速度日新月异，一些国家既有的分级制度也并不能满足新的内容和传播形态，必须根据产业发展不断做出新的调整。比如，2012年，澳大利亚针对结合了文字、图像和音乐等形式的全媒体，制定了内容分级的新规范（*Classification – Content Regulation and Convergent Media*，Australian Government，2012）。[3] 这一做法值得直播平台学习和借鉴。

本章小结

科技在不断突破人类想象力的同时，也在挑战社会固有的秩序；在带给人类新体验的同时，也在挑战人类的应用能力。网络直播中由于平台、主播、用户三大主体的影响很大而相关规约不足，出现了大量低品质的产品，"闯规"甚至被视为"创新"。有学者认为，互联网必须实现"技术归化"，"使其从陌生的、可

---

[1]　广播电影电视部：《广播电影电视部关于对部分影片实行审查、放映分级制度的通知》，（广发影字〔1989〕，201 号），见 110 法律法规网（http://www. 110. com/fagui/law_160346. html），引用日期：2023 年 4 月 15 日。

[2]　《黑楼孤魂》，见百度百科（https：//baike. baidu. com/item/黑楼孤魂/4943369?fr = Aladdin），引用日期：2023 年 3 月 15 日。

[3]　参见高文珺、何祎金、田丰等《网络直播：参与式文化与体验经济的媒介新景观》，电子工业出版社 2019 年版，第 107 页。

能有危险的东西转变成能够融入社会文化和日常生活之中的驯化之物"。① 在科技驱动下，不同社会群体的出现也是不可避免的，关键是对群体要做出规范性行为指引。不难得出结论，网络直播的失范传播是多种内外部因素促使的结果，其中内在根本是技术支持、主体越界，外部重要原因是平台助推、约束不够，也正因如此，对直播的治理有三条基本逻辑：一是科技逻辑，二是人性逻辑，三是管制逻辑。对于直播的治理表面是对传播方式和内容的管理，深一层是对人们的交往方式、社会行为、权利使用的管理，再深一层是对人们的意识形态、价值取向、精神追求的管理；从宏观视角而言，是对整个社会复杂系统的管理，正如吉登斯"信息技术改变的是整个社会如何组织"的观点。对于直播平台来说，要平衡商业利益诉求和社会责任义务；对于从业者来说，必须正视行为的边界与导向，应严格遵从政治的高压线、法律的红线和道德的底线。社会秩序由社会成员的态度、价值观、实践、习俗和行为等综合因素生产和再生产，由各种各样的理念、行为和交互行为所构成，并且是不断变化的。因此，对于直播的有效治理本身也是一个持续的过程，网络空间治理的目标不仅是依法依规传播信息，更是协同优化资源。

---

① 何明升：《中国网络治理的定位及现实路径》，载《中国社会科学》2016 年第 7 期，第 114 页。

第六章　网络直播的内容质量建设

任何产品的意义都是在使用过程中才得以体现的。例如，百货商场只有对公众开放并有人来消费时，意义才能体现，但是这对于不同人也有其不同的意义。对于购物者来讲，那里是购物场所；对于小偷来讲，那里是行窃场所；对于商贩来讲，那里是销售场所。网络直播也同样，直播技术产生后，使用让它真正产生意义，但不同人使用直播的目的不同，其产生的意义也不同。彭兰教授从传媒产业发展的角度指出，"一个好的传媒业需要以内容的专业性为核心，但新生产力的引入甚至生产力的提升，并不必然带来专业性的增强"①。对传媒的积极使用可以生产优质的内容，具有传播价值信息、活跃社会文化、促进经济发展等作用；对传媒的不规范使用，则会产生社会冲突，制造社会混乱，同时严重制约媒介本身的发展。"内容为王"，是传媒界很普遍的一种提法，这一提法适用于当代所有类型的传媒。网络直播的内容质量不仅决定着用户满意度和主播与用户的关系，还决定着经济效益的高低，是行业整体发展的保障、媒介社会价值的体现。本研究在对 20 位网红主播进行深度访谈后，通过词频统计发现，除了"网络直播""主播"这两个研究对象名词外，出现频率最高的两个词分别是"粉丝"和"内容"，如图 6-1 所示。

图 6-1　网红访谈词频统计云图

① 彭兰：《增强与克制：智媒时代的新生产力》，载《湖南师范大学社会科学学报》2019 年第 4 期，第 137 页。

内容建设包括内容生产和内容规制两大部分，内容生产是通过生产满足受众需求的优质内容推动媒体的积极发展。网络直播是一个全类型创作平台，纪录片形态、综艺形态、新闻报道形态等以及各种融合型形态的创作均可存在，具有很大的内容生产空间。如何科学合理地开发，使直播内容既合法合规又具有正能量、高品质，对于网络直播的内容建设而言，尤为关键。

第一节　提升内容质量势在必行

一、狂欢盛宴下的文化和价值陷阱

网络直播这种"无剧本式碎片化表演"正在严重摧毁人们最基本的文化享受能力。波兹曼认为，印刷机统治下，话语是清晰易懂、严肃理性的；电视统治下，话语变得无能而荒唐，而且印刷文化的认识论在日益衰退，电视文化的认识论则在壮大，这会使人们变得越来越可笑。相比报纸、杂志的文字话语，电视话语在严谨性、规范性、逻辑性等方面确实略逊一筹，对受众阅读能力的要求也略低一等。书面阅读要求人们具有抽象思考和推理能力，电视以其优越的视听功能降低了获取和理解信息的门槛，而网络直播中传播的肤浅信息则使人们应该使用的阅读能力和深度理解能力大大退化。一方面，网络直播中某些主播无脚本的口语表达，完全抛弃了逻辑性、连贯性和审美性，呈现给受众的是比日常交流还要简单甚至粗糙的话语片段；另一方面，网络直播用户有着更为自由的话语表达权，在各大直播平台，对挑衅、粗口、暴力等低俗内容的管控具有滞后性。巴赫金认为，狂欢的特点是充满笑声、过度渲染、低级趣味、无理胡闹和不登大雅之堂。网络直播与此确有吻合之处。直播狂欢盛宴中流露出的"低俗而混乱的符号"和"无文化文化"，即使没有达到违法乱纪的严重程度，也已严重挑战了社会的文化和价值，经过时间的推移，将会从量污染累积成质污染。

相较表面上混乱的符号，"金钱主义"显得隐蔽一些，但已构成对大众价值取向的严重影响。在直播平台上，用户意图体验的"身份感""愉悦感""成就感""荣耀感"等均以金钱为杠杆，货币的象征性功能被放大，或者说由货币购买的"符号"放大了货币的意义功能，在这种流通着虚拟货币的虚拟社会中，实际践行着比现实社会还要暴露的"金钱主义"。"我买故我在"的消费口号，在网络直播中以"我送故我在"的方式较现实社会更为直接地被展现。加之直播平台的精心设置和主播的倾情诱导，消费者很容易陷入消费漩涡，在情感性消费、娱乐性消费、炫耀性消费等多种消费心理的融合促使下，消费不断升级，没有尽头。"男子网贷 90 万元打赏主播，最后妻离子散""男子迷恋打赏女主播！

生活节俭不惜偷盗入刑!"此类新闻屡见不鲜。研究发现"人会情不自禁地投入到激情活动当中。这种激情控制着当事人,它必须走完全程。由于人不受控制地非要参与该活动,最终,该活动会在人的身份认同中占据不成比例的首要位置,并与人生活里的其他活动产生冲突"①。用户即使偷盗、贪污、吃泡面,也要为主播一掷千金,因为其已经沉迷其中,欲罢不能。布迪厄把新闻界看作一个场,但新闻场却被经济场通过收视率加以控制。每一个登录直播平台的用户都是不被任何力量控制的自由个体,却会陷入由直播平台和主播共同经营的直播场,按照这个场的"金钱至上"规则而游戏与被游戏。

与此同时,主播必须获得大量的粉丝或者大牌金主才能在直播世界中拥有地位、权利或财富。例如,斗鱼第二届钻石联赛粉丝节上,绝地求生女主播小团团当日荣耀值达到 1.8 亿,也就是礼物收入高达 1800 万元。主要原因是有一位名叫"川哥哥"的金主给她刷了 868 万元,小团团立刻跻身斗鱼一姐。② 因此,如何呈现内容以吸引受众和金主就成了主播的重要任务。于是,在主播个人创新能力有限、技艺有限的情况下,各种跨越界限的演出就可能会上演,对于用户各种不合理的要求也可能尽量迎合或满足,导致价值观严重失衡和混乱。

拜金主义必然导致直播内容只为金钱服务。于是,直播平台接近于零的准入门槛和以追求回报最大化为目的,使得直播业呈现肤浅、粗糙、功利的播出状态,有内涵、有文化的视频空间有限。基于只有社会吸引过程才能导致社会交换过程这一原理和前提,直播平台中的主播们为了能够上首页成为关注焦点,把产品最大化变为商品以获得经济收益而使出了浑身解数。

调查显示,目前网络直播用户中,22 岁及以下占到 61%,每日人均观看时长高达 135 分钟。③ 这说明最需要优质环境的青少年却被网络劣根文化最重度侵袭,网络直播已成为有一定深度的文化、价值陷阱。不得不感叹,科技在不断突破人类想象力的同时,也在无形中冲击着人类的固有文化与价值观,挑战社会固有的秩序与结构;在为人类创造便捷的同时,也在为人类迷失创造时机。我们必须清楚地意识到,任何直播平台上的个人频道,一旦表演开始,便释放着能量符号,创造着社会意义,产生着广泛影响。网络是社会的重要构成部分,所以,绝不能使之成为唯我独尊的狂欢圣地。

---

① 〔美〕亚当·奥尔特:《欲罢不能:刷屏时代如何摆脱行为上瘾》,闾佳译,机械工业出版 2018 年版,第 26 页。

② 参见 Aggro 电竞《被土豪刷了 800 万礼物?斗鱼一姐不好当,但小团团还有秘密武器》,见搜狐网(https://www.sohu.com/a/324147229_430858),引用日期:2023 年 3 月 20 日。

③ 参见朱清海《网络直播平台监管:不许女主播有挑逗地吃香蕉》,载《新快报》2016 年 5 月 5 日第 A09 版。

二、网络直播品质内容的市场期待

关于媒介内容的重要性，欧洲学者早就指出"由于传媒汇流导致了传媒过剩，信息社会已经进入了第二个阶段：内容产业时代"。戴维·莫谢拉（David Mosheira）在《权力的浪潮》一书中，将全球信息产业的发展划分为四个阶段：1964—1981 年以系统为中心，1981—1994 年以个人计算机为中心，1994—2005年以网络为中心，2005—2015 年以内容为中心。"内容为王"成为近年来人们公认的道理。内容生产、内容流通和内容消费是内容产业的三大核心环节，但也会因为媒介形式和使用方式的变化而变化。从媒介发展的历程看，内容的重要性绝没有因为媒介形式的变化而变化。从传统媒体到互联网媒体、自媒体，媒介内容生产的模式已经从 OGC（品牌生产内容）发展成 OGC、PGC、UGC 的并存。从Web1.0 到 Web3.0 时代，互联网技术快速升级，互联网内容生态和内容生产也在随之不断发生显著变化。截至 2019 年 12 月，我国国内市场检测到的 App 数量为 367 万款，比 2018 年减少 85 万款，下降 18.80%。[1]这一较大幅度的下降，说明互联网应用已经从量变进入质变阶段，实际功能至关重要。在第九届中国网络视听大会上，bilibili 董事长兼 CEO 陈睿指出，在 7000 多个内容品类中，91% 是由 UP 主创作的 PUGV（Professional User Generated Video，专业用户创作视频）内容，其中泛知识内容视频播放量占比达 45%。[2] 这一方面说明社会化平台媒体的用户是绝对的内容生产者，另一方面说明用户对有实质性内容的产品有迫切需求。

内容不仅是满足用户的基础，也是经济效益和社会效益的资本。媒介或者通过内容产品的交易而变现，或者通过眼球经济实现广告售卖。网络直播给互联网引入了诸多新的平台媒体、传播者和海量信息，最终传播的内容是体验的主要影响因子和流量的保障；流量是直播平台变现模式的开拓基础和收益保障，也最终决定着这种媒介最终的生存力和社会价值。企鹅智酷发布的《2017 中国网络视频直播行业趋势报告》中提到，57.70% 的用户因为"对直播内容不感兴趣了"而放弃对一个直播平台的使用。在"您是否觉得目前的直播内容看久了挺没意思的"一项调查中，56.87% 的受访者选择了"是"。[3] 这说明，持续了几年的后台前置、崩溃式表演甚至跨越底线式表演在持续引流方面尽显后劲不足。艾媒咨

---

[1]　中国互联网络信息中心《中国互联网络发展状况统计报告》（第 46 次），见国家互联网信息办公室官网（http://www.cac.gov.cn/2020 - 04/27/c_1589535470378587.htm），引用日期：2023 年 5 月 10 日。

[2]　转引自《B 站董事长兼 CEO 陈睿：B 站泛知识内容播放占比达 45%》，见百度网（https://baijia-hao.baidu.com/s?id=1701548355400592859&wfr=spider&for=pc），引用日期：2023 年 3 月 1 日。

[3]　企鹅智库、腾讯云《2017 中国网络视频直播行业趋势报告》，见搜狐网（https://www.sohu.com/a/133840730_481843），引用日期：2023 年 4 月 1 日。

询的调研数据同样显示，用户对"直播内容和类型"有较大改善诉求，如图6-2所示。陌陌《2018主播职业报告》显示，36.60%的研究生及以上学历主播月收入过万，26.60%的本科学历主播月收入过万，16.10%大专学历主播月收入过万。[①] 这说明受众对信息内涵是有普遍需求的，主播职业化趋势显著，在直播平台要想获得传播力需要有内涵高质量的内容。网易传媒营销管理中心总经理李淼对网易直播商业化策略进行解读时指出："商业化最核心的因素是什么？对一个网站和媒体来说是我们的内容，我们的产品到底有没有准备好。当有了好的内容、好的产品、好的架构之后，我们才可以发挥出很好的商业空间。"[②]

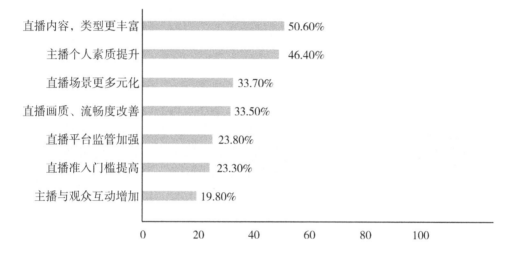

图6-2 2018中国在线直播用户对直播行业改善意向调查
资料来源：图片及数据均为作者自己整理。

人们在网络直播间期待不同的人、事、物……但"内容为王"的道理不曾改变。艾媒咨询数据显示，2019年用户喜欢电商主播的原因，排在前三位的分别是带货风格（35.04%）、产品好（33.58%）、才艺（19.71%）[③]；目前，电商直播发展不足之处主要是直播时间过长（29.20%）、内容同质性高（24.82%）、夸大宣传（21.90%）和产品丰富性欠缺（16.06%）。[④] 带货风格

---

① 《2018主播职业报告》，见陌陌社交平台（https://www.pcpop.com/article/5142695.html），引用日期：2023年4月10日。

② 网易新闻学院：《网易直播商业计划：100个PGC"爆款"打造顶级IP》，见网易新闻（https://www.163.com/news/article/BTMSVH3E00015AE3.html），引用日期：2023年4月10日。

③ 《直播电商行业数据分析：2019年中国35.04%直播电商用户因带货风格喜欢某一主播》，见艾媒网（https://www.iimedia.cn/c1061/69635.html），引用日期：2020年4月10日。

④ 参见《2020年中国直播电商行业发展现状、挑战及趋势分析》，见艾媒网（https://www.iimedia.cn/c1020/69211.html），引用日期：2023年4月20日。

和才艺均是直播内容的重要构成要素，而前述直播发展不足之处也均为内容生产与传播问题。这说明直播的内容产品与售卖产品是电商直播的核心竞争点，前者是注意力支付与视听满意，后者是货币支付与使用满意。因此，内容质量是直播技术和传播特性支持下购物消费的核心中介调节变量，内容质量提升任务迫切。因为电商直播中媒介消费是媒介再消费的前提和因变量，没有媒介消费也就没有媒介再消费，如媒介消费降低，媒介再消费也会随之降低，即受众注意力流失的同时交易必然流失。正如广告大师大卫·麦肯兹·奥格威（David MacKenzie Ogilvy）所认为的真正决定受众是否购买的是广告的内容。阿里巴巴很早就把"内容化"确定为淘宝未来的三大方向之一，其理念是打造从内容生产到内容传播、内容消费的生态体系，使商家从运营流量转变为运营内容，通过对人的关注使顾客对内容感兴趣，从而获得顾客，建立口碑，最后形成牢固的会员关系。

马科夫斯基（Barry Markovsky）和爱德华·劳勒（Edward Lawler）的情感网络理论认为，在人们的相遇中，预期是一种重要的力量。如果人们预期将体验到一种积极的情感，他们将趋于投入这些相遇；而当遭遇消极情感时，他们就会避免这些相遇。[①] 内容则是人们与媒介相遇的不变原因。在电视业受到新媒体巨大挑战和电视受众不断被分流的情境下，各大电视台虽然多措并举，但其根本还是在创新节目和提升内容方面。我们可以看到《朗读者》《奔跑吧兄弟》《金星秀》等各类新节目对收视率和品牌知名度的拉动；也可以看到纪录片《我在故宫修文物》在央视有很高的收视率，在 B 站上播放量超过 300 万次。这充分说明，无论用户是"60 后""70 后""80 后"，还是"90 后""00 后"，甚至"10后"，不管采用什么传播通道，优质内容都是其根本诉求。

三、市场呼唤优质内容生产主播

本研究一项关于"15 ～ 35 岁年龄段电视受众对电视节目主持人外在形象喜好"的抽样调研结果显示，"端庄大气"以显著优势排在首位，其次是"青春靓丽"。用户随着年龄增大，喜欢"另类滑稽"和"时尚前卫"的人数占比逐次降低。大众文化背景下，"丑"和"怪"因满足了"80 后""90 后"审美疲劳的神经而深受他们的推崇且逐渐中心化。但从调研结果看，对另类滑稽、时尚前卫等外在形象的喜好确实存在，但大多数人仍旧更倾向端庄大气的东方文化主流审美趋势。而随着年龄的增长和阅历的增加，在开放自由的社会环境中成长起来的"80 后"在保有主流审美趋势的同时，对主播的外在形象表现出更大的接纳度。调研还显示，新媒体环境下网络自制节目的开放、自由、娱乐、解构等理念深刻

---

① 参见何明升、白书英《网络互动：从技术幻境到生活世界》，中国社会科学出版社 2008 年版，第36 页。

影响着"80 后""90 后"的收视趣味。然而，受众在追求娱乐的同时，也表现出审美和品位的挑剔，渴望超越表象快感之上的深层体验与滋养。这一研究结果说明，虽然从社会很多表象看，年轻一代似乎有另类的审美行为，但低俗、另类文化其实不是大众接受的文化，或者说不是可以持续被接受的文化；有内涵的内容和有品质的内容，才能被受众广泛持续地认可。

麦克卢汉赋予"媒介即讯息"的另一个含义是"使用者即内容"。① 内容的直接生产者是主播，大众对主播素质的提高有较大期待。艾媒咨询调研显示，"主播个人魅力"在不同直播内容下有着不一样的作用，其中对演出类、明星类、秀场类等作用较明显，占比分别达到 47.80%、45.80% 和 43.30%。而"内容专业程度"对体育类、游戏类、电商类影响最显著，占比分别达到 41.20%、38.70% 和 38.70%，如图 6-3 所示。这说明对于专业类节目，主播明显需要专业知识背景作为支撑，并非单纯对某个领域的简单吹嘘。

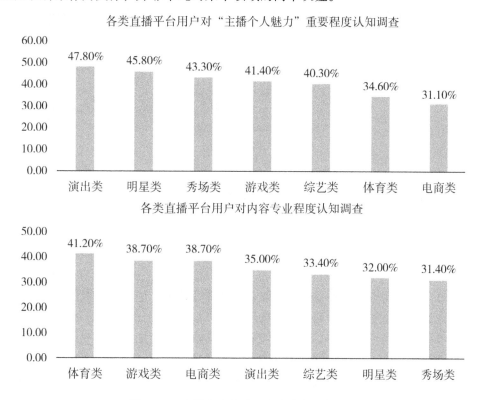

图 6-3　主播和内容重要程度分类示意图
资料来源：图片及数据均为作者自己整理。

---

① 转引自［美］兰斯·斯特拉特《麦克卢汉与媒介生态学》，胡菊兰译，河南大学出版社 2016 年版，第 44 页。

　　本研究在"您认为网络主播最重要的特质应该是什么"一项调查中,对主播角色特质期待中"有思想、有观点、有见解"排在首位,"主持方式"排在第二位,"有内涵、知识丰富"处于第三位,好听的声音和漂亮的外表均不在前五位,如图6-4所示。虽然抽样调查存在一定的片面性,但至少在一定程度上说明,尽管互动交流、欣赏帅哥美女、个性化的主持受众中都有不小的诉求,但是优质的内容还是其最根本的需求。在对"主播在您的眼中是什么"一项调查中,再次验证了用户对内容的需求,54.41%的受访者选择了"具有某领域专长的人",远远超出其他选项。然而,对于没有团队支撑的主播而言的个体,其优质内容的不断创新,确实极具挑战性。新华社记者调研发现,"很多网红主播都对于如何维持人气流量感到困惑、焦虑,这也是有人铤而走险,打擦边球、动歪脑筋的原因。"①

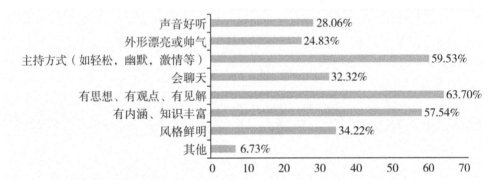

图6-4　用户对网络主播的特质诉求
资料来源:图片及数据均为作者自己整理。

　　本研究对主播的抽样调查结果显示,粉丝量在1000以下的主播占64.03%,粉丝量为1000～5000的主播占17.27%,粉丝量在10万以上的主播仅占6.47%。这说明想成为万众瞩目的媒介主播并非易事。加之网络直播开设的零门槛,导致用户资源和用户后面的经济资源可以被无限瓜分,所以,每一个主播的粉丝群随时面临新的稀释。在访谈调研中,多数受访主播也充分意识到,仅凭长得好看,唱唱歌、跳跳舞就能博人眼球的阶段已经过去了,只有在直播内容和表达方式上不断创新,才能给人耳目一新的感觉,但这也是其压力所在。戈夫曼指出:"当一个人在扮演一种角色时,他必定期待着他的观众们认真对待自己在他们面前所建立起来的表演印象。"② 也就是说,没有人从根本上不想上演一出好

　　① 陈俊、汤阳:《网红主播:日均直播时间超过15个小时,背后辛酸几人知?》,见南方+(ht-tps://static.nfapp.southcn.com/content/201711/18/c796693.html),引用日期:2023年4月19日。
　　② [美]欧文·戈夫曼:《日常生活中的自我呈现》,冯钢译,北京大学出版社2008年版,第15页。

的剧目，呈现一个好的形象，关键是怎么做。优质内容的市场需求与创作主体的能力不足形成直播的供需矛盾。本研究发现，目前优秀主播数量不足，在此的情况下，寻找潜质主播已经成为 MCN 机构的重要工作。

四、低质量内容的主要表现

我们对于物品价值有这样一个定论：物以稀为贵。很显然，自媒体时代的直播频道不是稀缺资源，但是能提供优质直播内容的频道目前十分有限。有人曾直言，网络直播是无内容的内容、无艺术的艺术、无趣味的趣味，无传播的传播，千篇一律，高度同质化。所谓的眼球效应，已渐渐失去效力，用户普遍眼球疲劳。在直播平台，身体负载了丰富内涵，成为天然的收视热点和经营砝码；发呆可成为表演、睡觉可成为表演、吃饭可成为表演；挑逗性的有声语言和肢体语言，性感而暴露的装束，撒撒娇、卖卖萌、讲黄段子；等等，都成为某些主播常用的传播方式。网络直播中，不文明的"喊麦"和歌词中的"宣泄"被追捧，快餐文化主流化、猎奇文化常态化、商业文化低俗化……由于网络直播的内容生产涉及众多领域、众多主体和众多表现方式，与上一章分析的失范传播一样，低质量内容的表现也是五花八门。因此，很难公式化推理或等级化界定，以下将分析其中最突出的三种内容形态。

（一）无内容

拉斯韦尔 5W 模式指出，信息的传播过程包括传播者、信息、媒介、受众及传播效果，五个方面缺一不可。信息是传播过程无法回避的部分，根本不存在没有信息的传播，但是存在无实质性意义的信息，即前述所指的无内容的内容。这类内容包罗万象，从对自家门前场景的随便播出，到对无意义场景的随便播出，甚至定格于同一或相似画面；从对自己的机械拍摄，到对他人的未授权拍摄；无目的性随意展示自己吃什么、喝什么、穿什么；等等。固然，我们前面分析过，在人人拥有电视台的时代，所有生物、物质、场景都成为被拍摄和传输的对象，但并不意味着无目的传播、无设计传播能产生好的传播效果。如这种内容广泛传播，无疑会拉低社会的审美品位和文化认知。

（二）低俗化内容

低俗内容主要是指低级、无趣、庸俗、颓废的内容，与之相反的是高尚情趣、高雅审美、积极奋进等具有社会进步意义的内容。低俗内容对社会大众的审美水平、思想观念等都有负面影响，如长此以往将会严重影响整个社会的价值导向，如扭臀、撩上衣、摆裙子、讲黄段子等。从 2017 年下半年开始，直播答题逐渐火热，但低级甚至漏洞百出的问题随即带来诸多社会问题。2018 年 2 月 14

日，国家新闻出版广电总局网络视听节目管理司联合北京新闻出版广电局，约谈了 17 家开办网络直播答题活动的视听网站代表，要求以正确导向开办网络直播答题活动，要大力弘扬社会主义核心价值观和社会主义先进文化，传播健康有益的知识。

（三）身体化内容

所谓身体化内容，是指以身体作为主要道具和传播中心，以对身体的简单运用作为内容生产方式。这种生产传播方式在秀场直播中应用较为普遍，而且常常带有强烈的"欲望与性"暗示的内容，是低俗化内容中的一种。在网络直播中，欲望身体的符号能指被书写、建构起来。虽然社会化大生产的生产方式包含性别化的身体生产，但网络直播中女性身体的生产具有太多故意性成分。有学者甚至认为，女性欲望身体书写的现象，不只是简单的"消费乱象"，体现的是在自由话语掩饰下，女性"主体"地位丧失，依旧深陷于"男权"话语中，成为被男性的消费物，沦落为被压抑的"她者"形象。

第二节　内容生产的内涵与困惑

一、网络直播的产品概念及特点

产品的基本概念，包括核心产品、形式产品和延伸产品。网络直播同样包括这三者，其中，核心产品就是内容的根本内涵和意义；形式产品是信息的传播形式，包括画面语言、有声语言、肢体语言等；延伸产品是指除内容本身以外的其他产品形式，比如主播发红包、线下粉丝群等。本节主要研究的是核心产品和形式产品，即内容产品。

内容是指一切事物内在的构成要素，包括事物内部各种元素，以及内部矛盾、矛盾所决定事物的特征、事物运动和发展趋势在这个过程中的总和。内容是事物存在的基础。网络直播的内容包括视觉符号和听觉符号两类元素，其中视觉符号是网络直播不可或缺的符号，也是其作为自媒体的重要特征。

内容生产是一个大的概念，包括内容设制（内容设计制作）和内容传播（内容输送）两个部分，具有五大特点：一是生产的主体、时间、地点多元，二是兼具传播的仪式性和传递性，三是结构的开放性和模糊性，四是方式的自由性和碎片性，五是目的的随意性和商业性。可见，网络直播内容生产的"不固定性和不规则性"特征凸显，其"内容产品"成为一个内涵宽泛而丰富的概念，不仅包含信息符号这一要素，还包括形式、关系、情绪和场景等要素，网络直播内容生产的目的也不仅仅是为了获取经济利益而生产和传播，还有"分享""沟通""找乐"等多种动因。

网络直播内容的直接生产者是主播（含出镜和不出镜者）、用户和平台，间接生产者是 MCN 机构或公会。主播和用户生产的内容即直播视频及其中的各种符号，内容设制与传播同步进行；平台生产的内容包括直播平台的外观设制、符号设制、规则设置、功能设置等，内容设制先于内容传播。内容是内容生产者和内容传输平台共同作用的结果。MCN 机构或公会培养和支持主播，所以是间接的内容生产者。主播对内容的生产、传播、经营与用户对内容的接收、传播、消费是同时进行的。内容传播与内容消费同时进行，内容消费又伴随着消费反馈，也可以认为是内容生产的延伸。因此，内容生产可以被认为是一个贯穿直播的全过程行为。彭兰指出："内容生产并不会因进入分发环节而结束，而是在分发和消费中不断优化，例如风格优化（根据用户的反馈，对标题、图文组合、语言风格等进行调整）、路径优化（通过数据分析为内容寻找更好的分发路径）等。"[1]

无论谁是生产者，无论是在哪个平台，以"用户为中心"，以满足"用户需求"为内容中心，但不以"用户需求为绝对导向"，是网络直播内容生产者的基本原则；生产具有正能量的优质内容才是不变的导向和绝对目标。因为网络直播用户的需求基于各种理性与感性的因素而"千姿百态"，其中不乏低劣内容，所以，网络直播存在的乱象中，很大一部分原因就在于过于迎合用户的低级需求。作为市场性媒介，内容生产必须考虑媒体收益，但不能以市场为绝对指挥棒。对于直播而言，打赏的即时报偿具有很强的诱惑性，而这恰恰是网络直播内容生产必需的克制点。在此理念下，用户在哪，用户是谁，用户需要什么，以及用户的哪些需求应该被满足、怎么满足，应该成为内容生产的先行问题。本研究认为，网络直播生产者可以在充分获取用户的基础数据、行为数据和媒介数据的基础上，生产有针对性的高质量内容。

二、网络直播内容产品的类型

内容生产的不固定性和不规则性意味着产品类别的多元。在平台的垂直化细分和主播多元化内容的配合下，网络直播平台呈现出多样而细致的内容分类。本研究以当前主要直播平台为例对直播内容进行垂直分类，具体如表 6–1。

---

① 彭兰：《增强与克制：智媒时代的新生产力》，载《湖南师范大学社会科学学报》2019 年第 4 期，第 134 页。

表 6 - 1　直播内容垂直分类

直播平台	类别	垂直分类
YY直播	娱乐	舞蹈、音乐、脱口秀、旅游、喊麦、二次元、美食、体育、猎奇、户外、名嘴、活力少女
	游戏	绝地求生端游、绝地求生手游、王者荣耀、其他主机热游
	其他	陪你看、直播购、猜你喜欢、手机直播、星娱星颜、神曲、小视频、综合、讲师、灯塔计划
哔哩哔哩直播	网游	英雄联盟、逃离塔科夫、绝地求生、守望先锋、CS:GO
	手游	王者荣耀、和平精英、第五人格、公主连结 Re:Dive、明日方舟
	单机	主机游戏、最终幻想7、骑马与砍杀、怪物猎人：世界、仁王2
	娱乐	视频唱见、舞见、视频聊天、才艺、虚拟主播
	电台	唱见电台、聊天电台、配音
	绘画	同人绘画、原创绘画、临摹绘画、其他绘画
西瓜直播	网游竞技	绝地求生端游、DOTA、DOTA2、棋牌游戏、热门网游、CS:GO、星际争霸、堡垒之夜、炉石传说、三国杀、守望先锋、WAR3 重制版
	手机游戏	第五人格、战争艺术、绝地求生、迷你世界、猫和老鼠、香肠派对、逃跑吧少年、球球大作战、量子特攻、荒野行动、梦幻西游、明日之后、重装上阵、阴阳师、决战·平安京、非人学园、元气骑士、文明重启、狼人杀、风云岛行动、灌篮高手、热血街篮、大话西游
	主机、单机游戏	主机游戏、逃离塔科夫、格斗游戏、我的世界、怀旧经典、探灵笔记、虚拟偶像、其他二次元游戏
	音乐	才艺、唱歌、颜值
	乡野	农耕劳作、户外打野、田园风光、畅聊农村
	生活	美食、旅游、情感、体育

续表6-1

直播平台	类别	垂直分类
淘宝直播	夜市	珠宝翡翠1元拍
	穿搭时髦精	风格上新、男鞋女鞋、包包、居家睡衣、大码穿搭、裙装
	大牌名媛馆	时尚馆、绅士馆、亲子馆、家居馆、美容馆、运动馆
	一秒买全球	韩国站、港澳台站、东南亚站、欧洲站、日本站、美国站
	美妆护肤控	口红、面膜、美甲、化妆教程、护肤保养、超级仿妆
	乡村味道	北国有鲜、东北大地、港台风味、江浙鲁徽、云贵川滇、闽粤寻味
	鲜花萌宠	鲜花、多肉、绿植盆栽、花瓶花艺、撸猫遛狗、水族馆、农资
	珠光宝气	翡翠、和田玉、珍珠、琥珀蜜蜡、文玩收藏、水晶
	潮男进化论	男装、男鞋、手表、健身器材、摩托车
	美食吃货	生鲜、零食、营养保健、茶叶、酒水、美食
	家电乐器	家电、数码、手机、乐器
	母婴萌娃	童装、亲子装、玩具、孕产用品、奶粉、辅食
	精致生活控	学习用品、办公用品、眼镜、出行载具、家饰、运动服饰、健身器材、美容养生、汽车用品、箱包、动漫周边、餐厨、百货、家居、家纺
	旅行看世界	酒店客栈、特色美食、纪念品、户外用品、度假门票、旅行团
	好货不贵	各类折扣商品

网络直播内容类型具有五大特点，一是时代性，直播的内容显示出这个时代的特征；二是多样性，万事万物都可以成为直播的对象；三是场景性，无论直播内容是什么，都是对一定场景的呈现；四是随机性，直播过程具有强互动性，以及脚本无法囊括所有突发情况，主播的语言具有更多的随意性；五是时下性，直播内容多为时下热点、时下场景、时下心情……

三、主播生态和内容生产的天然短板

网络直播诞生后，很多主播把网络直播当成无本运营，多倾向于"大胆一试"。"成则再试，不行了之"是很多人的心理写照。这一方面缘于新兴行业规范性和认知性不足导致的网络直播无序发展，另一方面则反映出从业者急功近利的心态和对行业认知的模糊。今日网红《2018年中国直播行业研究报告》显示，约68%的主播年收入在5万元以下，0.02%的主播赚走了近41%的收入。艾媒咨询《2020年中国直播电商行业主播职业发展现状及趋势研究报告》显示，从主播结构看，头部主播占比仅为2.16%，肩部主播占比为5.93%，而腰部和尾部主播分别为53.53%和38.80%。2020年第一季度，平均月工资收入在1万元以下的主播人数占比为45%，收入在5万元以上的主播人数仅占4.10%。这些数据说明，各类主播中，只有很少部分主播的收入较高，自拍自导自摄自演的直播自媒体主体中，大多数人有着巨大的创作压力和收入压力。放弃直播也成为主播的一种心理常态，主要原因一是感觉成名无望，二是收入不稳定，有此计划的主播分别占57%和55%。[①]

"主播竞争激烈""粉丝流动性高"和"收入不稳定"是主播职业的前三大压力。[②]其中，主播竞争的核心是内容生产能力。网络直播目前的生产方式基本属于个体劳作的"包产到户"，连"家庭联产"都难以达到，更谈不上"规模化集体生产"。调研中发现，即使签约MCN的主播也主要是在经营上得到了支持，内容创作上大部分还是要以主播为核心的。这种生产模式和支撑条件，必然导致网络直播高质量内容的"难产"。主播们高度认同"内容是核心竞争力"，接受课题组访谈的20多位主播均表达了同样的观点。在课题组给出5个描述成为网红后个人状态的关键词（分别是荣耀感、满足感、幸福感、疲劳感、焦虑感），并请其进行多项选择时，受访网红们无一例外地都有选择"焦虑感"——来自内容创作的焦虑。陌陌《2019主播职业报告》显示，54.30%的非职业主播每个月用于自我提升的花费超过1000元，67.80%的职业主播每个月用在提升自我上的花费超过1000元。这一组数据比2018年有显著提升。越是高学历的主播越注重内容质量，其对自我投入也越高。有研究发现每月花费超5000元用以提升自我的大专学历主播有9.30%，本科学历主播有10.80%，研究生及以上学历主播高达38%。[③]

此外，在这些个体化作业的人群中有相当大一部分是"无准备、随意化生产"。本研究相关调研结果显示，开播前会精心准备直播内容的主播仅占受访主播的32.12%，如图6-5所示。

Katrin Scheibe等西方学者的调研同样显示，仅有30%的主播会在开播之前

① 《4500位主播告诉你直播行业的五个真相》，见07073游戏产业网（http://chanye.07073.com/guonei/1614502.html.2017-05-17），引用日期：2023年4月10日。

② 《2018主播职业报告》，见陌陌社交平台（https://www.pcpop.com/article/5142695.html），引用日期：2023年4月10日。

③ 《2019主播职业报告》，见陌陌社交平台（https://news.chinabaogao.com/wenti/202001/0194K0402020.html），引用日期：2023年4月10日。

做话题准备，11.70%的主播会进行表演练习。① 准备不足必然会导致低质量内容的播出。例如，在秀场直播中，毫不专业的唱歌和舞蹈表演，以及毫不精彩的说话和聊天内容即充斥着直播平台。

自媒体的特性是个性化自我生产，以及多元生产主体带来的丰富多彩的内容，但个性化自我生产并不等于低水平生产。网络直播与微博、短视频这两大自媒体也有不同之处。直播不只是简短内容编排或短时间集中展示，在秀场直播、游戏直播中，一次直播的时间一般都在一小时以上，这就对直播内容提出了很高的要求。一旦直播内容无法形成持续吸引力，用户就会迅速切换直播间或直播平台。因此，网络直播需要寻找更科学的内容生产方式。

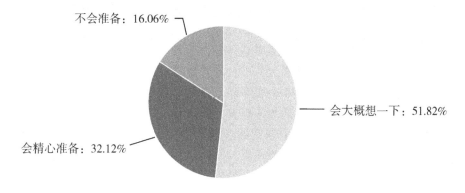

不会准备：16.06%

会大概想一下：51.82%

会精心准备：32.12%

图6-5 直播的准备状况

第三节 内容生产的模式分析

一、平台是内容的基础生产者

直播平台是商业主体，其最大的商业价值是大规模用户，只有吸引较大的用户规模，平台才在广告投放、资本吸引等方面具有优势。而用户的引入和维持则依赖于内容的输出和提供。网络直播平台不仅是内容传播者，也是内容制造者，是内容的基础生产者和内容生产的基础，它以多种角色和方式直接或间接影响着内容生产与传播。

---

① Katrin Scheibe, Kaja J. Fietkiewicz and Wolfgang G. Stock, "Information Behavior on Social Live Streaming Services", *Journal of Information Science Theory and Practice*, 2016, Vol. 4, No. 2.

（一）平台是内容的直接生产者

不同的直播平台根据自身定位和特点，生产不同的平台内容。作为大型游戏类直播平台——虎牙直播，整体风格偏二次元，其首页随机推荐六个不同的热门直播间进行实况转播，浏览者可以自由选择是否进入直播间互动观看。游戏类直播最先出现在页面窗口，并在首页拥有不少于4个直播间实况入口，直播内容可能是和平精英，或者是赛事直播。其他直播间入口多为娱乐互动类，如唱歌、情感电台、二次元等。用户通过向主播赠送能量石、藏宝图、虎牙一号等礼物，为主播点赞；直播间聊天区也有以虎牙 logo 为原型的专属表情包。同样是游戏类直播平台的斗鱼平台生产的内容也有着异曲同工之妙，如斗鱼的热门直播间实况入口，页面设计偏二次元，以斗鱼 logo 为原型的专属表情包，以及以直播间充值火箭、飞机、鱼翅等方式向主播表达喜爱，等等。

花椒直播作为娱乐型直播平台，平台内容虽没有游戏类直播平台的实况转播那样精彩，但首页会随机推荐4个直播间入口，入口封面多为播主美照，对应入口的播放窗口会详细标明播主的个人标签、粉丝量、获赞、关注、送礼、用户等级、魅力等级等详细信息；向上飘动逐步消失的爱心是在直播间点赞互动的符号；游客也可以通过充值的方式赠送女神降临、风雨相守、表白花语等虚拟物品引起主播的关注。平台将音乐、跳舞、颜值、脱口秀作为独立的菜单项，并创建聊天交友 App——奶糖的下载入口，这些都体现着娱乐直播平台创造娱乐内容的特点。

淘宝直播平台根据用户关注的直播间、用户所处地理位置、商品精选分设3个窗口。各个窗口下的直播间封面均为商品图片，并标明直播间名称及观看人数。在商品精选窗口下，也可以看到用户关注的正在直播的商户。每位刚进入直播间的用户和在正在下单的用户都会出现在直播间聊天框最上方，点赞互动也会出现不同的商品图案。由于用户观看直播间的时长和次数的不同，在直播间交流区会被赋予不同颜色的头衔等级，如绿色代表新粉1、蓝色代表铁粉2、红色代表挚爱3等。

（二）平台是内容的间接生产者

平台不仅通过各种符号直接呈现内容，还通过技术和制度影响内容生产的趋势走向和传播效果。直播频道的分类、互动功能的设置和打赏方式的设计技术，哪些主播能够被推向首页，以及生产什么内容会被平台封杀，等等，这些都会直接鼓励或抑制内容生产的方式和内容本身的构成。每个平台的特点和定位不同，不仅直接影响主播的加入和用户的数量及构成，还会间接地影响直播内容。我们以淘宝、抖音和快手直播平台为例进行分析发现：淘宝、抖音主要的流量分配以平台和算法为主，公域流量的成分居多，于是主播对于平台的依赖以及头部、长尾主播之间的差异程度加大；快手则以社交为主，私域流量的成分更多，因此，主播的长尾分布更广，其分布曲线也更平缓。淘宝围绕货品搭配性生产内容，以货品为主；抖音和快手则是围绕内容，先有内容再搭配货品。所以，在淘宝上，更强调的是选货的效率、品质、性价比等供应链层面的因素；而抖音和快手上则更强调内容的标签和创作者的特点，以此确定货品的品类与卖点。

二、主播为主、用户为辅的 UGC 生产

互联网创造的赛博空间延展了人类世界的行为空间，网络直播被赋予了最广泛的空间传播权利，属于典型的社会化媒体，用户生产内容 UGC 是其主要的内容生产方式。维基百科认为，UGC 是在线用户生成的内容；经济合作与发展组织（Organization for Economic Co-operation and Development，OECD）将 UGC 定义为"用户生成内容是由业余人士通过非专业渠道制作的、包含一定的创造性劳动并在网络上公开可用的内容。"《连线》杂志主编克里斯·安德森（Chris Anderson）认为"免费模式"将成为 21 世纪的新经济模式，用户生产的原动力并不必然是完成变现、获取价值，不计报酬的形式往往更具荣誉感与积极性。不少学者认为，UGC 具备两个特征，一是由业余者或普通大众制作的包含一定的内容创新性或者是对已有内容进行修改和编辑的创作；二是能通过互联网与他人共享。从这两点来看，网络直播是绝对吻合的。UGC 并不诞生于网络直播，也不是互联网的专属，传统媒体早就意识到了 UGC 的价值。例如，早在 2005 年 4 月，BBC（British Broadcasm Corporation，英国广播公司）就尝试着建立了一个 UGC 小组。2006 年年底，《时代》评出的周刊风云人物是"你"，即每一位造就网络博客、YouTube 和 MySpace 等视频共享与社交网站风潮的全球网民。随着互联网、智能手机等设备不断普及，这种内容生产模式也被更广泛化应用。2014 年 2 月，Alexa 发布的全球前十位的网站，分别是 Google、Facebook、YouTube、Yahoo、Baidu、Wikipedia、Windows Live、QQ、Twitter、Taobao，都涉及 UGC 的应用。2018 年，我国网络视听机构用户生成内容存量达到 10.35 亿个。[①] 互联网内容的话语建构方式从以调查记者、资深博主为主导的精英话语，向以用户社会关系为需求的大众话语下沉。[②] 曼纽尔·卡斯特指出："在不同的环境中，全球网络社会的发展也依赖于社会参与者的能力，并根据他们的兴趣执行和修改这些

---

① 参见聂辰席《开拓创新 奏响恢宏乐章——新中国 70 年广播电视和网络视听文艺成就与经验》，见百度网（https://baijiahao.baidu.com/s?id=1644249919416866527&wfr=spider&for=pc），引用日期：2023 年 3 月 10 日。

② 参见张志安、聂鑫《互联网内容生态变化：历程、路径与反思》，载《新闻与写作》2018 年第 10 期，第 7 页。

程序。"① 彭兰指出，"社会化媒体是基于用户关系的内容生产与交换平台"。②例如，《知乎周刊》于 2013 年 9 月正式在互联网上出版，每周四更新一期，内容全部来源于社区中用户所生产出来的高质量问答。《知乎周刊》的出版强化了知乎社区黏性和活跃度，并吸引了非知乎用户的关注。

UGC 模式的优点是用户无须购买就可以获得丰富的内容资源，即用户贡献的"认知盈余"聚合成互联网中海量的免费内容；缺点是因为人员的多元性和无组织性、生产的随机性导致产品质量不可控，内容参差不齐。"认知盈余"是指受过教育并且拥有自由支配时间的人，因具有丰富的知识背景且怀有强烈的分享欲望而将知识聚合在互联网中，产生的巨大社会效应。Facebook、Twitter、Wikipedia 百科等知名网站的成功都得益于"认知盈余"。在网络直播中，"认知盈余"应该被扩大化理解。比如，吃播是典型的 UGC，但分享的内容不一定是有价值的认知，而是各种美食、饮食方式和生活行为。"用户生产力"已经成为平台性媒体的核心资源和重要生产力。UGC 网站的生存与发展不仅依赖于每个用户的劳动投入，还要有足够多的用户参与才能保证产品的集体优势（collective advantage）。因此，怎样聚集用户、维护用户和发挥用户的能量是平台性媒体必须重点思考。有专家认为，UGC 的关键理念在于用户的思想融入，而不一定要亲自制作。从这方面来讲，视频网站的自制剧是最成功的案例。网站从 UGC 获得 IP 资源，通过视频网站整合专业化团队进行生产和推广。

对于网络直播而言，主播是最核心的生产主体。网络直播的低门槛性决定了其主播本身大多是普通大众，这也就决定了"开放视频库"中 UGC 模式下生产的内容在数量上占绝对比例。而直播用户本身的各种随意行为也是内容生产的一部分。用户本身的存在和上线率都显性地在贡献粉丝数量和在线观众数量，用户发送的弹幕符号、点赞、打赏等都直接显示于荧屏。因此，网络直播的 UGC 内容生产者包括主播和用户。用户角色由过去的被动接受价值转变为主动地、一同地创造价值。用户不仅可以直接传播符号，还可以通过打赏购买能够满足需求的直播内容，进而间接影响内容生产。这种内容生产特点就使得内容生产参与的人数众多，再加上直接传输的特性，注定了网络直播内容的生产过程必然存在大量的偶然因素。

但是随着新媒体的发展，UGC 的构成会越来越复杂，很多用户也在向专业化发展，甚至成为具有专业传播水准的职业传播人，而且其有专业的组织支持和商业运作。UGC 在逐渐专业化的过程中也不断提升了生产优质内容的能力，那么怎么充分调动其内容生产的欲望，提升其内容质量就成为重点问题。

---

① ［美］曼纽尔·卡斯特：《网络社会：跨文化的视角》，周凯译，社会科学文献出版社 2009 年版，第 26 页。

② 彭兰：《社会化媒体：媒介融合的深层影响力量》，载《江淮论坛》2015 年第 1 期，第 152 页。

三、专业主播的 PGC 生产

由于 UGC 有其内容生产事实性的缺陷，于是，PGC 成为各互联网平台不断强化的内容生产方式。映客网 CEO 奉佑生认为："从内容上来看，最终贡献优秀内容的还是最顶端的 5% 的主播。当前网络直播的发展，将呈现从 UGC（用户产生内容）向 PGC（专业产生内容）演化的趋势。"① PGC（Professional Generated Content）指的是专业内容生产，广泛存在于互联网平台媒体。例如，优酷出品的《罗辑思维》和《暴走漫画》等都是典型代表。当然，对于具有互动功能的网络直播而言，纯粹的 PGC 其实是不存在的，因为不能阻止用户发弹幕和打赏。

表 6-2、表 6-3 分别为 2014 年、2016 年游戏主播年收入 TOP 10 排行榜，通过观察 2014 年和 2016 年年收入前 10 位的游戏主播，可以看出具有专业电竞背景的 PGC 主播占相当高的比例，其中包含了像若风这样的电子竞技世界冠军。

表 6-2　2014 年游戏主播年收入 TOP10 排行（不包含现役职业选手）

编号	主播昵称	直播游戏	类别	直播平台	身价预估（万元/年）
1	若风	LOL	退役职业选手	斗鱼	2000
2	Miss	LOL	视频解说	虎牙	1700
3	white	LOL	退役职业选手	斗鱼	1500
4	小智	LOL	视频解说	土豆网	1500
5	董小飒	LOL	草根大神	斗鱼	1500
6	dopa	LOL	草根大神	虎牙	1500
7	小苍	LOL	职业解说	斗鱼 TV	1200
8	JY	LOL	视频解说	网易	1000
9	草莓	LOL	退役职业选手	斗鱼	1000
10	微笑	LOL	退役职业选手	虎牙	1000

资料来源：龙华网。

---

① 刘超：《网络直播：加速行业洗牌》，载《光明日报》2016 年 6 月 11 日，第 08 版。

表6-3 2016年游戏主播年收入TOP10排行

排名	主播昵称	主播游戏	类别	直播平台	身价预估（万元/年）
1	小智	LOL	游戏主播	全民TV	4000
2	PDD	LOL	退役选手	熊猫TV	3500
3	Miss	LOL	游戏主播	虎牙直播	3000
4	white	LOL	退役选手	斗鱼TV	3000
5	Uzi	LOL	职业选手	全民TV	2500
6	若风	LOL	退役选手	熊猫TV	2200
7	小漠	LOL	游戏主播	全民TV	2000
8	秋日	炉石传说	游戏主播	全民TV	2000
9	安德罗妮	炉石传说	游戏主播	虎牙直播	1800
10	阿怡大小姐	LOL	游戏主播	斗鱼TV	1700

资料来源：企鹅电竞。

2019年3月，抖音表示，将对一些知识科普类内容开放5分钟长视频的制作权限，但只针对知识类创作者。知识创作者包括抖音科普顾问团，首批成员（包括13位两院院士、25位专家），以及通过DOU知短视频科普大赛初选的参赛队伍。这说明，随着音视频长度的增加，在保证质量的基础上，其内容生产的难度相应增加。长时间的网络直播显然更是如此，而专业背景是对音视频产品内容质量的最基本保障。

PGC可以保证直播平台拥有优质原创视频内容，是不可或缺的内容资源，各直播平台对此越来越重视。数据显示，2018年，淘Live直播平台新增148档优质的PGC节目，而且质量不断向好。比如，2019年年货节售卖期间，淘Live推出了《怒刷年货奇葩观》的直播节目，奇葩说选手和品牌BA同场辩论。现实世界中的专业人士遍布各行各业，他们是医生、运动员、设计师……当他们开启直播的摄像头，就成为专业的直播内容生产者。由于直播者具有专业背景，因此生产内容也就具有较高的专业性含量，具有知识传播的特点。例如，2020年年初，抖音、淘宝、腾讯、快手等大型互联网平台相继举办"云游博物馆"直播活动，全国几十家博物馆参与。作为博物馆闭馆期间提供文化服务的一种新方式，"云游博物馆"直播备受欢迎和社会关注。西安碑林博物馆的讲解员白雪松坐在家中跟网友讲解碑帖的特色和背后的故事，幽默生动的讲解方式使他在网上一炮走红，被网友称为"文博界李佳琦""西安窦文涛"。因为专业的传播而带来的认同，不仅显现在观众数量、点赞数量上，还体现于延伸的经济价值上，像白雪松直播中销售的产品《鸳鸯志》《兰亭序》书法拓片就备受青睐。再比如，拥有携程董事局主席、经济学家等专业头衔的梁建章，于疫情期间开始直播。在每场直播中，梁建章会根据旅游地特色变换造型，以各种"cosplay"形象出镜，从贵州"苗王"装扮，到安吉竹海古风白衣，再到苏州唐伯虎造型，以专业的知识背景为依托，以接地气的讲解方式进行知识传播，吸引了无数眼球和流量，6 场直播后总业绩就已达 1 个亿。

直播平台与专业媒体合作、邀请专业人士参与直播，是被广泛实践且能够迅速获得高质量内容的专业方法。人民日报社新媒体中心建立的"人民直播"吸引百余家媒体机构、政府机构、知名自媒体、名人明星等加入。从 2017 年 3 月至 8 月，"人民直播"平台月均直播 102 场，其中合作媒体的共享资源大约占到了 1/3。淘宝直播与湖南卫视《越淘越开心》节目团队联合出品《镇店之宝》节目。十一号传媒携叶一茜主持的全网首档内容电商明星美食直播综艺《茜你一顿饭》，获评淘宝直播 2016 年度优秀 PGC 栏目。《纽约时报》与 Facebook Live 直播平台合作，Facebook 公司出资支持《纽约时报》，因此该报每年为其制作一定数量的高质量视频，并将 Fackbook 作为视频发布平台。

对于资讯类节目，直播是新闻客户端争先发展的方向，PGC 在其中的角色尤为重要，优势也非常明显。2016 年 7 月 14 日，法国国庆日尼斯市发生恐怖袭击，正在此地度假的德国记者 Richard Gutjahr 立刻以专业记者的素养利用手机连线进行了 24 小时直播报道。网易在 2016 年推出直播战略——天网计划，欲打造 PGC。该战略计划包括两个方面：一是投入内容团队进行优质直播内容生产，打造直播栏目 IP，同时通过地方站和全球特派员的布局，形成全球化全天候的直播即时响应机制，把直播作为核心来完成网易新闻的整体升级和改造；二是网易新闻将以网易号为基础打造更为广泛的直播 PGC 内容，并针对合作 PGC 伙伴推出"TOP100 伙伴计划"，精选 100 家流量最高、社会影响力最大的 PGC 生产者，为其提供最佳的推广资源和收入回报。"不作秀，只为新闻"是网易直播的定位和态度。这说明，大品牌媒介平台从一开始就已是意识到，只有持续推出优质的内容才是媒介的长久生存之路，PGC 是呈现优质内容的重要途径。

四、全员生产过程中的产销同步

全员生产是指主播和用户共同参与内容制作和传播；产销同步是指内容生产和内容消费同时发生。2008 年 9 月，凤凰视频播出国内首部由受众决定剧情发展的网络互动剧 Y·E·A·H。该剧讲述的是四位年轻白领的合租生活，其中主人公的命运全部通过网友投票决定。如果说该剧的创作与播出是主播和用户共同参与直播视频的开端，那么网络直播则是全员制作节目时代的真正来临。

在"维基经济学"被提出后，互联网内容产业被认为是尊重用户个性化原创、调动并充分利用组织中每个人的智慧的代表。[1] 直播互动过程中所有参与者的言说都会通过弹幕或者连麦的形式以直播形式呈现，这也就意味着直播所有参与者都成为节目 DIY 的一分子。尤其是重度用户，其具有绝对的生产力，包括符号生产力、声明生产力和文本生产力，这是费斯克粉丝理论的重要见解。甚至有学者认为，网民情感在新型产业增值模式中也被商品化与劳动化。赫博·库拉格曼（Herbert E. Krugman）提出的"卷入度"理论认为，观众的卷入度越高，传播效果越好。当然，也不是所有用户都会被卷入或者随便就被卷入生产。用户选择参与直播的一个很重要的因素是用户对主播的认同，所以用户在直播中进行信息分享或自我表现的行为会受到身份认同信任的影响。[2] 直播节目中以送出礼物、弹幕发言为手段的互动，实则是一种"节目定制"和"节目共制"。

互联网所带来的通过参与分享而进行的内容生产模式，究竟是资本对无偿劳动的剥夺，还是对用户本身的赋权？学界对此有探讨，并认为二者都有。在直播间所有主体都在消费他人传出的信息，因此，网络主播和用户实则都是直播平台的数字劳工和内容消费者，共同进行着数字劳动和数字消费，共同组合意义符号，相互影响内容走向和内容质量。粉丝收益、打赏收益等是主播进行内容生产的直接动力，参与感、存在感等是用户传播的直接动因，这是在传统媒体中无法获得的。

第四节 内容生产的机制创建

一、内容生产多重逻辑的相互叠加

网络直播的内容生产逻辑，决定着相关主体为何而生产内容以及如何生产内容。以下是本研究发现的网络直播内容生产凸显的七大逻辑，它们之间呈并存勾连、合力作用的关系。

第一，技术逻辑。媒体诞生于技术的创新，之后传播技术的每一次更新迭代都深刻影响着使用者的具体应用，包括传播者的传播应用和接受者的接受应用。对于直播平台而言，如何在直播这一核心技术之外不断延伸相关使用功能，是其重要的体验升级和竞争方式。像连麦、弹幕、打赏等都是技术开发下功能的重要延伸。对于主播而言，掌握这些技术的使用方法和规律是核心。在本调研访谈

---

① 参见陈思等《中国网络视频精品节目调查报告》，载《当代传播》2018 年第 4 期，第 26 页。
② 参见祝婷《社会化媒体驱动的用户关系构建、维持、深化的研究》，华中科技大学 2019 年博士学位论文，第 34 页。

中，所有被访谈主播无一例外都提到了"互动的重要性"，互动的时机和方式就是主播自我把控技能的体现，这是传统媒体不具备的功能。对于用户而言，正确使用直播功能并获得期望的体验满足是核心。直播过程中，用户不仅可以"看"，还可以"说""写""转""赏"，这些也都是区别于传统媒体的。

第二，经济逻辑。本研究通过对主播的采访发现，无论主播开始出于什么样的目的进行直播，一旦成为职业主播，经济效益都将成为其重要的直播逻辑。即使不是职业主播，经济效益往往也是其重要的直播目的。实现经济效益的必然之路是对注意力的有效转化，即通过获得粉丝进而获得粉丝带来的经济效益。此外，结合本书前面章节的分析，一些主播本身就是把直播看作一种淘金的方式，抱着尝试心理开播。经济逻辑是所有商业媒体的必存性逻辑，因为经济效益直接支配着大众媒体是否能够持续运行。但是，"经济逻辑"并不等同于"收益至上"。

第三，质量逻辑。直播如何获得受众的关注，进而培养自己的粉丝，内容质量是绕不开的话题。网络直播的质量逻辑不仅指内容本身的正面性、积极性、可观赏性等，还特指针对特定人群信息的对称性和人际交互的质量。一方面，媒介产品有特定的受众群体的，特定群体的满意度直接决定观众数量和粉丝数量；另一方面，对于社交媒体而言，社交行为不仅是直播内容的一部分，也是受众满意度的重要组成部分。同时，这两部分相互交融与支持。

第四，竞争逻辑。只要市场上存在的企业数量大于1，就一定存在竞争。市场竞争可以看作企业通过产品价格和产品特性，向消费者让渡出消费者剩余的出价过程。在理性情况下，消费者将选择消费者剩余较大的品牌或企业。在网络直播中，主要存在两个层面的竞争：一是平台与平台之间的竞争，二是主播与主播之间的竞争。平台间竞争的对象是主播和用户，主播间竞争的对象是用户。有学者对大众传媒业内人士关于"网络直播产业经营竞争力"的调研显示，"优质内容"是网络直播的核心竞争力（73.62%），其后依次是流量变现（50.81%）、商业模式（49.84%）、注入资本（37.79%）。[1]迈克尔·波特（Michael E. Porter）在《竞争战略》一书中提出了三种一般竞争战略，即成本领先战略、差异化战略和专一化战略。其中，内容差异化和内容专一化，都是媒介内容竞争的常用策略，也是主播内容生产的必选战略。当然，成本可控对于平台和主播也都是必须要考虑的。

第五，共创逻辑。C. K. 普拉哈拉德（C. K. Prahalad）和凡卡·拉马斯瓦米（Venkat Ramaswamy）两位管理大师提出"价值共创"理念，认为企业未来的竞争优势来自消费者与企业共同创造的价值。在这种理念下，顾客不再是被动的接

---

[1]　易旭明、黄熠《网络直播市场的竞争与规制调查研究》，载《现代视听》2018 年第 12 期，第 48 页。

受者，而是积极的参与者，即提倡企业鼓励顾客参与共同设计、开发及生产。也就是说，企业在与其顾客联合生产的过程中实现价值共创。克里斯蒂娜·恩纽（Christine T. Ennew）和马丁·R. 宾克斯（Martin R. Binks）从交互的角度认为价值共创包括三个维度，分别是信息分享、责任行为和人际互动。伦格尼克·霍尔（Lengnick - Hall）从用户涉入的角度，将价值共创行为分为资源提供、共同生产、使用和购买。用户参与共创的过程也是一个关系深化的过程，参与价值共创能够提高生产效率、提高服务质量和用户满意度，大大提高用户对产品或品牌的忠诚度，但同时也带来了内容生产上的不确定性。在网络直播中，主播与用户、用户与用户之间的互动是其媒介特点和基本的内容生产方式，平台与用户和主播之间同样存在着互动，只不过更为隐性。同时，他们之间的关系及其生产活动是相互支撑、相互合作的。因此，网络直播不仅是企业（平台）与顾客（主播、用户）之间的价值共创，更是三大主体彼此间的价值共创。

第六，生态逻辑。B 站首席运营官李旎在第九届中国网络视听大会上发表题为《内容的沃土》的演讲，指出："没有生态就没有好的内容，希望 B 站可以和更多的创作者去一起去培育内容的沃土。"[①]"生态"（ecology）一词源于希腊语"oikos"，原义是"家""家园"。后来这一词语的含义被逐步延伸、扩展，"家"被用来指自然界，生态研究最终成为对所有有机体相互之间以及它们与其生物及物理环境之间关系的研究。整个媒介系统存在着生态系统，网络直播也有着自己的生态系统。在网络直播生态系统内，主播与主播、频道与频道、平台与平台之间如果是合理的竞合关系，那么直播这个家园就是和睦、健康、生机盎然的，即有利于培育出优质的内容产品；反之，则缺少生产活力甚至出现"公共墓地"的悲剧。喻国明教授指出，在一个社会的传媒生态环境相对稳定的格局下，传媒的物质技术属性对于其影响力的发挥是一个常量；而传媒的社会能动属性对于其影响力的发挥则是一个变量。[②] 李旎认为："不生态，无内容。B 站发展历时十多年，放弃了太多的诱惑、太多触手可及的利益。一切目的都是为了给优质内容培养一个健康生长的沃土。让创作者、用户和内容三者能良性互动和消费。"[③]

第七，产业逻辑。对于市场化存在的媒体，如果产业本身不能实现良性循环，即使媒介自身拥有价值，最终也无法持续生存。报业的寒冬即是如此，行业内部并未出现重大变化，但外部变化导致产业链条已经难以环环相扣。比如，在 2019 年的最后一天，《武汉晨报》《自贡晚报》《天府早报》《本溪晚报》《七都

① 《B 站 COO 李旎：尊重创作规律和创作者，打造"内容的沃土"》，见搜狐网（https://yule.sohu.com/a/520015182_121207965），引用日期：2023 年 8 月 16 日。

② 参见喻国明：《影响力经济——对传媒产业本质的一种诠释》，载《现代传播》2003 年第 1 期，第 2 页。

③ 《B 站 COO 李旎：优质内容需要肥沃的土壤，健康的生态系统》，见中华网（https://hea.china.com/article/20221117/112022_1180622.html），引用日期：2023 年 9 月 16 日。

晨刊》《吉安晚报》《拉萨晚报》等十多家报纸同时停刊。从产业的角度审视网络直播，内容无疑是目前产业链条上最重要的一环。产业链运行顺畅的前提必然是内容产品的保证。因此，平台对内容呈现的规则和利益分享，MCN 对主播的培养与分成，以及主播的竞争与获益等方面都必须要保证产业链的强大。产业链形成的内在规律是：从供需链内部的需求链和技术链的对接开始，引起产业链的载体——企业链的有效对接并形成一定的空间布局。由于产业链内不同地区和形式的企业链实现价值的不同，直接导致产业链的组织形式、空间布局、供需流动的特色与差异，这些差异会促使企业链之间不断竞争并推动产业链的不断演变。[①]

二、建立内容调节优化机制群

《辞海》对"机制"一词的解释是实现某种功能的内在工作方式，包括其组成部分的相互关系，以及其间发生的各种变化过程的性质和相互联系。[②] 简单而言，"机制"就是指各要素之间的结构关系和运行方式。内容生产以机制的方式保障直播内容质量，强调顶层设计和综合提升，强调直播生产全过程的优化性动态调节。

（一）协同生产机制

1971 年，赫尔曼·哈肯（Hermann Haken）创立的"协同学"理论/观念，之后不同学者赋予了其内涵，詹姆斯·N. 罗西瑙（James N. Rossina）将其定义为"没有政府的治理"，罗伯特·罗茨（Robert Roots）则强调多元主体间的互动和自组织的重要性。[③] "协同"的基本思路是重视和协调多方主体力量。协同生产是指将具有相互依赖关系的分散生产实体，通过"竞争—合作—协调"的组织运行机制组织在一起，相互配合、协调一致地工作，以完成任何单一生产实体不能完成或虽能完成但不经济的任务，从而实现总体效益优于各个单独效益之和的一种生产形式。协同生产认为，工业生产中有两个基本现象：依赖性事件和统计波动。所谓依赖性事件，是指工业生产中各项生产活动之间是相互依赖的；而统计波动，则是因为在生产过程中存在着种种随机因素，所以生产要素在运行中

---

① 参见吴金明、邵昶《产业链形成机制研究——"4+4+4"模型》，载《中国工业经济》2006 年第 4 期，第 38 页。

② 参见《辞海》，上海辞书出版社 1999 年版，第 3547 页。

③ 转引自谢新洲、宋琢《构建网络内容治理主体协同机制的作用与优化路径》，载《新闻与写作》2021 年第 1 期，第 72 页。

表现出不确定性。① 协同生产就是要通过科学的组织管理，使两个基本现象下不良因素的扩散性降至最低限度，从而最有效地实现预期目标。网络直播的内容生产和实践效果是在平台、主播、用户相互联系和动态协同过程中得以完成和体现的。网络直播的三大主体内容协同生产示意如图6-6所示。

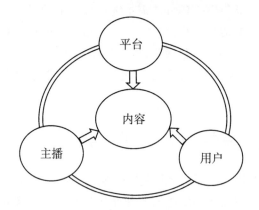

图6-6　网络直播的三大主体内容协同生产示意

首先，平台、主播和用户之间必须相互依存。直播平台为直播的实现提供了技术支持、空间支持、交易支持等，没有平台就没有传播的场所及各种延伸实现功能，显然也就没有主播和用户；但是如果只有平台没有主播入场，平台则没有信息传播的实际效用；而在平台支撑、主播入场的情况下，是否有大量用户将直接决定平台能否生存，以及主播能否因获得经济和情感收益而持续直播。

其次，平台、主播和用户之间必须协同生产。经前述分析，我们知道了平台是内容的基础生产者和直接影响者，平台在为内容生产者提供内容播发渠道的同时，也垄断了媒介内容的播发，控制了媒介内容价值收益权和分配权。主播是内容的核心生产者，直播平台的内容构成就是平台所有主播传播的符号叠加；用户在观赏中自由发弹幕、打赏，即自由传播内容。每一个直播瞬间，主播的语言和副语言、用户发出的各种符号和平台呈现的各种符号，共同构成了直播内容。主播如何生产内容，既受到平台营销策略、功能设置的影响，也受到用户需求、互动效果的影响；用户互动内容与平台授予的内容生产方式和主播传播的内容密切相关；而平台的直接与间接内容生产则服务于主播、用户的使用效果。

再次，主播与用户的群体传播是事实性的协同生产。网络直播具有群体传播特征，各主体间互动既是一种话语权利对等的交流，也是一种创作权利对等的节目制作，双方都成为编码者和解码者，主播是全能型生产者，用户是生产型消费

---

① 参见周峰《协同生产研究》，载《武汉冶金科技大学学报（自然科学版）》1999年第1期，第104页。

者，"协商性"是直播间主要的编解码立场。主播与用户的角色定位完全超越了大众媒介"传播人"和"接收人"的范畴。在这个众人参与的展演中，每个人都可以自由寻找自己的角色，如演员、评论家、记者、赞助商……也可以同时兼任好几个角色，个体空间角色权利被充分给予，其身体机能被充分调动。

最后，平台、主播和用户必须合作才能产生收益。平台需要优秀的主播生产、传播高质量的直播内容，以吸引大量用户，进而售卖广告和提供增值服务，而主播的收益越多，平台按比例分成的收益也就越多；主播则需要优秀平台的支撑来获取收益，直播平台的综合能力决定着总流量，总流量与每一个主播的用户人数和观看人数直接相关，进而关系到主播的收益；主播和平台的最终收益都直接或间接地来自用户，用户的收益则主要是情感诉求获得满足，这种收益的直接提供者就是主播和平台。

因此，平台、主播和用户既是扮演不同角色的单独生产者和价值创造者，也是相互配合的价值共创者，优质内容是三者共同创作的结果，也是三者利益最大化满足的核心因素。只有科学化满足三者的利益，才能有效调动协同生产、高水平生产。

为了促进协同生产，就需要有建立相应的管理机制，这里主要包括利益相关者理论和协同管理机制。1984 年，弗里曼·爱德华（Freeman R. Edward）提出利益相关者理论，即利益相关者是能够影响企业目标实现，或是在企业目标实现过程中所受影响的任何个人或群体。协同管理机制是指以协同思想为指导，综合运用管理方法和手段使系统内部各子系统或要素按照协同方式进行整合、运行，并相互作用、合作和协调，从而实现一致性和互补性，进而产生支配整个系统发展的序参量，使系统实现从一种序状态走向另一种新的序状态，并使系统产生整体作用大于各要素作用力之和。具体包括：①整合机制。通过权限互通、利益互通等方式，把平台、主播和用户进行有机整合，使之具有高度的关联性，促进协同。②沟通机制。以平台为核心，建立沟通渠道，使相关生产主体都能及时互通有无，使各要素能更好地产生协同并使直播平台系统地发挥整体功能。③关联机制。指平台、主播和用户成为奖惩关联主体。比如，既对生产优质内容的主播进行奖励，也对其所在平台甚至 MCN 机构进行奖励；反之，进行连带性处罚。

价值共创的核心思想是引导顾客的积极参与。不仅要调动主播和用户这两个主体的生产力，促使他们积极参与、规范参与、高质量生产，还要协同平台、主播、用户三者的生产力，这是网络直播内容生产的关键。

（二）主播培养机制

网络直播属于文化创意产业，这一领域的核心竞争力是主播的持续创新能力和平台的资源整合能力。其中，"人"起着至关重要的作用，"人才"是文化创意产业竞争的核心。美国经济学家理查德·佛罗里达（Richard Florida）提出体现文化创意产业的发展水平的 3T 发展要素，即科技、人才和社会宽容度。直播是科技创新和社会赋权后文化创意的集中表现，其内容的生产与制作依靠人的创新与创造思维来支撑和实现。因此，直播属于典型的文化创意产业。人才促成产业的诞生，也促进产业的持续发展。国内学者李思屈提出的发展"3P 型文化产业"理念①具有一定的观点代表性。3P 模型着重强调提升文化产业发展的创意力、影响力和文化资本转换力（即 creative power、influencing power 和 cultural capital transform power，简称为 3P），其中，在人才指数归纳了文化创意阶层指数、人力资本指数、科技人才指数三大指标（见表 6 - 4）。

表 6 - 4　3P 模型及其指标体系定义

层次	要素系统及符号		指标系统及符号		操作系统内容
创意力	人才指数	C1	文化创意阶层指数	C11	文化创意从业人数占整个从业人数的百分比
			人力资本指数	C12	25～64 岁人群中拥有学士及以上学位的人数比例
			科技人才指数	C13	每千名工人所拥有的从事研究性工作的科学家与工程师的数量

资料来源：转引自李思屈《论中国文化产业发展的"3P 战略"》，载《西南民族大学学报（人文社科年版）》2009 年第 3 期，第 115 页。

　　人才是效益最大化的基础。国民经济发展中，人才结构要适应产业结构的要求，它们之间的和谐互动是实现人才结构所产生的最大效益和整个国民经济的平稳发展的基本条件。属于典型文化创意产业的直播业对人才的依赖度非常高，在本研究调研采访中，顶级 MCN 机构新娱加的总裁王春雷说："我们觉得人才对我们这些经纪公司来说是最重要最核心的制约。"在缺少了把关人的生产环境下，内容生产者的主观因素就成了最终内容传播的核心因素，即内容生产者与内容接受者直接连线，主播是内容生产者和内容把关者。主播几乎就代表着收视率，主播率储备和主播素能是网络直播行业的支撑，也是直播平台竞争力的支撑。正如美国媒介理论家保罗·利文森（Paul Levinson）所认为，人在媒介功能中发挥着重要作用。
　　网络直播作为一种社会化媒体，对其传播主体的社会化培养不可或缺。人才

---

① 参见李思屈《论中国文化产业发展的"3P 战略"》，载《西南民族大学学报（人文社科版）》2009 年第 3 期，第 115 页。

社会化培养理念来源于社会化生产理论。它是指社会各方共同参与的一种开放式人才培养模式。从广义上说，只要是由社会性组织及个体参与的人才培养过程，都可以称之为社会化培养。对于主播的培养，需要多组织共同参与、多角度共同促进，动态晋升与淘汰并存的培养机制。也就是说，政府相关部门、平台、行业协会以及社会培训公司、MCN 机构等，都可以以提高直播生产内容质量为基本原则，建立相应奖惩机制，对主播进行某技能或素养的提升与促进。对主播的社会化培养具体包括以下四个方面。

第一，建立主播岗前学习考试机制。主播加入任何一个平台，在开设直播之前都要进行基本的岗前培训和考试。培训内容包括国家的大政方针、基本媒介素养和基础的直播技能，经考核合格后方可上岗开设直播。

第二，建立主播常态化学习积分机制。所谓常态化学习，是指主播需要不间断地参加包括平台和其他相关组织提供的各种学习，按照一定的分值进行积分。比如山西省商务厅举办直播电商人才培训暨"村播计划"对接活动。平台或者行业协会成为具体的考核主体，主播年度性必须达到一定的分值才能通过考核。

第三，建立平台教育激励机制。平台必须建立主播考核和再教育机制，并将此作为评价直播平台的重要指标体系。国家相关部门和行业协会年度性开展优秀直播平台评选，直播平台对主播的教育计划和教育效果列为重要的考核指标。

第四，建立主播晋级培养机制。对主播进行分类评级，通过星级晋级机制鼓励主播传播优质内容。晋级评级系统可包括内容质量、观看人数、学习积分、社会反馈、实践效果等系列指标。各大直播平台为了提升直播内容质量，纷纷推出主播培养计划，例如，京东计划至少投入 10 亿元资源孵化超级网红；蘑菇街平台要通过"双百计划"培养 100 个优质主播，并计划在 100 天内完成"从 0 到百万"单场销售额突破。

平台通过综合素养、媒介素养、直播技能等方面的持续培训、考核，使主播队伍能够处于动态性提升或淘汰的状态，从对传播人的素质能力把控实现对传播内容的质量把控。

（三）奖惩机制

奖惩机制分别包括激励机制和惩罚机制。激励机制是指在组织系统中激励主体系统运用多种激励手段并使之规范化和相对固定化，而与激励客体相互作用、相互制约的结构、方式、关系及演变规律的总和。激励机制的目的是通过特定的方法将个体对组织及工作的承诺最大化。惩罚机制是对不符合要求的行为进行惩处，以规范行为和提高自律，达到个体和组织的"双赢"。"奖励性政策和惩戒性政策相辅相成，共同成为控制相对人的有效手段。"[①] 从心理学角度讲，奖惩

---

① 姜明安：《行政法与行政诉讼法》，北京大学出版社 1999 年版，第 195 页。

机制就是通过一系列的正向刺激和负向刺激，引导和规范员工的行为朝着符合企业要求的方向发展，即对希望出现的行为采用奖励强化，对不希望出现的行为以处罚措施进行约束。因此，网络直播的奖惩机制是指，对优质内容生产者和优质内容平台进行奖励，以强化其生产方向和内容要素；对内容不合格的生产者和平台进行惩罚，目的是转变其行为，提升内容质量。

奖惩机制的意义有二：一在于对被激励者本身的认可和能量激发，以及对被惩罚者行为的警示和终止；二在于对社会产生更广泛的示范效应。每个行业都有相应的标杆企业或个人，这些标杆企业或个人除了市场规模占比较大或个人工作业绩突出外，还具有较强的社会影响力和社会责任感，如积极主动参与赈灾活动。政府因为这些企业创造的社会价值给予相应的奖励，业内企业以其为榜样加以效仿，从而形成良性竞争，促进行业健康发展。直播业同样如此。政府以相关政策鼓励、奖励标杆主播，以肯定其社会价值；同时，标杆主播因自身言论失范引致的社会舆论，则证明了社会影响力与社会责任密不可分的关系。

M. 勒波夫（M. Leboeuf）博士在《怎样激励员工》一书中指出，世界上最伟大的原则是奖励；受到奖励的事会做得更好，在有利可图的情况下，每个人都会干得更漂亮。他列出了企业应该奖励的 10 种行为方式：①奖励彻底解决问题的，而不是仅仅采取应急措施的；②奖励冒险，而不是躲避风险；③奖励使用可行的创新，而不是盲目跟从；④奖励果断地行动，而不是无用地分析；⑤奖励出色的工作而不是忙忙碌碌的行为；⑥奖励简单化，反对不必要的复杂化；⑦奖励默默无声地有效行动，反对哗众取宠；⑧奖励高质量的工作，而不是草率地行动；⑨奖励忠诚，反对背叛；⑩奖励合作，反对内讧。

奖惩机制作为一种行之有效的提升工作质量的机制，被广泛应用。我国在1957 年的《关于国家行政机关工作人员的奖惩暂行规定》（以下简称《规定》）中将奖励分为记功、记大功、授予奖品或者奖金、升级、升职、通令嘉奖六种。这几种奖励可以单独使用，也可以同时并用。同时，《规定》将惩罚方式分为：警告、记过、记大过、降级、降职、撤职、开除留用察看、开除。对于违法失职、渎职人员可依法予以刑事处罚。实现违法必究、有错必纠的法制精神。2016年 6 月，我国发布了第一部信用联合奖惩的规范性文件《关于建立完善守信联合激励和失信联合惩戒制度加快推进社会诚信建设的指导意见》，此后信用联合奖惩成了政府推进社会信用体系、培育征信市场最有效的途径。

从时间维度看，激励包括长期激励和短期激励，长期激励和短期激励必须有机结合，才能调动内容生产者的积极性。有研究发现，很少有人能够持续学习，但对嗑瓜子却有很大的积极性，这是因为学习尽管能改变人的命运，但属于长期激励，反馈慢；而嗑瓜子虽然激励小，却是短期即时激励，反馈快，激励效果明显。有学者认为，当今媒体激励都是在内容创作者发表内容几个月或一年才有正向奖励或反馈，周期太长，即刻性不足。例如，搜狐号的收益分配制度要求内容创作者入驻平台时间超过 60 天，且 60 天内账号无违反平台规定的行为；同时，他们提出通过区块链智能合约来提升激励的时效性。区块链智能合约预先确定媒介内容的授权方式、内容价格等条款，当用户根据智能合约规定支付通证获得授权消费内容，内容生产者就可以即时得到收益。即时分配把媒介内容产生的价值由间接二次分配变为直接分配，由事后分配变为即时分配，为内容生产者提供持续动力，极大地调动了内容生产者的积极性。①

从具体实施看，管理学界对此已经总结出诸多激励措施，网络直播可借鉴使用的激励方法主要有以下六种。

1. 目标激励

通过推行目标责任制，使相关主体明确目标，并层层落实。各主体既有动力又有压力，在相互共同促使下努力完成任务。主播或平台都可以为其自身设定一个具体目标，如 A 级质量内容不得少于直播次数的 5% 和内容总量的 5%。

2. 示范激励

通过平台彰显各种途径遴选出的优秀主播和用户的示范带头作用，积极影响广大主播和用户群体。

3. 尊重激励

尊重各类主播和用户的价值取向、独立人格、个性需求等，使大家感受到被尊重而传播积极内容。

4. 参与激励

提升主播、用户、平台共同参与每一个频道建设的主人翁意识，设置相关激励措施使之成为休戚相关利益共同体。

5. 荣誉激励

对主播、用户、平台的积极生产态度和优质内容贡献予以荣誉奖励，如设立、评选"十佳主播""最具影响力主播""最具文化传播价值主播"等奖项，为行业树立标杆，提升主播的荣誉感。叔本华在《人生的智慧》里说过："只要荣誉感是建筑在这种特殊的人性之上，那么，他就是道德的替代品，就会有效地促使很多人作出良好的行为。"②

6. 物质激励

对优质主播、平台、用户给予一定的物质奖励，比如货币奖励、分成奖励、实物激励等。

网络直播可借鉴使用的惩罚方法主要有以下四种。

1. 等级惩罚

对主播和平台进行累积积分制，给优质内容加分，给劣质内容减分。类似于

① 参见周鸥鹏、张婉《区块链技术驱动下媒介内容生产机制优化研究》，载《中国管理信息化》2020 年第 9 期，第 85 页。

② ［德］亚瑟·叔本华著：《人生的智慧》，韦启昌译，上海人民出版社 2014 年版，第 48 页。

豆瓣对电影的评分，分数会直接影响用户的使用度，所以，主播和平台为赢得优势等级身份必然重视内容质量。

2. 资质惩罚

一是在积分制体系中，对于分数低于一定分数者撤销其直播资质；二是当出现重大劣质内容时，即刻撤销其播出资质。

3. 物质惩罚

对于生产内容劣质的主播和平台，开出罚单、罚款。

4. 协同惩罚

建立主播和用户黑名单制度，上单人员将无法在任何一个直播平台开设直播或收看直播。主播和用户也可以举报平台的不规范操作，达到一定数量后，主管部门对平台采取惩罚措施。

以上这些激励与惩罚制度既相互关联，又相互影响和相互支撑，在实际运用中必然是融合性使用的。同时，可借鉴信用修复的经验，建立动态调节制度，黑白名单可动态互调。美国 FICO（美国个人消费信用评估公司）个人信用评分体系涉及 12 种修复方法，流程完全透明、标准化；行业监管严格，并维护了信用修复的公平性、权威性和科学性；对于一些过时、失真的信用信息，消费者有权申请删除，这既保证了消费者的合法权益，又增加了对信用的动态跟踪反馈。直播行业只有不断更新评价结果，奖励与惩罚处于动态性，更新行业黑白名单，才能更好地实时激励、促进行业有序发展。

（四）评价引导机制

评价的本质是一种认识活动，是对客观事物的评价，也是人类对该事物及其自身意义的一种观念性掌握。在任何情境之下，只要有人类活动，只要存在认识活动中的主客体之间的关系价值，就一定会存在评价。评价有四大基本功能：一是判断功能，二是预测功能，三是选择功能，四是导向功能。[①] 评价主体、评价客体和评价标准三者的存在即构成一个完整的评价系统。根据评价主体的不同，评价可以分为他人的评价和社会（群体）的评价；当然，还可以按照不同标准分为直接评价和间接评价、主观评价和客观评价、显性评价和隐性评价等。对于网络直播而言，评价主体是指能够对内容进行客观评价的相关组织或主体，包括政府主管部门、行业协会、直播平台、直播用户、专业调研机构等。评价客体是指内容质量，同时包括直播平台和主播这两大内容生产相关责任主体。评价标准是指在评价直播中应用的价值尺度和界限，简而言之就是运用了哪些条条框框以及什么样的规则进行评价，其具有直接的导向作用。

评价机制在大众媒体中得到广泛使用。例如，中央电视台遴选栏目主持人有

---

① 参见冯平《评价论（第一版）》，东方出版社 1995 年版，第 2 页。

一个评价参考指标，列出了 20 个项目，包括性别、年龄、学识、相貌、服装、服饰、化妆、发型、表情、手势、动作、语音语调、目光指向、可信度、亲和力、表达能力、应变能力、学科背景、从业经历、与栏目契合度。又根据不同栏目的形态特点设定不同的参考指标和权重指数，最高为 5 颗星，最低为 1 颗星。可见其评价主体、客体明确，评价标准既考虑到了通识性，又考虑到了个体差异性。

　　构建一套合理科学的直播评价体系，发挥评价功能，对于全面提升内容质量必不可少。首先，有效的评价信息能够促使各内容生产主体有针对性地改进生产方式、提高内容质量；其次，及时有效的反馈，有助于平台经营调节。由于供求变化会引起价格涨落，如果能够及时反馈供求变化背后的原因，有助于平台或者频道的运营；最后，评价机制是整个运营机制体系中必不可少的一项，奖惩、培养等机制必须与评价机制相配合。

　　关于评价体系的构建、评价指标的确定，以及指标权重的分配，是一项非常复杂的工程。国家广播电视总局曾提出三个"不得"，即不得搞节目收视率排名、不得单纯以收视率搞末位淘汰制、不得单纯以收视率排名衡量播出机构和电视节目的优劣。这说明建构媒介的综合性评价体系必须兼顾社会效益和经济效益。网络直播更是如此，在相对自由的传播形态下，必须充分考虑社会效益。本研究在充分考虑网络直播媒介特点和两个效益的前提下，借鉴国家广播电视总局节目综合评价体系的品质评价指标，提出网络直播的基本评价指标体系（见表6 –5）。

表 6 –5　网络直播评价指标体系

一级指标	二级指标	三级指标	评价内容
内容力	专业性	品质性	音乐、音响、画面等专业水准情况，传播内容、传播方式、品味、质量
		思想性	传播正确的世界观、人生观、价值观，弘扬社会正气，促进社会和谐稳定
		创新性	选题、编排、传播等具有原创性，形式、内容新颖
	影响性	引导力	对社会大众的思想具有积极引导性
		公信力	具有社会信任度，表现出媒介传播的公平、正义、人道、责任等

续表 6 - 5

一级指标	二级指标	三级指标	评价内容
传播力	使用度	收看人数	直播间单次收看人数或一定时间长度的收看总人次（如周、月）
		粉丝人数	直播间的粉丝总数量
	满意度	点赞量	直播间单次收看点赞量或一定时间长度内的点赞量
		转发量	单次直播或一定时间长度内直播间被向外转发传播的数量
互动力	内容互动	互动人次	以各种方式互动的总人次
		互动频率	互动的总人次除以直播的分钟时长
		互动导向	互动的方式和内容积极、健康
	货币互动	打赏人次	单次直播或一定时间长度内直播间参与打赏的人次
		打赏频次	打赏的总人次除以直播的分钟时长
		打赏额度	单次直播或一定时间长度内直播间获得的打赏额度

网络直播评价的实质，是通过特定方法和途径对直播内容进行综合性分析并获得相关反馈结果。评价不仅是给出的评价结果，同时也是改进与提升的指引。所谓的引导机制，是对内容生产主体进行持续性、有效性地指引，具体包括三个方面：一是根据评价结果，相关生产主体进行自我内容改进；二是相关管理部门根据评价信息，制定政策引导平台和主播的优质生产；三是相关管理部门可以根据文化强国战略需要，根据时代需要引导直播的主题、领域、指向等。比如，可以进行乡村振兴、高质量发展、中国式现代化等主题引导。

三、创新监督保障机制

监督保障机制是指通过制度规范、主体交叉监督、政府及市场监管等方式，并通过资源配置、技术调控、政策引导等方式构建多角度、多层次的内容质量监督体系，保障生产主体既具备内容生产的充分条件和资源，又受到一定的制约和规范，以生产出规范的、有质量的内容产品。

党的十八大报告提出："确保决策权、执行权、监督权既相互制约又相互协调，确保国家机关按照法定权限和程序行使权力。"[①] 监督制度包括的内容相当

---

① 《健全权力运行制约和监督体系》，见共产党员网（https://news. 12371. cn/2013/08/05/AR-TI1375657192353825. shtml），引用日期：2023 年 10 月 16 日。

广泛，既包括国家机关的立法、行政、司法的监督，也包括政党监督、群众监督和社会舆论监督等。没有监督就不能保证权力的正确使用，不能保证生产的质量。党的十九届四中全会审议通过《中共中央关于坚持和完善中国特色社会主义制度、推进国家治理体系和治理能力现代化若干重大问题的决定》，专门对"坚持和完善党和国家监督体系，强化对权力运行的制约和监督"做出重大部署，从顶层设计的高度进一步明确了加强权力运行制约和监督机制建设的重大意义和发展方向。

伴随着互联网的发展，为了解决其在发展过程出现的各种问题，我国颁布了互联网法律法规以保障其良性发展。例如，2000年9月，国务院颁布《互联网信息服务管理办法》；同年12月，通过各种《全国人民代表大会常务委员会关于维护互联网安全的决定》。近年来，我国针对网络直播也发布了不少部门规章，仅2020年就有中国广告协会的《网络直播营销行为规范》，国家市场监督管理总局的《市场监督总局关于加强网络直播营销活动监管的指导意见》，国家广播电视总局的《关于加强网络秀场直播和电商直播管理的通知》等。但在此背景下，网络直播存在的问题仍然较多。据调查，2022年6月29日，中国消费者协会发布的《"6·18"消费维权舆情分析报告》显示，在6月1日至6月20日的20天监测期内，有关"直播带货"的负面信息日均11800余条，监测期内该类数据共有高达23万余条。①

针对"规"而难"范"的现实问题，本研究探索性地提出以下三大具体机制措施。

一是用户、主播、平台交叉监督保障机制。用户可监督用户、主播、平台，主播可监督用户、平台，平台可监督用户、主播。通过相关措施，打通直播平台三大主体相互之间的监督通道，提升三者之间的监督能力和效果。具体包括：①意见评价传递机制。设立意见信息接收箱，由平台收集用户对主播、主播对用户、用户对用户的意见评价，行业管理部门收集主播和用户对平台的意见评价。②即时分析反馈机制。对于收集到的意见评价，在第一时间通过机器或人工的方式进行分析，对确实存在的问题及时反馈于相关责任主体。③跟踪处理机制。跟踪责任整改主体，如持续出现内容质量问题，则采取惩罚措施进行处理。

二是第三方监督保障机制。所谓的第三方，是指用户、主播、平台之外的主体，包括行业协会、政府管理部门及其约请的监督机构，也可是平台自身组建的外部监督队伍。例如，今日头条App成立了专家团以监督平台内容与服务，包括学者、媒体人和公职人员。专家团成员一项重要的权限是可以在今日头条App内拥有专家举报权限。当专家举报平台存在内容与服务涉嫌违法犯罪、内容与事

<hr />

① 参见中国消费者协会《2022年"6·18"消费维权舆情分析报告》，见澎湃网（https://m.thepaper.cn/baijiahao_18815725），引用日期：2023年3月20日。

实不符或包含低俗色情信息、标题夸张等现象时，今日头条 App 将对专家的举报予以优先处理，并在 30 分钟内就处理结果进行反馈。"看门人理论"也经历了诸多形式的发展，如今适用于直播平台规制的当属于合作看门人理论。合作看门人理论提出，平台作为中间方不再是传统的被规制者，而应主动承担治理平台内部用户的规制责任，改变与政府的监管关系，鼓励平台承担更多的监管责任。① 在内容取证上，可以引入区块链技术。区块链是指在一种对等网络环境下，通过透明和可信规则，构建不可伪造、不可篡改和可追溯的块链式数据结构。区块链技术具有去中心化、不可篡改等特性。每一次直播都能通过该项技术将直播视频生成区块，永久保留，不可更改。因此，在直播行业引入区块链技术，对于提升直播信息的可靠性有巨大的优势。

三是人工智能与人工智慧结合机制。AI（人工智能）已经具有相当强大的监督能力。人民网基于人工智能研发出"风控大脑"，致力于提高内容运营、内容聚法等新业务；2019 年，百度公司运用人工智能技术清理各项有害信息共计312 亿条；谷歌公司在 YouTube 上设置"垃圾视频分类器"人工智能系统，自动识别分析视频片段。Enaible 软件使用了一个名为 Trigger-Task-Time 的算法，算法会根据邮件或者电话，来判断员工要完成什么任务以及计算完成这些任务花了多长时间，随后算法会根据这些数据给员工的工作效率打分。但是由于直播内容包含的元素多、构成复杂，存在界定模糊地带，因此，人工智能监督还需要与人工智慧有效结合和相互补充。

第五节　网络主播的品牌建设

一、传播主体需要品牌影响

网络名人，也被称为"网红"，是具有社会影响力尤其是互联网社会影响力的个人。但是近几年，一些网络主播中的红人并未履行其社会责任，并且因负面事件而迅速陨落。因此，对于网红如何维护主体品牌并促使其实现增值，实现经济效益和社会效益双满足，成为业界和学界必须研究的问题。但学界关于网络名人的品牌资产、品牌特性、品牌力等的现有研究比较薄弱。

品牌（英文为 brand），源出古挪威文 brand。起初，人们用其标记家畜等私有财产，使之相互区别。中世纪，欧洲的手工艺匠人用这种打烙印的方法在自己的手工艺品上烙下标记，以便顾客识别产品的生产地和生产者，以此为消费者提

---

① 参见杜梅《法律监管下网络直播平台责任研究》，载《法制与社会》2021 年第 1 期，第 123 页。

供担保，同时向生产者提供法律保护，这就是商标的雏形。今天，专家学者、机构对品牌做了略有不同的界定。美国市场营销协会对品牌的定义获得广泛认可：品牌是一种名称、术语、标记、符号或设计，或是它们的组合运用，其目的是借以辨认某个销售者的产品或服务，并使之同竞争对手的产品和服务区别开来。英国品牌专家莱斯利·德·彻纳东尼（Leslie de Chernatoni）指出："成功的品牌是长期、持续地建立产品定位及个性的成果，消费者对它有较高的认同。一旦成为成功的品牌，市场领导地位及高利润自然就会随之而来。"① 美国著名品牌策略专家莱瑞·莱特（Larry Wright）则说："拥有市场比拥有工厂更重要，而拥有市场的唯一办法就是拥有占市场主导地位的品牌。"② 也就是，生产产品不等于能够发生交易、占领市场，而拥有品牌则占领了消费者的心，把握了他们的消费选择。据统计，世界名牌占全部品牌的比率不到3%，但名牌商品所占的市场份额高达40%以上，销售额占市场销售额的一半左右。

媒介传播的主体品牌，简而言之就是主持人、播音员、记者、主播的名字及其在长期的传播实践过程中渐渐积累起的受众认知度和社会知名度。因此，传播主体品牌具有或多或少的影响力，是媒介视听率的重要保障。广播电视发展过程中有诸多案例显示，栏目或媒介平台一旦更换主持人，观众即刻出现流失或转移的现象。很多节目，名称与主持人名字是同时出现于受众记忆中的，例如，孟非与《非诚勿扰》，还有很多以主持人名字命名的节目就更不用说了，如《金星秀》等。这也就是说，传播主体的品牌影响力对节目至关重要。主持人品牌，也可通俗地认为是主持人的知名度和影响力，往往与节目的品牌和收视率无形地捆绑在一起。电视剧、电影则表现得更为明显，著名演员一贯是其收视率和票房有效的保障手段。

直播活动是主播个人品牌实践，主播在其中构建独特身份以吸引追随者。对于秀场表演类直播，主播个人几乎就是频道的全部和内容的全部。艾媒咨询数据显示，在面对"自己所喜欢主播更换平台"这一问题时，85.70%的受访网民选择"会跟随主播一起更换平台"，仅14.30%的受访网民选择"不因主播离开而更换平台"。③对于电商直播，主播品牌与用户购买呈直接正相关。艾媒咨询数据显示，2020年中国受访直播电商用户中，更喜爱明星当主播的用户占比42.50%；更喜爱网红、商家当主播的用户占比分别为39.80%、38%；偏好由素人、专家作为主播的用户分别占比为28.90%、21.40%；喜爱由导购员、创始人来当主播的用户相对较少，分别占比为13.50%、12.80%。来自网络名人

① ［英］莱斯利·德·彻纳东尼：《品牌制胜：从品牌展望到品牌评估》，蔡晓煜等译，中信出版社2002年版，第3页。

② 转引自刘永红、高桂英《中小企业的品牌经营战略》，载《经济论坛》2004年第11期，第54页。

③ 《2017—2018中国在线直播行业研究报告》，见艾媒咨询（https://www.iimedia.cn/c400/60511.html），引用日期：2023年4月25日。

的推荐可能会增强用户的信心，因为名人的评论会被认为是真实的和可访问的。网络名人的品牌资产会驱动追随者的购买意愿。[①] 另有数据显示，截至 2020 年 12 月 21 日，全网直播带货额榜单前 1000 名的主播累计带货 2557 亿元，其中榜单前 20 名主播累计带货 1064.4 亿元，占前 1000 名主播累计带货总额的 41.70%。2020 年"双 11"购物节中，头部四位主播带货金额占总直播带货总额的比重达 37%。[②] 这充分说明头部主播品牌的市场价值。正因如此，一些直播平台才不惜高额资金引进网红主播。熊猫直播在创业之初不惜重金四处购买知名主播，出资 2000 万元从韩国挖来女主播尹素婉，还试图以两亿元购买另一位韩国女主播米娜，但未能成行。这背后正是主播流量价值和品牌价值的支撑。

二、网络主播的品牌特性

美国管理学者汤姆·彼得斯（Tom Peters）曾说，21 世纪的工作生存法则是建立个人品牌。虽然人与产品都可以成为具有一定价值的品牌，但却因为人的能动性使两者之间具有一定区别。人类品牌可以直接与消费者互动，与消费者建立情感纽带。这种联系是基于许多相同的期望、认知、情感甚至行为。消费者对人类品牌的依恋可以产生更大的消费者依恋和对产品品牌的忠诚，这意味着人类品牌可以补充产品品牌。[③] 安妮塔·埃尔伯斯（Amita Elberse）和耶伦·韦尔隆（Jeroen Verleun）认为，名人代言可以被理解为人类品牌和产品品牌之间的联盟。[④] 名人被用来代言一系列的产品，是因为他们增强了消费者的态度和购买意图，特别是当名人特征和产品品牌属性之间存在一致性或匹配时；同时，名人的声誉、公信力对品牌资产有积极的影响，包括品牌知名度、品牌联想、品牌质量和品牌忠诚度。还有研究发现，消费者理想的自我形象和名人形象之间的一致性为名人代言的效应增加了更多的解释力。[⑤]

网络主播品牌虽然是品牌大家庭中的一员，但由于是能动性主体，所以不同于品牌大家庭中的大多数中性"产品"或"机构"品牌。正如马修·汤姆森

① C Liu, Y Zhang and J Zhang, "The Impact of Self – congruity and Virtual Interactivity on Online Celebrity Brand Equity and Fans' Purchase Intention", *Journal of Product & Brand Management*, 2020, Vol. 29, No. 6, pp. 783 – 801.

② 《2020 年 11—12 月中国直播电商行业月度运行及年终盘点数据监测报告》，见百度网（https://baijiahao.baidu.com/s?id=1689856420617093404&wfr=spider&for=pc），引用日期：2023 年 3 月 20 日。

③ P. S. Loroz and B. M. Braig, "Consumer Attachments to Human Brands: The 'Oprah Effect'", *Psychology & Marketing*, 2015, Vol. 32 No. 7, pp. 751 – 763.

④ A. Elberse and J. Verleun, "The Economic Value of Celebrity Endorsements", *Journal of Advertising Research*, 2012, Vol. 52 No. 2, pp. 149 – 165.

⑤ W. Choi and Y. Lee, "Effects of Fashion Vlogger Attributes on Product Attitude and Content sharing", *Fashion and Textiles*, 2019, Vol. 6 No. 1, pp. 1 – 18.

（Mathew Thomson）所言，网络名人不仅是品牌代言人，而且也是一个人类品牌。[1]网络名人可以通过在社交媒体上建立人类品牌资产来传达他们的影响力。[2]

因为网络直播媒介的特点，网络主播与电视节目主播也存在一定差别。网络主播的品牌有以下六个方面的特性。

第一，品牌的自由生长性。大部分网络主播出于个人播出意愿，自我打开摄像头，开始自我展示。这一过程既没有团队支撑，也没有创作流程，更不存在专业引导和数据指引。这与大众媒体的主持人存在鲜明的区别。网络主播在起初阶段基本是凭着感觉自由播出的，多数主播根本没有品牌概念，更不存在有意识地进行品牌定位和塑造，其品牌呈自由性生长状态。当网络主播有一定知名度后，如加入 MCN、公会等机构，机构会派出专业的艺人主管负责其日常业务安排，这在一定程度上对主播品牌进行了管理。

第二，品牌构建的复杂性。主播的传播效果不仅取决于主播的传播计划和实施，还取决于场域中无数个体的互动和直播平台的技术设置。这些因素使得传播内容和传播效果充满不可预测性和复杂性。另外，主播与粉丝的互动还发生于互联网之外的现实世界，这就完全依赖于主播的个人素养。这些因素共同导致了品牌建构的复杂性。

第三，品牌的易转换性。目前，直播频道处于极大丰富化状态，仅国内就有200 多个直播平台。用户从直播平台到直播频道的选择和转换，是以"零"成本瞬间完成的。这种品牌转换和购买的特征，使得直播内容满意值稍微偏低或者主播与用户的黏连度偏低，就有可能被舍弃。与之对应的是，如果直播频道和主播不能长时间地吸引受众，形成较为稳定的用户群体，就不能够形成品牌认知度，那么，品牌知名度也就无从说起。

第四，品牌构建的长期性。主播不可能像电影演员那样凭借在一部戏中的出色表演而成为家喻户晓的明星。主播与用户的黏性完全是凭借每一次表演的吸引和每一次交流的联通而得来的，他们之间关系和情感的积蓄是一个循序渐进的过程。这就决定了其品牌构建具有较长的感知期与接纳期，并最终走向忠诚期。

第五，品牌成长的自主性。传统媒体在塑造名人时，媒体具有绝对的主动权。而自媒体中，主播可以在任何时间以自我认为合适的方式生产或传播内容，或者以直播、微博等方式与用户互动。当然，传播效果取决于内容质量和对称性。高质量、高认同度的内容促进用户对主播的认知度和品牌的认同度；反之，则削弱。

① M. Thomson, "Human Brands: Investigating Antecedents to Consumers'Strong Attachments to Celebrities", *Journal of Marketing*, 2006, Vol. 70 No. 3, p. 104 – 119.

② C. Liu Y. Zhang and J. Zhang, "The Impact of Self-congruity and Virtual Interactivity on Online Celebrity Brand Equity and fans' purchase intention", *Journal of Product & Brand Management*, 2020, Vol. 29, No. 6, pp. 783 – 801.

第六，品牌的情感性。品牌本就是一个符号，现代品牌经营者总是试图给予品牌更多的内涵和故事，让原本很简单的一个标志及其代表的中性产品具有丰富的意义，以此与用户建立情感联系。比如，万事达信用卡希望以"万事皆可达唯有情无价"的品牌标志性宣传语，将一张小小的卡片与"亲情"紧密相连。而主播本身就是看得见、摸得着、有个性、有情感的身边人，他们大多是没有经过专业训练的演员，流露着自己真实的情感……主播品牌天然具有了情感性。这种真实的情感性是在角色担当中自然聚集而来的，是其他非人际性产品通过品牌故事难以达到的。

三、网络主播的品牌构建

在市场营销战略中，品牌并不是一个任由发展的符号，从前期的诞生，到后期的塑造和经营，是一个系统性、长期性主动建设的过程。对品牌的建设首先是品牌的定位。所谓品牌定位是指通过与消费者沟通，使品牌在消费者心目中占据一个清晰的、与众不同的位置。品牌定位是品牌与目标消费者内在的一种联系，是品牌建设的基础和核心，在市场经营、产业发展中占有举足轻重的地位。特德·特纳（Ted Turner）在1980年发现世界上没有一家电视台是全天候提供新闻服务的，于是创办了世界上第一家24小时播出动态新闻的电视频道CNN，结果大获成功。由于当今市场产品同质化现象越来越严重，媒介内容产品更是严重溢出，远远超出受众可支配时间，产品自身不断更新迭代或被新产品替代，所以，品牌的准确定位、产品的高度创新越加重要。本书前已分析，网络直播内容同质化问题非常突出，因此，差别化品牌定位应该成为每一位主播思考的首要问题。

主播进行差别化品牌定位策略时，应重点考虑两种定位策略：一是内容定位，二是风格定位。①内容定位。主播需要考虑能提供什么样的播出内容，且这一内容应以个人擅长领域为主，如文艺、教育、军事、历史……选择、确定主题内容后再持续播出。②风格定位。即需要考虑以什么样的风格呈现这些内容。风格一旦确定，则演播室的装饰、话语交谈、内容呈现等也都应该保持风格上的一致。主播可依据自身的特点和善于表现的特质，如机智、幽默、观点丰富等，经过自身不断强化而逐渐形成特有的风格。这两种策略相互补充、相互依托。

网络主播的品牌建构，仅仅有定位清晰的差异化策略还不够，清晰的定位要靠长期的积极传播来建构，品牌的价值也需要靠长期可持续的经营和管理来实现。所谓持续化经营和管理，一是指主播一旦确定品牌定位，不宜随意发生变化；二是主播持续化传播正向信息，体现在每一次出镜中、每一次活动中、每一次与受众的互动交流中……这样品牌才具有稳定性。中央电视台前台长赵化勇在中央电视台播音员主持人管理改革工作研讨会上讲话时说："在电视媒体激烈竞争的当今时代，品牌建设已将深入人心。品牌开发、品牌维护、品牌经营的理念和实践早已超越了构想、设计的阶段，许多探索早已结出了硕果，直接带来了电视生产力的提高，带来了电视文化生活的丰富和繁荣。电视播音员、主持人无疑是其中最活跃、最醒目和最具代表性的因素之一，因此，树立和发扬中央电视台播音员、主持人品牌的优势，构建播音员、主持人管理体系，是我们必须做好的工作，也是时代对我们提出的要求。"① 对于缺少科学管理体系和持续化专业管理的主播而言，具体有以下可供参考和学习的具体策略。

第一，自律与自我约束是首要保障。对于没有严格从业规定的主播而言，自律就成为首要的重要因素。

第二，高质量内容的生产与传播。这里的高质量内容，包括高质量主题、高质量视觉表现、高质量互动沟通等。对于传播产品而言，无论是基于何种媒介平台，内容为王是铁律，同时应具备传播效益、经济效益和社会效益。

第三，主播与用户之间和谐互动。互动性是网络直播中的技术赋权和传播特征，互动是重要的沟通过程，与品牌建设密切相关。与虚拟交互相比，增强品牌在不同平台上的一致性可以显著影响人类品牌建设和顾客的购买意向。② 因此，突出网络名人与客户之间的一致性，需要进行和谐的互动和沟通，一方面是直播过程中的沟通，另一方面是微博、微信粉丝群等其他自媒体手段的沟通。

经过品牌清晰定位、品牌持久经营、品牌科学管理后，品牌渐渐从一种符号蜕变为一种具有资产价值的符号。品牌资产作为一套资产（或负债），包括品牌意识、品牌联想、感知质量、品牌忠诚度和其他专有资产。当顾客对品牌有高度的认知和熟悉度，并在记忆中形成了强有力的、偏好的、独特的品牌联想时，就会形成基于顾客的品牌资产。一般来说，品牌资产包括五个主要维度，即品牌形象、品牌意识、品牌联想、感知质量和品牌忠诚度。对于名人来说，建立品牌资产是将其影响力转化为经济绩效的必要手段。③

本章小结

在大众成为文化产品的生产者和消费者的时候，一方面增加了媒介创新性和活跃度，另一方面也增加了产品生产系统内外的不确定性。当前的直播平台中，优质主播的数量有限，优质内容也有限，充斥着"次品"，优质作品的数量严重

① 赵化勇：《构建播音员主持人管理新体系 塑造播音主持队伍整体新形象——在中央电视台播音员主持人管理改革工作研讨会上的讲话》，载《电视研究》2007 年第 4 期，第 1 页。

② C. Liu Y. Zhang and J. Zhang, "The Impact of Self – congruity and Virtual Interactivity on Online Celebrity Brand Equity and Fans' Purchase Intention", *Journal of Product & Brand Management*, 2020, Vol. 29, No. 6, pp. 783 – 801.

③ M. Mazodier and D. Merunka, "Achieving Brand Loyalty Through Sponsorship: The Role of Fit and Selfcongruity", *Journal of the Academy of Marketing Science*, 2012, Vol. 40, No. 6, pp. 807 – 820.

不足。一部分大众尽情地享受着"狂欢",却没有意识到"糟粕"就在其中。参与者在微观空间中的和谐互动与狂欢享受,在社会宏观视野下却尽显冲突与失协。从"流量至上"的纯商业化、短期效益,向"内容为王"的内涵化、长效化转化是网络直播发展的必由之路。由"头部主播"占据绝对流量优势转向发展众多优质的"腰部主播",是网络直播整体繁荣和实现社会价值引领的必由之路。内容生产是网络直播发展的核心,但无门槛的 UGC 生产模式和自由互动生产模式,使内容生产的流程、内容具有高度的不确定性。因此,应以思维创新促进内容创新,以机制创新保障内容质量,激发内容生产主体的能动性,促进平台、主播、用户三大内容生产主体的相互协同、价值共创。最后论述的主播品牌是内容质量的标志和市场规模的保障,主播一旦具有品牌建构意识,也自然就有了内容质量意识和行为管理意识。

第七章　网络直播的经济形态

中国互联网络信息中心的数据显示，在被称为"网络直播元年"的2016年，我国网络直播用户规模达到3.44亿，占网民总体的47.10%。但2017年6月的统计数据却显示，网络直播用户为3.43亿，尽管游戏直播和真人秀直播用户规模分别增加了3386万和2851万，但网络直播用户规模整体增长停滞，甚至略有下降。2017年12月的统计数据却再次显示直播强劲的增长势头，用户规模达到4.22亿，2018年6月，用户规模达4.25亿，持续增长了一年，但2018年12月数据显示，用户规模跌至3.97亿，比2017年年底减少了2533万，2019年随着电商直播开始爆发，网络直播用户规模又再次大幅增长。[1]

可见，2016年后网络直播用户规模已经出现了两次下降。这一方面说明直播本身有巨大市场需求，另一方面说明直播作为新生产业在快速发展后很快出现了疲惫期，遇到了发展瓶颈，只是其后又被直播售货这一产业模式再次拉回发展轨道。其中，直播自诞生以来，"自由"有余、"品质"不足是其遭遇发展瓶颈期的重要原因，但从媒介经营的角度讲，合理的产业模式、科研的产业管理也至关重要。本章将从网络直播的经济形态角度进行深入分析和探讨，尝试为产业模式的探索起到参考借鉴作用。

第一节　经济基础：注意力经济

一、注意力经济在网络直播中的事实性呈现

哈罗德·英尼斯（Harlod Innis）在《帝国与传播》《传播的偏向性》中将媒介划分为"偏倚空间"的媒介技术与"偏倚时间"的媒介技术。早期的报纸偏倚空间，后来的广播、电视一直在把媒介向空间指向转移。互联网的到来把时间特性与空间特性进行了有效调和，既跨越了空间，也超越了时间。但网络直播则是把空间性拉伸到了最大，把时间性压缩到了最小。智能化手机使世界可以被完

---

[1] 参见中国互联网信息中心《中国互联网络发展状况统计报告》（第39次），见国家互联网信息办公室官网（http://www.cac.gov.cn/cnnic39/index.html），引用日期：2023年4月1日。

全可视化，但又稍纵即逝，大量的信息被沙漠化，直播空间成为一个可以随时上演剧目、传输作品，但并无上座率保障的剧院。对于名人而言，因为有平台直播在开播前的大力宣传、直播后的回放，以及线下粉丝的线上追捧，所以，多位明星的直播首秀都曾造成网络瘫痪，这充分说明明星因为本有的个人品牌效应自带吸引力和流量。但对于占绝大多数的素人主播而言，粉丝数量为零起点，他们为了博得眼球、创造出所谓的排他性产品而竭尽全力，于是就出现了各种奇葩甚至出位的表演，撒娇、卖萌、秀身体、讲黄段子、爆粗口……因为粉丝数量是直播频道能否被贴上大众媒介的标签和产生经济效益的基础，所以，眼球经济成为得到最广泛意识和应用的经济手段。

二、注意力经济是网络直播的经济基础

关于传媒经济的本质有受众经济、舆论经济、意义经济、权力经济、注意力经济、影响力经济等多种说法，主要是不同学者的着眼点和研究重心略有不同。但吸引受众面对媒体，进而获得持续关注，无疑是媒体存在的根本意义和传媒经营的绝对基础，直播自媒体必然也如此。而注意力资源是一种有限性资源、非共享性资源，要想拥有就必须参与竞争，因此有视频媒体存在的空间就一定存在收视率大战。传统的媒介经营法则认为，收视率是二次售卖的保障，与价格成正比关系，收视率越高，广告就越多；价格越高，媒介利润就越大。这一媒介经营的最基本法则同样适用于网络直播，并且还会产生价值溢出。直播平台每增加一名用户，"连接红利"所带来的经济效益会远远高于传统媒体。"连接红利"是互联网经济的一个重要特征，指企业不依靠直接销售产品赚钱，而是把产品当成一个聚合顾客的入口，在与消费者进行价值互动的过程中为消费者创造持续性价值，从而获得收益。当用户从 N 变为 N+1 时，不止增加了两只眼睛，更增加了 N 个互动线路，就可能数倍提升"连接红利"。美国学者凯文·凯利指出："随着网络中节点数量以算术方式增加，网络的价值则以指数方式增长。"[①] 各节点实际能够联结的数量、辐射的范围和发挥的作用因自身资源禀赋和竞争力差异而不同，并对他者形成影响。节点间的空间分布是流动的，不同节点因为共同关注的议题成为暂时性的集合，平台由无数个流动的小共同体组成，某些节点充当不同共同体间的信息搬运工。[②]

与此同时，网络直播重要的获益方式"在线打赏"彻底突破了二次售卖的媒介经营模式，媒介产品的生产与销售同步完成，用户可以在节目播出过程中可

---

① ［美］凯文·凯利：《网络经济的十种策略》，肖华敬、任平译，广州出版社 2000 年版，第 34 页。

② 参见喻国明等《"个人被激活"的时代：互联网逻辑下传播生态的重构——关于"互联网是一种高维媒介"观点的延伸探讨》，载《现代传播》2015 年第 5 期，第 3 页。

进行任意额度、任意次数的支付。表7－1对广告与打赏做了较为详细的对比。

表7－1　广告与打赏对比

项目	广告	打赏
销售（收益）时间	节目播出之前	节目播出之时
销售方式	业务人员提前洽谈	无销售员，观赏中即兴支付
销售方案	整合营销、科学计算	主播诱导
销售价格	明码标价，由收视率、覆盖率等多种因素决定	无标价、无额度界线
销售原因	目标群体有效传播	情感黏连

对于直播而言，围观人数与打赏人数并不绝对成正比，打赏人数与打赏总金额也不绝对成正比，即"围观率"与"销售率"和"销售额"不形成绝对关联性。因此，网络直播在提升围观率的同时，必须对用户进行深度开发，最大化挖掘其消费潜能。博取眼球是网络直播的过程性重要目标，但并不是全部目标。美国学者迈克尔·高尔德哈伯（Michael H. Goldhaber）于1997年在《注意力购买者》一文中最早提出"注意力经济"这一概念时，就明确指出，以最低成本去吸引用户或消费者的注意力，通过培养潜在的消费群体，以获得最大的未来无形资产，即吸引是手段和基础，深度获益是过程和目标。

第二节　经济框架：体验经济

一、体验经济特征在网络直播中表现明显

1998年，美国学者B.约瑟夫·派恩二世（B. Joseph Pine Ⅱ）和詹姆斯·H.吉尔摩（James H. Gilmore）提出了"体验经济"这一概念，其后被广泛关注和研究。二人在随后出版的《体验经济》一书中指出，体验是当个人达到情绪、体力、智力甚至是精神上某一特定水平时，意识中产生的美好感受，制造体验是一种新的价值创造来源。体验经济理论认为，"农产品是可加工的，商品是有实体的，服务是无形的，而体验是难忘的"[①]，所以，企业不仅仅是销售商品或服

---

① ［美］B.约瑟夫·派恩二世、［美］詹姆斯·H.吉尔摩：《体验经济》，夏业良、曹伟等译，机械工业出版社2008年版，第16页。

务，同时也给顾客创造难忘的感受和记忆。体验经济的"体验"一般是指一种积极的体验，比如愉悦感、幸福感、荣耀感、自我实现等。这种体验不表现于产品本身的实物价值，而存在于心理感受的价值，在体验经济思想中，被称为"体验价值"。而在费瑟斯通看来，消费社会的重要特征就是"商品、产品和体验可供人们消费、维持、规划和梦想"①。拉尔夫·詹森（Ralph Jensen）等多位学者认为，产品功能已不再是消费者的需求，情感需求成为主导。也就是说，人们的消费可能并非诉求于使用功能，而是追求一种生活方式，一种感觉，一种意义层面、体验层面的存在。在物质生活不断丰富的时代，人们更需要情绪上、心理上、精神上的慰藉和满足，就好像如今大多数人饲养猫和狗的直接目的不是捉老鼠和看门，而是一种陪伴和乐趣。

在媒介资源获得如此便捷的互联网时代，人们打开媒介的首要目的不一定是为了获得消息。网络直播不同于传统媒体的视频供给和推送，它是一种人人可以参与其中的伴随性活动，也是一种人人可以参与描绘的图景。正如金韶和倪宁在《"社群经济"的传播特征和商业模式》一文中指出的，互联网时代的社群经济的传播特征（聚合与裂变、情感价值、自组织与协作）影响了商业运行中的生产、营销、消费等环节，形成了全新的商业模式：用户参与的生产模式、品牌社群的营销模式、体验至上的消费模式。②

在直播过程中，主播通过有声语言、副语言、空间语言等方式实现人际传播和影音产品制造，用户通过弹幕、语音连麦和礼物等方式表情达意和参与生产，直播所有参与其中的主体均具有自主传播与支付的权利。在合法、合规的前提下，直播用户的发言和打赏没有时间、格式、意义等的限制，没有身份规约和权利分配，群体性传播主体共同构建了极具真实性社会临场感的超空间、同步调、面对面交互场景。主播与用户在其中共同扮演了多个主体角色，发挥了多个角色功能：主播是全能型生产者，兼任产品的研发人、制作人和销售人；用户是消费型生产者，可以直接传播各种符号，也可以向主播提出产品诉求。用户打赏是促成产品定制的重要途径。

产品的无形性和消费者的直接参与，是体验经济的重要特征。如果互动活动顺利，那么，直播主体们的眼、耳、脑、手就共同完成了"劳作实践"，并在共同描绘的场景中获得情感体验、消费体验、服务体验等多种体验感受。话语权力的均等性和群体传播的碰撞性，使网络直播的体验性远远超越了电视和新媒体视频节目，主播实现了现实生活中无法获取的明星价值和经济回报，以及与此同时

---

① ［英］迈克·费瑟斯通：《消费文化与后现代主义》，刘精明译，译林出版社 2000 年版，第 165 页。

② 参见金韶、倪宁著《"社群经济"的传播特征和商业模式》，载《现代传播》2016 年第 4 期，第 113 页。

而来的自豪感、荣耀感和喜悦感；用户获得触及世界的新奇感、逃避现实生活的快乐感、定制服务的成就感；直播间的所有人都会有同在时刻的陪伴感。

二、体验经济是网络直播的经济框架

网络直播平台是一个你、我、他共同构筑的不受地理、气候、环境等现实因素干扰的线上体验社区，其共享价值取代传统视频媒体的独有价值，所有人都是托夫勒所指的非物质化经济体系形成过程中的"体验制造者"。德国著名社会学家格哈德·舒尔茨（Gerhard Schulze）在其著作《体验社区》中指出，"未来的社会发展，将会像是一种社区，这种社区是以某种体验或是价值作为形成的基础，而不再是以信仰、政治倾向或是阶级来划分"①。移动直播使每个人手中紧握"社区"，随时可以打开体验之门加入其中，空间距离和身体分离被弱化。社区中"个体之间的彼此吸引力以及作为一个整体的群体对个体们的吸引力越大，特别是如果交往对他们的内在吸引力引起了共同的认同，那么这个群体就越凝聚"②，凝聚力强，认同度、活跃度高，联合生产效率就高，经济效益潜能就大。

在这个体验社区中没有理性的经济制度和产品价格，但有互动和体验，有冲动和任性，有温暖和感动，有各种崩溃式表演和非理性打赏，个体行为并不完全基于交易成本的理性考量。这是 2017 年诺贝尔经济学奖得主理查德·泰勒（Richard Taylor）研究指向的突出实践，非理性自我在消费中占了绝对优势，是商业关系嵌入于社会关系的结果反映，也是体验性的结果和体验经济的鲜明表现。主播在人际资本投入下营造的体验感与用户直接或间接的经济投入形成无法标准化衡量的等价交换。人类往往受到对获得各种类型的社会报酬之渴望的支配。③ 积极体验是一种内在性的报酬，只不过这种交换过程不是传统意义上显形的交换仪式。美国学者戴维·莱布森（David Lebson）与穆拉伊·纳丹（Murai Nathan）的研究证明，体验经济或是体验业的经济学基础要用非理性来解释。④用户必须进入直播间才能参与体验，只有获得积极的体验，才能沉浸其中，贡献智力、体力，投入情感乃至支付货币，这是网络直播的基本经济框架。从社会交换的角度来讲，社会吸引的过程就是社会交换的过程。

---

① 转引自赵放《体验经济思想及其实践方式研究》，山东大学 2011 年博士学位论文，第 63 页。

② ［美］彼得·M. 布劳：《社会生活中的交换与权利》，商务印书馆 2008 年版，第 73 页。

③ 参见［美］彼得·M. 布劳《社会生活中的交换与权利》，商务印书馆 2008 年版，第 54 页。

④ 转引自贾毅《网络直播的经济形态与产业发展路径研究》，载《编辑之友》2018 年第 7 期，第 48 页。

第三节　经济核心：关系经济

一、关系经济在网络直播中的优势性存在

作为自媒体信息产业，直播并不需要太多设备和资金的投入，主播的表演和所有参与者通过人际语境线索及情境语境线索的即兴交际就是全部产品。因此，直播是一种人力密集型产业，呈送的是一种有温度的人性化产品。但在这种群体性产品生产流程中，完全不能确定成品样态和产品收益，因为每个生产者都是根据正在流动的场景来传播符号和体验打赏的。美籍德国心理学家库尔勒·勒温（Kurt Lewin）提出"群体动力理论"，认为一个人的行为（behavior）是其人格或个性（personality）与其当时所处情景或环境（environment）的函数，即 $B = f\ (P \times E)$。电视真人秀节目的真实性、悬念性、戏剧性和冲突性等特征都寄居于网络直播中，而节目的整体展现效果很大程度上取决于参与者的相互关注度和情感共享度。正是在这种具有群体创意性和游戏性的产品生产过程中开始形成趣缘社群，即聚集在一起的拥有共同兴趣、志趣的社会单位。社群成员在体验社区中趣缘相投地协作生产，渐进式滋生"情感"，于是从物理性的联通关系变为情感性的内在关系。

"关系"是事物之间相互影响相互作用的一种状态，是人与人交往过程中产生的心理连接（包括认知、情感），以及由此而来的行为表现。提供体验服务本身就是建立相互关系的有效途径。关系带来的是情感联系和信任，直接影响直播消费者的心理和行为。朱迪·伯古恩（Judy Burgun）总结了关系传播四个基本的层面：情感唤起、亲密和相似、喜爱或吸引、宰制——顺从。[①] 也就是说，关系达到一定程度，就可以使信息接收者顺从。当然，关系深入程度与顺从程度有着密切的正相关性。乔治·齐美尔（Georg Simmel）说："一切情感价值在实践上都跟目的、行为的落脚点联系在一起。"[②] 反之，关系又会促进互动，促进体验氛围。兰德尔·柯林斯（Randall Collins）指出："情感能量是社会互动和社会现象的根本动力。"[③] 霍曼斯通过对小型基础群体的研究发现，情感与互动之间

---

① 转引自［美］斯蒂芬·李特约翰《人类传播理论》，史安斌译，清华大学出版社 2004 年版，第275－277 页。

② ［德］乔治·齐美尔：《货币哲学》，朱桂琴译，贵州人民出版社 2009 年版，第 430 页。

③ ［美］兰德尔·柯林斯：《互动仪式链》，林聚任等译，商务印书馆 2009 年版，第 9 页。

存在着正相关关系。①

　　网络直播中，主体间交互的外在表现是符号展示与意义交流，内在反应则是"关系"的构建和由此而及的"人际资源"的聚合。因为社交本身就是人际关系的游戏化和现实功利性活动的补充。在互联网经济中关系经济亦有很多优秀事例。比如，人们使用 QQ、微信不需要支付费用，腾讯公司虽然是免费提供了服务，但收获了与十亿用户建立关系的契机，这些用户都是游戏、视频、购物等收费板块的潜在消费者。不过，大多数产业包括互联网产业的大部分，产品生产者并不能与消费者面对面建立关系，两者之间基本是以产品、媒介或相关活动为中介进行沟通。网络直播则天然性地造就和满足了人际关系生成、维持与发展需要的三个要素，即联系、联系的媒介和交往。买卖双方不仅直接沟通，还共同生产产品和营造情感氛围。因此，关系对网络直播的影响力和网络直播对关系的依赖度都远远高于其他常规产业。由于直播频道的主办者是具有不同性格特征和背景的主体，因此无论是体验的营造，还是关系的维系，它都有很强的异质性特征。研究发现，关系的成本和收益必然与客户和供应商之间的互动模式紧密相关。②

二、关系经济是网络直播的经济核心

　　在直播空间中，主持人与受众的传播方式由传统媒体中的线状传播变成了以主播为中心的网状传播，所有人都是能动性的信息节点，同时也变成信息的一部分。主播是这张网的源点、初创者和组织者，网络直播结构上的开放性特点和主播的视觉中心性特点，使主播可以持续地维持处于信息传播和中转中心的位置，这是主播的角色自然定位，也是用户对他们的角色期待。直播频道的参与人数越多，其互动点就越多，互动范围就越大，网状传播的活跃度就可能越高，主播的潜在资源也就越多。对中心性的形式特征研究证明：行动者越处于关系网络的中心位置，其影响力就越大，即权力越大。③

　　社会资源是个体或组织在社会中生存与行动的基础。直播间中的人际资源作为一种可持续利用性资源，在用户忠诚度、投资量、持续性等方面产生效用，而且以"粉丝榜""贡献榜""特殊身份符号"等形式被公开展示。基础资源理论研究中得到一致认可的结论就是：关系是企业的一种资源和能力，关系不仅会影

　　① 转引自赵红艳《热点事件中网络媒介权力运行机制及管理策略》，哈尔滨工业大学 2013 年博士学位论文，第 54 页。

　　② Daniela Corsaro, Ivan Snehota, "Searching for Relationship Value in Business Markets: Are we Missing Something?" *Industrial Marketing Management*, 2010, Vol. 39, No. 6, pp. 986 –995.

　　③ 参见赵红艳《热点事件中网络媒介权力运行机制及管理策略》，哈尔滨工业大学 2013 年学位论文，第 30 页。

响企业的信誉和绩效，也能够创造持续竞争优势。①"关系"和"品牌"一样是一种内涵化高价值资源，是企业发展的动能依托，具有非消耗性特征，其构建需要长期投入，能够循环性推动经济效益的递增。

"关系价值"是指从关系生命周期中获得的切实利益的感知净价值。② 布尔迪厄（Pierre Bourdieu）认为，社会资本取决于个人联系的规模和这些联系中所含有的资本的容量或质量，是一种由社会网络或群体的成员所拥有的资本形式。直播平台中，没有送出礼物的用户是间接消费者，他们送出的是"注意力"和"人气"，是平台价值实现的助推者。主播能否上首页被重点推送，与其人气有直接关系。送出礼物的用户是具有间接效益和直接利润双重贡献价值的消费者。所有用户都是时间投资者，都是价值用户，都具有关系维系的价值，也都是待开发的客户。直播平台没有在用户的消费时间、额度和频次方面严格设定规约，所有人理论上都是下一刻的直接消费者。因此，"关系"这种具有人格化特征的内涵化资源成为每一位主播的社会资本和经济动力。

用户关系管理主要有四个过程：确定用户、吸引用户、保留用户和转换用户。相对应的用户关系过程为关系构建→关系维持→关系深化。从最大化吸引受众进而把受众变为用户，到维护用户并使之变为忠实粉丝，与用户建立心理联系和情感联系，把弱连接变为强连接，争取资源规模化和效益长期化，应该成为网络直播媒介经营的重要方向。

科尔曼理性选择理论告诉我们，每个个体都是寻求自身利益最大化的理性个体，虽然这一理论在充满感性因子的人身上，尤其是充满积极体验的直播空间中未必完全正确，但也不可否认是一个根本性存在的原理。社会交换理论也认为，个体相互交往的原因是彼此从交往中获益。用户需要在关系持续中享受到服务利益、社交利益、心理利益、特殊利益（如产品定制）等多种利益。在关系的相互作用过程中，双方是否能保持最大收益是关系走向和程度的关键，共享目标和利益也是关系营销理论的核心。

这里需要说明的是，关系的市场价值并不仅仅存在于网络直播这一领域之中，其早已被发现和利用于商业领域。美国学者伦纳德·L.贝瑞（Leonard L. Berry）于1983年提出关系营销理论，致力于企业与顾客建立长期情感联系和长期得失之间的平衡，培养顾客忠诚度和开发客户终身价值，价值评估需要考虑单一交易与长期关系的利弊。客户关系管理（Customer Relationship Management，CRM）是关系营销的核心内容。CRM理念的核心思想是将客户作为企业最重要

---

① 参见赵宏霞《关系营销、消费者体验与网购信任的建立及维系》，中国社会科学出版社 2015 年版，第 100 页。

② J. E. Hogan, "Expected Relationship Value: a Construct, a Methodology for Measurement, and a Modeling Technique", *Industrial Marketing Management*, 2001, Vol. 30, No. 4, pp. 339 – 351.

的资源，一切以客户为中心，确切地讲是以客户的期望和收益为中心，通过深入分析客户、提供高质量的客户服务来满足客户的需求，从而吸引和保留更多有价值的客户，在向客户提供最大价值的同时，实现企业的价值。在网络直播中，用户就是客户，如何通过为用户提供高质量服务赢得满意度，维持现有用户的黏性、最大比例地变用户为忠实用户，成为主播关系管理的核心。因此，高质量的直播内容固然是根本，但有效的客户管理方法亦非常重要。

第四节 经济特色：网红经济

一、网红和网红的发展历程

随着互联网技术、新兴业态及大众文化的发展，网红逐渐步入人们的视野。《2018 中国网红经济发展洞察报告》显示，"95 后"最向往的新兴职业排行榜中网红主播位列首位，有 54% 的被调查者选择；其次是配音员、化妆师、游戏测评师。① 那么，网红到底是什么？为什么具有如此高的吸引力？网红即在网络上有高知名度的网络红人，英语的表述大概有 "Web Star" "Internet Start" "Online Start" 等。他们因为在网络或现实生活中的某个事件或某些行为引起网络世界的广泛关注，突出表现为各个垂直领域的意见领袖或者行业达人，在社交平台有一定粉丝数量，有较大的社会影响力，具有把社交资产转变为现实货币的能力。

喻国明教授从政治、经济、文化三个角度对网红做了较为全面的描述。在政治上，网红可以作为社会多元的标签进行舆论引导，为建立社会秩序提供分类指导；在经济上，网红作为聚合各色人群的"场景"标志，为我们提供更为精准的用户洞察，并基于这种用户洞察实施精确营销；在文化上，网红作为各色人等的消费对象和消费内容，为我们构建文化多元的生态体系定下格局，在"和而不同、各美其美"中建立富有活力的文化生态。②

互联网塑造出来的红人，与电视塑造的电视明星和电影塑造出的电影明星，并无本质区别，只是塑造的平台和方式不同，因此在"红人"前面加了"网络"二字。不同领域都会有自己的明星，如科技明星、体育明星、歌星等。因此，有

---

① 参见《2018 中国网红经济发展洞察报告》，见百度（https://www.baidu.com/link?url = RcxiKno3Rkg6gaywWMHhW4uMNz14NSVTLk3Jb7YbC_EPqL6A6ugF6ApyWbC – R7uBGUcQDkpIDn1P2dYt17AK FspXOLNQHvWtcg1CcQUjPie&wd = &eqid = a6cc933b0006838d000000066492dd88），引用日期：2023 年 5 月 1 日。

② 参见喻国明《"网红"是多元社群的"文化标签"》，载《党政干部参考》2016 年第 22 期，第 88 页。

专家提出，如果将"网"这个概念扩展为媒介和社会关系网络的话，就可以扩展网红的时代边界。将网红广义地定义为依托某种媒介，因为个人的才华、外貌、行为或者某个事件而被大量民众关注，从而成名的人或物。[①] 但网红比起传统意义上的明星要更接地气，与粉丝的互动更频繁，他们甚至有意识摆脱那种所谓的"明星式光环"。网红并不是新鲜事物，网红本身也并不是互联网走到今天才出现的。在国内，从 1997 年开始就诞生了第一批网红。只不过那个时候只能传播文字。2003 年开始，图片很快成为人们出名的重要"武器"。芙蓉姐姐以夸张的造型、愚己娱人的"精神"，在北大未名 BBS、水木社区发帖，迅速走红。2005 年 8 月，博客、微博兴起，人们可以发表言论和传输图片，知名"网络推手"在论坛上发表《单车川藏自驾游之：惊见天仙 MM?!》一文，讲述自己在四川阿坝州旅游遇到的羌族姑娘尔玛依娜，"MM"一词迅速走红。2014 年开始进入视频时代，为网络直播和短视频提供了更为便捷和形象的展演通道，也因此诞生了大批量网红。2016 年 2 月发布的《中国首份网红经济白皮书》显示，中国的网红人数超过 100 万，其中，作品创作网红占 11.60%，新闻事件网红占 18.20%，自媒体网红占 27.30%，其他类网红占 7%，视频直播网红占 35.90%。[②]与此同时，网红在加速成长。艾瑞咨询《2018 年中国网红经济发展研究报告》显示，2018 年粉丝规模在 10 万以上的网红人数较 2017 年增长了 51%。这一时期的代表人物是 Papi 酱等。表 7 - 2 是对我国三个网红时代发展概况的总结。表 7 - 3 是 2016 年百度知道发布的《中国网红十年排行榜》，2015 年之前视频类主播还没有大批量崛起，因此，视频类主播中仅有 Papi 酱入围。

表 7 - 2　三个网红时代发展概论

网红时代	文字时代	图文时代		视频时代
时间	1997—2002 年	2003—2009 年	2010—2013 年	2014 年至今
平台	BBS、文学网站	BBS、博客	微博、微信	微博、微信、视频、直播
职业	网络写手	无特定对象	无特定对象	主播、游戏解说
代表人物	安妮宝贝、痞子蔡	芙蓉姐姐、天仙妹妹、凤姐	谷大白话	Miss，Papi

---

① 参见刘国华、张鹏《网红经济》，新世界出版社 2016 年版，"前言"第 4 页。

② 参见孟得明《2016 中国首份网红经济白皮书发布》，见凤凰新闻（https://c2.m.ifeng.com/share-News?aid = sub_1881917），引用日期：2023 年 5 月 2 日。

续表7-2

网红时代	文字时代	图文时代	视频时代
走红方式	文学作品	个性化、出位化照片或言论	各种创意、技能、时尚等

资料来源：数据均为作者自己整理。

表7-3 中国网红十年排行榜

排名	网红名	关注量（万）	排名	网红名	关注量（万）
1	安妮宝贝	1233	6	桐华	840
2	芙蓉姐姐	1116	7	奶茶妹妹	543
3	王思聪	1077	8	犀利哥	364
4	郭美美	909	9	Papi酱	280
5	凤姐	847	10	王尼玛	244

资料来源：《百度发布中国网红十年排行榜 Papi酱仅位列第九》，见中国网（http://www.china.com.cn/cppcc/2016-04/07/content_38191761.htm），引用日期：2023年5月8日。

从表7-2、表7-3中我们不难发现，"个性化"和"非主流"是这些网红的通识性文化标签，他们都具有十分强大的自我展示欲，其走红方式趋于多元性和综合化。早期的文学作品时代需要主播有一定写作能力，后来的图片时代则是简单策划加大胆展示，视频时代网红大多在才艺、创意、个性化等方面有一定闪光点，同时加上一些"放肆"与"放纵"，且从单兵作战上升到团队协作。

传播学者胡泳等将网红的演进分为四个阶段：第一阶段是无前期策划、以线下变现为主的萌芽期；第二阶段是推手助力，探索多元化变现方式的发展期；第三阶段是团队营销与产业运作的繁荣期；第四阶段是资本介入的井喷期。[①] "社会群体是不可避免要出现的，因为他们是有功能的，他们满足了个体和社会对于秩序、结构、简洁和可预测性等的需求。"[②] 网红就是在互联网环境下和碎片化泛娱乐生活下诞生的一类新的社会群体。当然，现阶段的网红的确有其所处的"孩童期"的本能、随意与任性，乃至低俗和缺乏社会责任感。[③] 但他们的发展过程已经从早期的无意识自发状态，向有意识策划阶段发展。之所以会出现团队运作，有意识的催生网红，其根本原因就是人们在网红身上发现了巨大的商机。

[①] 参见胡泳、张月朦《网红的兴起及走向》，载《新闻与写作》2017年第1期，第43页。

[②] ［奥］迈克尔·A. 豪格、［英］多米尼克·阿布拉姆斯：《社会认同过程》，高明华译，中国人民大学出版社2011年版，第18页。

[③] 参见喻国明《"网红"是多元社群的"文化标签"》，载《前线》2016年第10期，第88页。

早期以杨军为代表的网络推手和直播时代的公会，其实都是扮演了星探和经纪人的角色，是网红及其周边价值的重要推动力量。芙蓉姐姐背后的推手陈墨的经典语录是"如果有女孩发一个帖子，不经过网站推荐，就可以做到3天内5万点击量，请你介绍给我，我可以让500万人知道她"①。500万人足以具备巨大的商业价值，正如德波所说的"资本变成一个影像，当积累达到如此程度时，景观也就是资本"②。当网红这一互联网景观、互联网文化现象在不知不觉中与商业结合，变成一种吸引资本的入口和商贸枢纽时，催生了一种新的经济模式——网红经济。

二、网红经济的概念与火热缘由

"网红经济"是指网红将粉丝这一社会关系资源转化为购买力并产生经济效益的经济现象。这一概念最早由阿里巴巴的CEO张勇提出。网红经济是互联网对供求两端的裂变重塑，通过借助网红的力量，以全新的商业模式（网红＋电商：网红利用自身影响力引导顾客选择消费，实现快速精准营销；网红＋社交：网红利用社交平台表演或者提供服务促使粉丝购买虚拟货币打赏；网红＋线下活动：网红接拍广告、出席活动等）实现社交资产的变现。同网红不是新生事物一样，这种凝聚于明星影响力的网红经济也并非新生事物。影视明星代言广告、推广品牌和产品，是基于个人对粉丝的影响力。网红与影视明星的不同之处在于，影响力的形成媒介不一样，最终对经济的影响途径也不一样。由此可见，互联网的直接互动功能和交易功能确实非其他媒介所能及。

网红经济已经成为某些区域某些领域重要的经济促进点。比如，杭州九堡成为"网红大本营"，主播们、网红们纷纷前来追逐梦想。网红经济之所以能成为近年来热议的话题，有三个主要原因。一是由于网红的高收益频频被曝光。二是网红品牌频频成功。Papi酱2016年获得1200万元投资，2018年再获1.2亿元融资。YouTube女主播Michelle Plan成功创立化妆品品牌IPsy，2015年以1.2亿美元登上福布斯30岁以下精英排行榜，同年9月拿到TPG（类资产管理公司）领投的1亿美元融资，这个金额是Papi酱的50倍。三是年轻群体对于"网红"的推崇和消费。去网红店、买网红包、吃网红餐……已经成为很多年轻人的生活常态。与此同时，商家也意识到网红带来的商业机遇进而对其推助。前淘宝总监靳科就曾表示，淘宝平台将会对网红店铺提供一系列支持和帮助。淘宝平台还会牵头组织网红店铺和"中国质造"厂商之间洽谈，以达到强强联手的目的，实现

① 《中国网红15年》，见百度网（https://baijiahao.baidu.com/s?id=1630223209154373953&wfr=spider&for=pc），引用日期：2023年10月10日。

② ［法］居伊－埃内斯特·德波：《景观社会》，王昭凤译，南京大学出版社2006年版，第10页。

网红经济与实体经济的进一步对接。[①]

但是目前社会对网红的正能量认知还有待提高。有学者以媒介对网红的新闻报道为研究对象，分析网红的社会认知。研究显示"有关网红个人生活情况的报道所占比重最大，这类主题的新闻通常将报道对象锁定为一些知名网红，以轻松或戏谑的基调将其衣食住行、情感生活以及兴趣爱好呈现在受众眼前。这类报道拉近了'网红'与受众的距离，但对'网红'生活日常的过度渲染也在一定程度上为其贴上了作秀、肤浅等标签。相关新闻报道中有关网红走红原因的报道占比排在第二，共有219篇。这类主题的报道将'网红'的走红原因直观呈现给受众，满足了其猎奇心理，但过多的报道，特别是对'网红'因负面行为走红的报道容易让受众产生只要采取一些"极端"行为就可以成为'网红'的错觉，相比之下，涉及'网红'心声、创新能力及荣誉的报道数量较少"[②]。

三、网红经济的特点

（一）社交平台是网红的流量来源与根基，网红这一人物主体是经济的中心和保障

网红经济的一切活动均围绕网红这一主体展开，如果这一主体退出，经济活动就趋于停滞了。这一人物的中心地位的获得是通过网络原生内容汇聚形成，而非传统权威或现实社会。这并不意味着网红就只属于草根，现实中的名人虽然不一定在网络中有影响力，但有成为网络红人的潜质，因为线上、线下的人气本身就具有一定的互通性。网红在互联网平台上通过内容引爆自身，再通过打造自身的知名度自然过渡于网红品牌和商业交易，这一过程也被人称为"屌丝逆袭模式"——很可能凭借一己之力打败成熟的产品品牌。因此，网红经济完全突破了传统市场中的品牌需要长期塑造这一理念。

（二）网红经济的内在核心是情感

"互联网环境下的人格化营销"，"互联网流量资源人格化商业模式和变现模式"，"荷尔蒙经济"，等等，是不同专家对网红经济的描述。简单来说，网红经济就是网络红人对粉丝情感的深度利用。粉丝往往对偶像有极高的情感黏连。道格拉斯·凯尔纳（Douglas Kellner）说："在充斥着媒体奇观的时代，名人也成

---

①　参见《网红经济》，见百度百科（https://baike.baidu.com/item/%E7%BD%91%E7%BA%A2%E7%BB%8F%E6%B5%8E/18551949?fr=Aladdin），引用日期：2023年5月10日。

②　吴志超：《新闻报道中的"网红"媒介形象研究》，载《东南传播》2018年第1期，第1页。

为被制造和掌控的对象，他们成为媒体文化的偶像式符码和日常生活中的众神。"[①] 晕轮效应则告诉我们，人们通常会对自己喜欢的人产生一种爱屋及乌的心理效应，进而在无意识中喜欢其周围的一切元素。"晕轮效应"又叫"光环效应""成见效应"，是一种影响人际知觉的因素。人们对他人的认知判断，首先主要是根据个人的好恶得出，然后再从这个判断推论出认知对象的其他品质。如果认知对象被标明是"好"的，他就会被"好"的光圈笼罩，并被赋予一切好的品质。移情理论也告诉我们，人们通常会把对某人的认同感不自觉地迁移到该人所说所做的事情上去。移情的结果是把对网红的喜爱转移到与他们相关的产品上去，这就带来交易值的不固定性。经济交换基于对法制的信赖，比值是固定的，而社会交换基于对彼此的信任，产生于人与人之间的义务感、感激和信任之情，没有正式的约束力。[②]

（三）优质产品的供给是网红经济规模效益的关键

在网红规模性流量的导入中，必须有相应的产品才能把影响力、情感转移付诸其中，无论是开淘宝网店还是线下实体店，无论是售卖有形产品还是无形产品或服务，产品是网红人气力量变现的途径，只有产品的成功销售才能最终产生经济效益。与此同时，产品的成功销售也会推进网红人气的增加。

（四）网红经济具有相当的市场科学性，可实现从市场调研到产品的精准供给再到高成交转换率

现代营销理念中关于营销，早已不再是"生产产品—推广产品—销售产品"这一流程。在现代营销理念中，调研客户需求是第一步，发现需求才生产产品并最终实现销售。由于网红与粉丝的关系不同于影视明星与观众的关系，双方之间的情感平等而亲近，相互之间互动积极而频繁，因此，网红可以获得粉丝需求的一手资料，从客户需求入手生产和销售产品，可实现精准供给和高成交转换率。

网红有自身不同的生活成长和受教育背景，因此往往在美食、服饰、化妆、健身等细分垂直领域表现出一定的专业性和较大的影响力。艾瑞咨询《2018年中国网红经济发展研究报告》显示，在过去一年中，开始与广告主签约的网红人数占比达到57.53%。与此同时，企业主也在不断提升对网红商业能力的认知，调高投入网红广告的预算。[③] 实验研究发现，当人们认为自己是独自一人做

---

① ［美］道格拉斯·凯尔纳：《媒体奇观——当代美国社会文化透视》，史安斌译，清华大学出版社2003年版，第5页。

② 参见［美］迈克尔·E. 罗洛夫《人际传播社会交换论》，王江龙译，上海译文出版社1997年版，第8-9页。

③ 参见《2018年中国网红经济发展研究报告》，见艾瑞网（https://report.iresearch.cn/report/201806/3231.shtml)，引用日期：2023年10月16日。

出某一行为或决策时，比认为自己是在一个群体中做出这一行为或决策时更投入、更夸张；同时，当人们认为自己的表现是能够被单独辨识出来的时候，比认为自己的表现不能被看出来时更投入、更卖力。这一逻辑说明，属于个人成就的网红会最大限度地努力发挥个人价值。

四、网络直播是网红经济的天然场域

从以上分析可知，网红经济并不是网络直播的独有经济形态，但却是网络直播助推的一种经济现象。网络直播的固有特征不仅使其自身成为催生网红的理想平台，还易于产生经济效益，实现网红经济。网红在电商直播中的抢眼表现就是最好的佐证，淘宝直播每晚的成交金额，Top2 的两位主播占了一半，剩下的50% 才是其他主播共同争夺的市场；2019 年"双11"购物节期间，Top2 的两位主播占了总热度一半，是第二梯队的 10 倍以上。

第一，网络直播易诞生网红。因为网络直播是到目前为止最易使用的自媒体，主播只要打开摄像头就可以完成个人电视台的运行，因此，其使用的人群极为广泛。这首先奠定了网红诞生的群体数量保障；同时，网络直播也是到目前为止表达手段最为灵活、多样、持续的自媒体，这就给予了塑造网红的传播条件。

第二，网络直播的经济原理和特性与网红经济的内在核心一致。上一节我们已经论证了网络直播的经济核心是关系经济，关系的建立就是情感的连接。因为网络直播突破了传统的视频播出模式，在直播过程中实现点与点之间的相互连接，全员参与、全员制作，因此，全员在体验的同时彼此发生关系。网络直播的同步性使得多元化主体之间的情感沟通要比微博、短视频等更直接、形象、逼真，而网红经济的内在核心也是"情感"，因此，两者之间相互匹配。

第三，网络直播能够实现多种高效的变现方式。目前，网红实现变现的方式主要有三种：一是电商销售（淘宝数据显示，淘宝平台上女装类网红店铺约有1000 个，二是粉丝打赏，三是广告收入。对于电商销售，主播具有有声语言、态势语言、空间语言等多种销售表现，加之是即时互动，因此这是一种最直接和鲜活的网上销售。关于粉丝打赏，我们在第三章已做过很多分析，这是网络直播最重要的特点之一，虽然现在打赏已被应用于多个领域，但因为不能即时互动，所以效果都不及网络直播。关于广告，网络主播作为代言人拍摄各种广告、出演角色以及在视频中插入广告，与其他媒介形式没有太多区别，但网络直播具有现场表演植入广告的优势。也就是说，主播可以把某个产品的推广作为直播节目内容的一部分，或直接传播或加以创意化演绎表现。除此之外，网络直播还带来了一些创新型的变现方式。比如代工，就是替代他人做某项工作，通过直播，雇主可以全程监视和检查，实现劳务付费。

社会被看作社会范畴的一个异质性集合，这些范畴在权力和地位上彼此相关，经济和历史的影响力量是社会发展的动力机制。①网红既是在网络历史发展中因技术、用户、文化迭代累积而诞生的一类传播主体，也是有着巨大经济影响力的社会群体。正因为网红背后有着巨大的经济利益，促使很多年轻人绞尽脑汁地想博得眼球成为网红。29 岁厨师 K 在绍兴直播跳河，K 一跃而下之后，却不料河水太浅，一头撞到河底后因抢救无效死亡。这种行为虽没有触碰道德和法律底线，也没有损害他人利益，但最终的结局却是社会和家人都不能接受的。

本章小结

注意力经济是媒介经济的基础。注意力对于传统媒体而言，决定着广告售卖的效果；网络直播同样需要先有眼球关注，但其吸引关注的手段应该是优质内容而不是越界表演。在吸引用户观看的同时，网络直播互动、打赏等功能给予了用户多种情感体验与满足，同时形成网状的沟通状态，这也是其与传统媒体最大的区别。以人力资本为基础投入，以大空间群体性人际交互为主要形式，以信息和情感分享为基本内容给予用户体验，在获得人际资源的基础上，获得直接或间接的经济收益，这是网络直播的经济规律。得益于此，网络直播平台中网红发展迅速，而且网红主播甚至超过传统媒体主播的粉丝调动能力和经济创造能力。多种交叉的经济形态是网络直播经济的特点，它不仅能即刻产生经济收益，还具有跨界合作与广泛连接的产业优势。直播间既是内容传输平台，也是连接人、连接产业的端口。

---

① 参见［奥］迈克尔·A. 豪格、［英］多米尼克·阿布拉姆斯《社会认同过程》，高明华译，中国人民大学出版社 2011 年版，第 24 页。

第八章 网络直播的产业发展探索与展望

迈克尔·波特在《竞争战略》一书中提出"驱动产业竞争力的五种作用力模型",简称"五力模型"。该模型认为一个产业内部的竞争状态取决于五种基本竞争作用力,即潜在竞争者进入的能力、现有竞争对手的竞争力、替代品的替代能力、买方议价能力和供方议价能力。这五种基本竞争力量的状况及综合强度,决定着行业的竞争激烈程度,从而决定着行业中最终的获利潜力以及资本向本行业的流向程度,这一切最终决定着企业保持高收益的能力。直播业的潜在竞争者众多,新生代力量每年都在成长;现有竞争暂时处于平稳状态,因为主播和用户数量目前相对稳定;直播的直接替代品应该说目前还不存在。稍晚于直播成长起来的短视频,近两年增长势头迅猛,直播群体在一定程度上被分流;买方和卖方的议价能力视不同个体而决定,因为直播频道众多,买方的议价能力要强于卖方。

综上所述,我们不难发现,直播行业具有发展潜力,也存在较大竞争挑战。直播产业是否能够继续高速增长,是否能够不断规范化发展,关键在于该产业是否具有合理的普遍性盈利模式和足够的产业容量。本章将在深入把握产业发展现状和特征,深入理解与有效利用注意力经济、体验经济、关系经济、网红经济这四大经济形态的基础上,寻找长期性、多元化发展路径。

第一节 作为产业的网络直播

一、直播产业在喜忧并存中保持发展

本研究根据CNKI(中国知网)数据整理出2016—2020年网络直播的总体规模和使用状况,以及秀场直播、游戏直播、电商直播这三大主要垂直领域的用户规模变化见表8-1。从表8-1的数据可以看出,网络直播用户规模呈现出整体向上趋势,但也出现发展乏力、用户数量趋于减少、各垂直领域的用户规模不稳定的现象。直播用户总人数在2017年6月、2018年12月下降(总人数分别是3.43亿人和3.97亿人);真人秀直播用户在2018年12月、2020年6月两次下滑(分别是1.63亿人和1.86亿人);游戏直播用户在2018年6月、2020年12

月两次下滑（分别是 2.15 亿人和 1.91 亿人），这说明直播产业还是不断在遭遇发展瓶颈。其后，由于电商直播的迅速崛起，带动了整体用户规模大幅上涨。由此可知，创新出被市场接受的功能价值和商业模式至关重要。

表 8-1 2016—2020 年 CNKI 网络直播使用状况统计

	2016 年 6 月	2016 年 12 月	2017 年 6 月	2017 年 12 月	2018 年 6 月	2018 年 12 月	2019 年 6 月	2019 年 12 月	2020 年 6 月	2020 年 12 月
直播用户总人数（亿人）	3.25	3.44	3.43	4.22	4.25	3.97	4.33	5.60	5.62	6.17
使用率（%）	45.80	47.10	45.60	54.70	530	47.90	50.70	62.00	59.80	62.40
游戏直播（亿人）	1.17	1.46	1.80	2.24	2.15	2.30	2.43	2.60	2.69	1.91
真人秀直播（亿人）	1.36	1.45	1.73	2.2	2.03	1.63	2.05	2.07	1.86	2.39
电商直播（亿人）	/	/	/	/	/	/	/	2.65	3.09	3.88

资料来源：数据均为作者自己整理。

据不完全统计，77.50% 的直播类公司成立于 2014 年以后。网络直播虽然在 2014 年到 2020 年的发展有所停滞，但总体上走过了快速增长的 7 年，其表现为用户规模、平台数量、资本投入持续增加，对于社会经济的带动效应日益明显。例如，2016 年，斗鱼直播获得 15 亿元 C 轮融资，花椒直播完成了 3 亿元 A 轮融资，熊猫直播获得 6.5 亿元融资等（见表 8-2）。在 2016 年直播发展巅峰期时，App Store 里同时有 300 多家移动直播 App 可供用户下载，被媒体称为"千播大战"。2017 年，行业新增投资依旧强劲。YY 旗下海外直播平台 BIGO LIVE 获得 1.8 亿美元投资，虎牙直播获得 7500 万美元 A 轮融资，微吼获得 2 亿元 C 轮投资，熊猫直播获得 10 亿元 B 轮融资，花椒直播完成 10 亿元 B 轮融资，斗鱼直播完成 10 亿元 D 轮融资，等等（见表 8-3）。2018 年是一个分水岭，直播行业的用户红利逐渐消退，资本进入愈显冷静。据 TechWeb 不完全统计，2018 年直播行业共发生 10 起融资，其中下半年仅 3 起融资，而在 2017 年上半年，行业获得融资并购的就有 17 起。2018 年，融资门槛进一步提高，行业融资明显向头部平台集中，几乎每起融资金额都在亿元级别。同年 3 月，虎牙直播获得 4.6 亿美元

B 轮融资，斗鱼直播获得6.3亿美元融资。（见表8－4）

表8－2　2016年直播行业主要融资事件

时间	直播平台	融资金额	投资方
2016 年 1 月	映客 App	2.1 亿元人民币	光信资本
2016 年 6 月	花椒直播	3 亿元人民币	奇虎360
2016 年 8 月	斗鱼直播	15 亿元人民币	凤凰资本、腾讯、深创投
2016 年 9 月	熊猫直播	6.5 亿元人民币	乐视
2016 年 11 月	一下科技（秒拍）	5 亿美元	新浪微博（新浪微创投）
2016 年 11 月	小咖秀	5 亿美元	新浪微博、上海广播电视台等

资料来源：图片及数据均为作者自己整理。

表8－3　2017年直播行业主要融资事件

时间	直播平台	融资金额	投资方
2017 年 3 月	快手	3.5 亿美元	腾讯、红杉、DCM 中国、百度
2017 年 3 月	BIGO LIVE	1.8 亿美元	平安海外控股领投
2017 年 4 月	微吼	2 亿元人民币	维思资本
2017 年 5 月	花椒直播	10 亿元人民币	三千资本、天鸽互动等
2017 年 5 月	虎牙直播	7500 万美元	平安海外领投、欢聚时代
2017 年 5 月	熊猫直播	10 亿元人民币	兴业证券兴证资本领投、汉富资本、沃肯资本
2017 年 11 月	斗鱼直播	10 亿元人民币	招银国际、南山资本

资料来源：图片及数据均为作者自己整理。

表8－4　2018年直播行业主要融资事件

时间	直播平台	融资金额	投资方
2018 年 1 月	快手	10 亿美元	红杉、腾讯
2018 年 1 月	狮吼 TV	超 1 亿元人民币	兰馨国际、EMC
2018 年 3 月	斗鱼直播	6.3 亿美元	红杉、腾讯
2018 年 3 月	虎牙直播	4.6 亿美元	腾讯
2018 年 3 月	斗鱼直播	6.3 亿美元	腾讯

续表 8 - 4

时间	直播平台	融资金额	投资方
2018 年 4 月	梨视频	6.17 亿元人民币	腾讯、百度
2018 年 12 月	微吼	2.3 亿元人民币	深创投

资料来源：图片及数据均为作者自己整理。

进入 2019 年，资本进入直播领域显然谨慎了很多，但对电商直播平台的投资却有所增加，新媒体巨头不断释放对直播的看好信号。腾讯推出一款基于微信生态的直播产品"腾讯直播"。对于微信内容运营者来说，未来的内容展现可能不再局限于图文。这是腾讯再一次布局直播产业，因为自 2016 年以来，腾讯已经先后推出 6 家直播平台，还直接投资了虎牙、斗鱼等 4 家直播公司。2020 年，腾讯又开通了直播小程序"看点直播"，直指时下最热闹的电商领域。《2020 淘宝直播新经济报告》显示，围绕淘宝直播生态的公司数量快速增长。淘宝直播代播服务商从 2019 年 6 月的 0 家增长到 2020 年 2 月份的 200 家。[①]

在几年的发展过程中，直播平台在体量和前景方面的差距进一步拉大，头部平台掀起上市热潮，进一步加剧资源和流量的集中效应，资本催化行业重整和优化。截至 2019 年 8 月，已经上市的直播平台有映客、虎牙、YY、陌陌、斗鱼。但与此同时，中小平台出现资金压力，加之行业监管力度加强，很多中小平台被淘汰出局或通过合并、深入合作"抱团取暖"。花椒直播与直播界鼻祖六间房重组，微博收购一直播，全民直播倒闭，薄荷直播和土豆泥直播在同一天宣布将停播，等等。在经过资本蜂拥而上、平台随处可见的过程后，中小直播平台进入"寒冬"或许已经成为不争的事实，行业重组，探索发展之路已经成为直播业的重要议题。2019 年 3 月 8 日，熊猫直播在资金链断裂的持久传闻中宣布关闭，对行业产生很大震动。熊猫直播于 2015 年 7 月成立，其初期阶段无论是融资还是招揽主播都是大手笔。2016 年 9 月，A 轮融资 6.5 亿元；2017 年 5 月，B 轮融资 10 亿元；曾一度与虎牙、斗鱼等平台并列为第一梯队。但 2018 年熊猫直播未能获得 C 轮融资，最终资金链断裂，不得不关停。熊猫直播这一大平台的退出，说明网络直播作为一个新兴的产业，虽然整体发展迅速，但并不是只要有投入就能立刻大规模获益，科学的经营管理和正确的发展理念才至关重要。

在国内激烈竞争的背景下，直播平台已把眼光投向海外市场，北美、东南亚、南亚、中东等都成为其投资和发展的重要区域。其实，直播业红利减退，资本倾向头部，竞争趋于白热化，以及拓展海外市场等都是表象，作为直播平台如

---

① 参见淘榜单《2020 淘宝直播新经济报告》，见博客（https://blog.51cto.com/u_15730109/5855432），引用日期：2023 年 5 月 10 日。

何能持续盈利，其商业发展模式是核心。直播平台在西方面临同样的问题，截至2016年，供应商无法从订阅和广告中产生足够的盈利。[①]

经过近10年的发展，直播产业格局基本形成。《2020中国网络视听发展研究报告》显示，网络直播领域呈现出的三大梯队依次是：第一梯队（占比55.10%）为斗鱼直播、虎牙直播、YY；第二梯队（占比27.30%）为映客直播、花椒直播、企鹅电竞、一直播；第三梯队（占比9%）为触手直播、么么直播、小米直播、腾讯now直播、快手直播伴侣、酷狗直播。[②] 未来短视频将继续渗透和深化，短视频平台会加大力度布局直播、推广微剧，并着力加入综合视频内容和入口。

二、纷纷布局MCN，抢占市场

在网络直播平台迅速增长的同时，MCN公司亦在迅速增长。艾媒咨询数据显示，从2017年开始，MCN行业在中国呈爆发式增长，机构数量从数百家量级猛涨到上万家量级。克劳锐《2019中国MCN行业发展研究白皮书》和《2020中国MCN行业发展研究白皮书》分别显示，2018年中国有MCN机构5000余家，2019年突破了2万家，相较2018年增加了400%以上，总量超过2015—2018年三年之和。截至2020年2月，淘宝直播MCN机构数量突破1000家。[③]在所有机构中，近六成营收规模达到千万元级，三成营收规模破亿元，有88%的MCN机构营收上升，74%的MCN机构利润率上升。[④] MCN机构也被资本追捧，资本借助MCN机构提升价值。预计中国MCN机构数量还将上升，市场规模将进一步扩展。

广电媒体MCN也在近几年逐渐布局MCN行业。2018年，湖南广电娱乐频道就以MCN模式进军短视频领域，孵化出基于短视频头部平台的Drama TV。浙江广电集团旗下合资公司布噜文化和浙江民生休闲频道的"黄金眼融媒"MCN，黑龙江广电的"龙视频"MCN、济南广电与贝壳视频合力打造的"鹊华"MCN等，都先后联动抖音、快手、淘宝、腾讯等流量平台，初步实现了账号和主播达

---

① Kurt Wagner, "Meerkat Is Ditching the Livestream—and Chasing a Video Social Network Instead", https://www.recode.net/2016/3/4/11586696/meerkat-is-ditching-the-livestream-and-chasing-a-video-social-network，引用日期：2023年5月10日。

② 参见中国网络视听节目服务协会《2020中国网络视听发展研究报告》，见国家广电总局网（http://www.nrta.gov.cn/art/2020/10/14/art_3731_53332.html），引用日期：2023年4月10日。

③ 参见《〈2020淘宝直播新经济报告〉发布，177位主播年度GMV破亿》，见阿里研究网（http://www.aliresearch.com/ch/information/informationdetails?articleCode=56954219873308672&type=报告），引用日期：2023年10月16日。

④ 参见觐楚《2020MCN机构排行》，见艾媒网（https://www.iimedia.cn/c880/71308.html），引用日期：2023年4月3日。

人的签约入驻，并试图打造集红人、短视频、电商、直播、带货为一体的权威平台。不过，截至 2021 年，大部分广电系 MCN 机构仍停留在平台"签约入驻"的初始阶段，虽然与短视频平台成为战略合作伙伴，也整合了部分乃至全台广电的主播达人矩阵，但这仅仅只是 MCN 机构的入局阶段，离市场化成熟的 MCN 机构相差甚远。但从社会化 MCN 机构所推进的战略方法看，一个区域性的广电机构天然就是一个大型的 MCN 机构。因为广电媒体拥有多传播渠道，同时具备影响力、公信力和传播力，既能对接优质"货""场"，又能联动资源、机构和平台，还能最快连接管理、导向的"天线"，再加上其自身拥有多年专业 PGC 生产能力和优质内容版权，有知名播音员主持人，还经常互动联系的嘉宾和专家，内容守规，抗风险能力强。有专家认为，与其说广电媒体转型去做 MCN 机构，还不如说广电媒体自身这个超级大 MCN 机构正在"苏醒"，"她"无非是需要理顺机制、抽调资源、赋能内容与形式，调整好姿态。所以说，广电 MCN 机构大有可为，前景无限。

三、网络直播的产业特征

"文化产业"这一概念的出现可以追溯到 20 世纪上半叶。随着其发展，文化产业的定义众说纷纭，但其内涵都表达了文化产业是文化和经济、文化和市场、文化和产业高度融合的产物。综合而言，一切可以提升人们精神生活品质的商品生产、服务都可以被纳入文化产业的范畴。文化覆盖生活的各个方面，但产业却有严格的门类划分，当文化和经济高度融合形成一个具有独有因子的产业时，就可以认为文化实现了产业化，或者说文化产业是以文化为核心的。文化产业最基本的两个特点是兼有文化的意识形态属性与产业的经济属性。网络直播作为一种文化产业，具有以下五个基本特征：①能满足人们的文化生活需求；②能促进文化的传播；③具有集约型、规模型的生产方式；④是一种拉动性产业，具有高度的融合性、渗透性和辐射力；⑤产业投资风险相对较大。

从以上对文化产业的概念和特征阐释可以看出，网络直播是一种典型的文化产业。首先，从概念分类上影视产业在各个国家基本都被划归为文化产业，本研究所探讨的网络视频直播与各国文化产业范畴的影视产业非常接近，或者可以认定为是其一种延伸形态，因此当属于文化产业。其次，网络直播完全切合文化产业的特征。网络直播以相对自由的视频传播方式满足了人们的文化生活需要并活力四射地促进了文化传播，甚至包括亚文化的广泛传播，而其目前的产值已经证明它是一种经济规模型极强的产业，拉动能力更强，对多种产业的消费都有直接促进作用。

网络直播还有其自身的文化产业特征。首先，这是一种以互联网现代技术为背景和支撑的文化创意产业，其中凝聚着很强的科技因子，是"文化＋科技"

的突出体现，而且随着 VR、AR 等新技术的结合，其科技性将会更加突显。其次，这是一种具有大众性生产能力的文化产业。传统的文化产业，如电影、电视、出版等，并非普通个体通过随意性行为即可以完成，其生产受到从业人员的专业能力、资金、场地等多种条件限制，网络直播则基本全方位零门槛。当然，产业的大小，由直播平台、主播个体能力而决定。最后，对于每一个开设直播的个人而言，其投入成本低、投资风险小。

第二节　网络直播的产业发展策略

一、对内深耕：产品专业化、创意化

有学者研究指出，纪录片若要成为网红，在文化内涵、传播渠道、传播方式等方面迎合时代特征之前，以内容为王，突破常规、规避趋同，依然是赚取强大口碑和流量的根本。[①]网络直播更是如此，无论是内容生产还是内容经营，都应该综合考虑产品相关要素，开拓既能最佳展示直播技术和产品特点，又能有效开发主播、用户、平台价值的内容产品。2020 年 5 月，汪涵推出综艺直播节目《汪涵——向美好出发》；同年 8 月，谢娜开启《谢娜 – 谢谢您 na》。谢娜直播常与李维嘉组成"双主持人"模式，比如，开卖旅游产品时，模拟"旅游团"导游拿起喇叭、扇子进行介绍，提升了直播带货的趣味性与观赏性。这两档直播综艺观看人次的数据表现尤为突出。这不仅是明星的光环效应，还是创新的市场效应。

网络直播产品对内深耕路径是指直播走专业化内容创新之路，加强垂直领域内容深耕，打造差异化产品，以吸引受众，提升体验，加强与用户的关系。虎牙直播副总裁张海峰曾指出："全球的互联网人口红利都没了，这个意味着应用层的创新将会面临巨大的瓶颈。"[②] 对于创新瓶颈，笔者认为可以通过技术创新和内容创新两者来突破，且两者相互呼应。奥飞娱乐股份有限公司公共事务总监刘丹介绍说："奥飞打造 IP 的过程是以 IP 为核心、内容为王，然后国际化、精品化、数字化。"[③]

频道专业化定位和内容专业化供给早已是电视媒体人的共识。这一理念早在

① 参见顾雅琪《视听传媒的内容生产传播》，中国传媒大学出版社 2020 年版，第 160 页。

② 《虎牙直播张海峰：人口红利仍在 内容红利将至》，见搜狐网（https://www.sohu.com/a/120677761_114731），引用日期：2023 年 10 月 16 日。

③ 云财经：《奥飞娱乐：持续坚持以 IP 为核心，精品化、数字化、国际化的"1 + 3"发展战略》，见云财经网（https://www.yuncaijing.com/news/id_15620910.html），引用日期：2023 年 2 月 1 日。

20 世纪 50 年代的美国开始萌发，20 世纪七八十年代开始大量涌现，我国这一理念的高潮期是 90 年代以后。在美国，连节目主持人都有分类详细的特定专业名词，如 Moderator（游戏、竞技节目主持人）、Video joker（电视音乐节目主持人）、Linkman（讨论节目的主持人）、Talk master（谈话类节目主持人）等十多种。中央电视台很多年前就提出"频道专业化、栏目个性化、节目精品化"的战略定位和发展思路。这一理念的基础是消费者群体碎片化和需求专业化。从市场营销的角度讲，产品应该有清晰的定位和消费人群。新媒体视频的发展基本延续了这样的思路，大数据视频制作都是针对特定人群的精准化产品供给。

在具有零门槛特征的网络直播中，主播随意化、内容粗放化、形式单一化的内容生产还大量存在，还未走出产业的初级阶段。大多数主播开设直播频道缺少长期定位目标、产品策划和独有内容。加拿大、俄罗斯、日本、韩国等国都曾推出的"裸体新闻"，为我们提供了很好的例证。这种新闻极限式地挑逗人们的好奇心，一般一经推出就立刻引起广泛关注，但收视率呈抛物线状发展势态，因为窥探欲和好奇感会随着时间的推移而弱化，内容才是根本。这几年很受欢迎的音频分享平台，如喜马拉雅、荔枝等，充分说明细分化、专业化的节目内容值得肯定和借鉴。

"知识和信息一直是生产力和权力的重要源泉。"① 主播自身的特长、知识背景、兴趣爱好等自有化特质可以成为节目的基本定位和内容走向，后台数据分析为主播创作提供依据和指引。自媒体基本属于独立化、小成本制作，其间"创意"尤为重要。网络直播的创意不仅可以立足于主播自身元素，还可以充分发挥媒介产品融合创新的优势。以媒介间独有资源和用户共性诉求为基础，将直播产业中各种资源如主播影响力、平台价值、用户资源等与其他媒介相关资源创造性整合，实现产品的创新性生产与传播。

电视媒体已经初步尝试这一思路，比如，江苏卫视《星厨驾到》通过邀请明星嘉宾直接走进直播间，以融合传播渠道扩大节目影响、聚拢人气；同时邀请人气主播与"明星炊事班"的多名影视明星互动，以期实现传播主体资源融合创新，共同提升节目收视率的目的。直播平台已开始意识到这一点，多家直播平台投入巨资激励原创内容生产者，或直接大力度投入内容。全民直播上线了《作死直播间》《全民大胃王》等节目；斗鱼直播上线了《女拳主义》综艺；虎牙直播推出了《GodLie》狼人杀节目；花椒联合爱奇艺、SMG 推出了首档汽车音乐脱口秀《卡拉偶客》。2018 年，花椒推出包括《料事如神》《一起睡 bar》《花椒 K 歌夜》等多档热门综艺，同时也吸引了蘑菇租房、如家、喜士多、华联、刀小蛮、无邪等品牌企业的冠名合作。"创意 + 内容 + 流量"是直播的一个

---

① ［美］曼纽尔·卡斯特：《网络社会：跨文化的视角》，周凯译，社会科学文献出版社 2009 年版，第 46 页。

基本发展方向和保障，对于平台和主播个人均是如此。Meerkat 的首席执行官本鲁宾（Ben Ruin）认为，多数人并不知道怎样能制作出良好的直播视频，因此对直播视频的不熟悉和现场直播娱乐的高昂情感成本成为影响视频直播发展的主要障碍。只有在生产出创意新颖的产品基础上，才能探讨经营模式和变现方式。

创意化内容的生产和传播不仅约等于差异化、独有化，还与体验紧密相连。安德斯·索伦森（Anders Sorensen）、乔恩·萨德伯（Jon Sudber）、特林·比尔（Trin Bill）、马克·洛伦岑（Mark Lorenzen）等多位教授都在其论著中表达了"体验"与"创意"的必然有机联系。群体传播中体验氛围的难以复制性反而又使体验本身成为一种创意。上述这些因素共同创造出熊彼特租金。

二、对外拓展：资源延伸、产业外延

对外拓展路径是指直播平台资源流向更广阔的领域，连接更多产业，构建"直播＋"战略。国务院原总理李克强在十二届全国人大三次会议上提出制定"互联网＋"行动计划。该计划是一种依托于互联网的新型经济形态，其目的是借助互联网实现一大批产业的转型、升级、发展，比如互联网＋金融、交通、建筑。诸多学者认为互"联网＋"是因为互联网连接能力而带来的经济结构性改变，网络直播则可以对这种连接能力加以人性化、形象化的表达和使用。产品专业化、创意化和差异化是网络直播争取用户集合资源的过程。打开这个资源平台，构筑一个开放性产业系统应该成为直播产业延伸发展的基本思路。就行为动机原理而言，每个人都在不断地努力为自己所能支配的资本找到最有力的用途。① 网络直播的实时性、交互性、视听觉性、体验性等特征，决定了其适合与诸多需要有形展示或沟通的产业建立"直播＋"合作，如产品销售、旅游产业、时尚产业、饮食产业等。"直播＋"是利用网络直播链条上的各种价值点与其他产业相关元素进行联合与重组，经过优化重组，创造新的产业资源和价值链的过程，追求相互融合、相互弥补和相互支撑，这是一个相当宽泛的概念和相当开阔的思维模式。比如，诸多学者们认为，虽然网上购物的选择多样、便捷，但冰冷的图片缺少动态性真实感和社会交往温度，网络直播无疑完美地弥补了这一缺憾。例如，湖北省恩施的宋庆礼被称作"鸡司令"，因为网络直播让他和他养的鸡"走红"全国，订单不断；"湘西九妹"直播收橙子，13 天帮助乡亲们卖出200 万斤（折合 100 万千克）。"来疯直播"业务总裁张宏涛说："直播可以成为

---

① 参见贾毅《传媒经济学视角下节目主持人影响力解析》，载《河南大学学报》2017 年第 2 期，第135 页。

一个工具，一个在任何垂直领域里都可以用的工具。"① 的确，直播是一个吸附能力、延展能力、推动能力极强的工具，医疗、美容、教育、财经等各类内容都在纷纷呈现，粉丝千奇百怪的需求都可能成为商业模式。俞敏洪早在 2016 年就指出，直播会派生出第三种教育模式：完整的线下线上结合、跨越时空界限的教育模式。花椒六间房集团副总裁于丹在第二届中国网络表演（直播）行业高峰论坛上演讲时表示，花椒六间房希望在"直播 + 创新赋能"的驱动下，为整个行业的发展提供重要力量。2018 年 11 月，首届国际进口博览会（以下简称"进博会"）期间，花椒直播综艺《料事如神》，联合金光纸业、纽仕兰、德龙、林内、通用汽车、Belulu 等国际大品牌每天进行两场专场，共同将进博会的火热场面及时呈现给广大网友并送出精美礼品。《料事如神》进博会专场直播累计被分享了 50 万次，共吸引近 360 万人次在线观看，平均每场达 45 万。②

同时，主播的关系用户黏联进入购物平台，与购物平台的消费者合流为新的客户群，而所有购物平台的消费者都成为主播新的潜在用户，实现了资源的相互间跨界转移，即资源的聚合和溢出效应。"直播 +"的最终目标是实现网络直播的资源延伸和产业延伸，延伸率与延伸度是直播业发展状况的重要标识，而这一过程的最终意义是让不同行业和领域联合发展或跨界发展。

传统企业也理应主动拥抱新的产业形态和发展路径。因为传统企业转型的重要途径就是数据智能化升级，而数据智能化升级的核心是建立起用户连接并对用户进行全方位、全生命周期的画像、互动、价值创造。企业要与用户建立连接，掌握用户的生命周期，就必须构建用户流量池，直播能够更好地吸引用户进而把用户转化为企业自身的私域流量，这将极大地助力企业数据智能化升级转型。

三、立体建构：产业集群、资本注入

直播并不是一个独立的产业，就其播出来说需要优质主播，而主播则需要MCN 机构的培养、输出和运作。因此，网络直播也和很多产业一样，需要相关产业的聚集和支撑。在本研究的调研访谈中，新娱加总裁王春雷曾表示："早期的时候直播行业是 YY 一家独大，然后酷狗繁星等都在广州，所以在这里我们向下是孵化艺人，向上是跟我们的甲方沟通，这种信息的传递和双方信任的建立，对于产业链中的一环也是非常非常的重要。我们近几年也在北京设立了公司，主要是因为直播在北京的崛起，陌陌的社交直播体量和 YY 差不多一百多个亿，北

---

① 《来疯直播总裁张宏涛：直播内容升级靠互动实现》，见搜狐网（http://mt.sohu.com/20161205/n474966336.shtml），引用日期：2023 年 2 月 1 日。

② 《行业年度盛典在京落幕，花椒凭直播综艺〈料事如神〉获创新大奖》，见中华网（https://tech.china.com/article/20190228/kejiyuan0129246534.html），引用日期：2023 年 5 月 15 日。

京还有映客、花椒、一直播、抖音……为什么那么多下游的产业链都去了杭州，因为那里有淘宝、模特资源，模特为什么聚集杭州，是因为那里有街拍，能批量性找到大量的活，还有就是因为卖家也在杭州，卖家不断和淘宝沟通他们的最新红利政策。所以，我们的逻辑也是一样的。"

对于任何一种媒介，阅读量和视听率都是关键，虽然我们之前分析了直播的收入与围观人数并不绝对成正比，但流量仍然是主播的基本需求，或者说流量可以变成经济效益。西方研究者指出："直播作为一种新的内容分发机制，让市场人员对它产生了兴趣；14%的市场人员正使用直播进行推广，50%人员的则计划在下一年度使用，且有50%人员希望进一步增进对直播的了解。"① 直播和视频营销，作为一种新兴的数字化战略，正在受到营销行业的全面关注。②而直播作为营销工具，正是对其流量的利用。要拓展流量，就要拓宽直播内容及主题的视野。目前的直播节目还较多局限于某些特定类型中，比如秀场、游戏、体育比赛/教学等。但从理论上讲，直播的传播对象应该是法律允许范围内的所有事物。例如，湖北省军区某新兵团对新战士的训练、工作、生活进行直播，累计点击收看人数过亿，直播间一片叫好声。新兵的训练生活受到网民的关注、评论和赞扬，军人的职业荣誉感、社会尊崇感也因此而被激发。目前，直播的使用领域还远远未达到对直播的完全化利用，直播在空间、时间、目标等方面均有巨大的可开拓空间。

此外，网络直播的出品并非仅凭主播一己之力。著名学者何苏六曾评价说："用互联网的手段进行融资、创作、传播和宣传，是2015年新媒体纪录片的最大亮点。"③ 获得第十八届上海国际电影节金爵奖最佳纪录片的《我的诗篇》，就是采用边拍摄、边筹资的模式制作的。该影片通过互联网实现了内容生产网络点播，宣传营销资本众筹，最终成为年度话题及记录电影。那么，我们也有理由相信，主播也可以通过多种途径获得融资，在资本的助力下发展更专业的团队配备、更专业的内容生产、更专业的对外宣传……直至迸发出更强大的生命力和发展势头。

---

① Michael Stelzner, "2016 Social Media Marketing Industry Report: How Marketers are Using Social Media to Grow their Businesses", *Social Media Examiner*, (https://www. socialmediaexaminer. com/social - media - marketing - industry - report - 2016)，引用日期：2023 年 9 月 5 日。

② Steve Gehlen, "Major Marketing Trends of 2016: Live Video for Brands", *Brandlive*, (https://www. brand. live/blog/live - streaming - video - marketing - trends - 2016)，引用日期：2023 年 9 月 5 日。

③ 胡琦民：《2015 国产纪录片的"野蛮"生长》，见科学网（http://news. sciencenet. cn/sbhtlmnews/2015/12/307754. shtm），引用日期：2023 年 5 月 20 日。

第三节　电商直播的产业机理与启示

一、从电视购物到网络直播购物

20 世纪 80 年代，在美国基于电视媒体而诞生的"电视购物"是媒介商品售卖功能的初始形态。之后"电视购物"迅速扩展到欧洲各国、日本、韩国及我国台湾地区，且频道越来越细分化。中国内地首个电视购物节目于 1992 年在广东珠江频道开播，1996 年首个电视购物频道在北京电视台开播，标志着时段性购物节目发展成为专业的购物频道。随后，全国各地各级电视台发展起众多购物频道。早在 19 世纪中期，马克思就提出了用时间消灭空间的设想，他认为用时间消灭空间，就是指把商品从一个地方转移到另一个地方所花费的时间缩减到最低限度。① 直播平台成为集合各种人物、物件、场景的大秀场和交流场，既有素人销售名不见经传的小产品，也有知名品牌的官方直播，更有明星、网红、总裁、官员、店主直播卖货。媒介商品售卖，从媒体主导走向了媒体搭台、各路英雄"唱戏"的主体个性化传播销售阶段，其开放性、多元性、交互性日渐增强。

法国学者鲍德里亚于 1970 在《消费社会》一书中提出"消费时代"，即当代社会消费主导着市场而不是生产。因此，产品如何找到消费者、劝服消费者并成功达成销售是商品市场的关键。在上千年的商品流通历史中，从集市到商场，面对面"一手交钱一手交货"是其主要交易模式。但随着媒介技术、通信技术、支付技术等的创新，媒介与商场功能融合。电商直播是当前备受瞩目的媒介卖场和购物方式。中娱智库发布的《2017 中国网络直播行业发展报告》指出，未来这种全新的销售模式势必会在更多类型传统垂直产业领域获得认可，直播电商的爆发式增长将是可以预期的，而这种颠覆式增长也必将改变和影响整个线下传统产业的格局和发展走向。艾媒咨询数据显示，直播电商市场规模从 2018 年的 1330 亿元，迅速增长到 2019 年的 4338 亿元，2019 年也因此被称为"电商直播元年"。②

仅淘宝直播整年成交额就超过 2000 亿元，有近百万主播成为淘宝直播生态伙伴，其中 117 位主播年度交易额破亿元。头部电商淘宝、京东、拼多多争先恐后地在 2019 年开设了自有直播平台，抢占平台资源。与此同时，直播平台用户

---

① 转引自陈力丹《精神交往论》，开明出版社 1993 年版，第 109 页。

② 中娱智库联合：《2017 年中国网络表演（直播）发展报告》，见"36 氪的朋友们"网（https://www.36kr.com/p/1722199408641），引用日期：2023 年 3 月 20 日。

数量快速增长。各种数据不断刷新人们的想象，罗永浩首秀直播 3 个小时，交易总额即达 1.1 亿元。2020 年年初，电商直播更被国民广泛青睐，呈跳跃式发展势态。同年 2 月，淘宝直播新增商家数环比劲增 719%，淘宝直播为商家带来的成交订单以每周 20% 的速度稳健增长。① 截至 2021 年 12 月，我国电商直播用户规模达到 4.64 亿。② 正如麦克卢汉所言："我们塑造了工具，此后工具又塑造了我们。"③

2020 年，直播电商成为刺激经济增长的新动力，其重要地位也获得了政府肯定。同年 2 月，商务部办公厅率先提出鼓励电商企业通过直播等带动农产品销售；6 月至 7 月，中国商业联合会、国家发展和改革委员会、中国广告协会、人力资源和社会保障部、市场监管总局等国家政府部门和机构陆续出台相关政策，进一步明晰直播行业市场秩序、促进行业发展。在国家政策的支持下，上海、杭州、广州等全国 20 多地出台了直播电商扶持政策，多方位赋能直播电商的发展。据商务部消息，2020 年的前 11 月，开设直播电商超 2000 万场。

但直播平台并非"万能售场"，销售结果是"千差万别"。罗永浩在抖音平台直播卖货首秀的 3 小时直播过程中，22 款产品轮番出场，最终"首播支付交易总额突破 1.1 亿元"，"整场直播观看总人数超过 4800 万"，"总销售件数逾 91 万"，共收到打赏 3632.7 万音浪（10 音浪等于 1 元），即大约 363 万元。④

与之形成鲜明对比的是格力掌门人董明珠。董明珠也在抖音开启自己的直播首秀，凭借其强大的个人影响力，开播后的 10 分钟内，即成为抖音小时榜关注第一。但随着不断出现的页面卡顿、声音画面重复，观看人数如同过山车，最高峰值时 14 万人观看，因网络卡顿瞬间掉到了 4 万人。整场直播的销售仅 22.53 万元，实在是有点超出人们的预想。⑤ 这些现象背后的原因和规律是什么，需要学界对电商直播的运行机理及其带来的创新性行业发展进行系统性探索。

---

① 参见《100 万新商家上淘宝，2 万天猫品牌增长翻倍：阿里商业操作系统成商业新基建》，见经济观察网（http://www.eeo.com.cn/2020/0312/378137.shtml），引用日期：2023 年 6 月 1 日。
② 参见《中国互联网络发展状况统计报告》（第 42 次），见中国互联网络信息中心（https://www.rstk.cn/news/622493.html），引用日期：2023 年 4 月 1 日。
③ ［加］马歇尔·麦克卢汉：《理解媒介论人的延伸》，何道宽译，商务印书馆 2000 年版，"序言"。
④ 中娱智库联合：《2017 年中国网络表演（直播）发展报告》，见"36 氪的朋友们"网（https://www.36kr.com/p/1722199408641），引用日期：2023 年 4 月 1 日。
⑤ 《2017 中国网络直播行业发展报告》，见腾讯网（https://new.qq.com/rain/a/20211125A09T1000?no-redirect=1），引用日期：2023 年 4 月 1 日。

二、电商直播独特的消费方式与运行机理

(一)表演传播下的观赏娱乐式消费

网络直播把视频销售带入到一个低门槛、大众化时代,任何人在任何地点和任何时间只要通过一部手机就可以开播视频直播传播产品信息,进行销售,于是无数直播频道、无数产品云集于直播平台。电商直播突破了实体销售对商铺的依赖和电视购物的媒体制约,人人都可以开设购物频道,人人都可以成为主播并以视频直播的方式公开售卖产品。直播间呈现出灵活多样的表演形态,既有一人独演、二人对演、三人及以上群演的形式,也有一唱一和的和谐式表演,还有白脸黑脸的冲突式表演。主播在兼顾前台和后台的表演中,扮演厨师、健身教练、化妆师等各种角色,试图通过多样化和角色化表演刺激用户的欣赏欲和消费欲。而非共处同一空间的表演与欣赏,使主播与用户身心相对放松的完成各自角色。马克·波斯特指出,在电子媒介交流时代,主体并不是一个固定的身份,主体的身份是在"具有历史具体性的话语和实践的构型中"被构建和生产出来的。[①] 直播中角色表演式的人际劝服,实际是对营销方式中最基本的人员销售在媒介技术和社会需求动员下的角色构建与延伸演绎。相比传统电商的"文字+图片"营销方式,电商直播中主播的表演不仅使购物过程具有更强的娱乐性,还以知识传播的方式有效提升了产品附加值。比如,卖乐器附加教授弹奏、卖食物附加传授烹饪方法、卖衣服附加服饰搭配方法等。关于电商直播购买原因,数据显示61%的受访者认为是经主播介绍后被所产品吸引,40.40%的受访者认为是受主播的感染力所使。[②] 由此可见,电商直播中,主播的热情表演和专业讲解至关重要。

更值得关注的是,电商直播平台已不仅是商品的"售场",还是明星的"秀场"和造星的"梦工场"。明星与素人同台表演,成为电商直播的重要特征。知瓜数据对2019年11月知瓜数据中淘宝直播综合排名前50位主播进行研究发现,其中有19位属于极具人气的达人主播,有24位属于网红店主播,有李湘等3位明星主播,其他是知名品牌直销。对2020年11月同样的数据库研究显示,排名前50位的主播中,达人主播、网红店主播和明星主播所占人数分别是21位、17位、11位。[③] 这一方面说明,电商直播平台是有影响力的商业秀场,吸引着越来越多的明星加入,网络直播在垂直领域的应用被社会主流人群的认可度越来越

---

① 参见 [美] 马克·波斯特:《第二媒介时代》,范静晔译,南京大学出版社2000年版,第76页。
② 参见企鹅智库《流量重构时代来临:中国消费互联网新趋势报告》,见前瞻经济学人网(https://www.qianzhan.com/analyst/analyst/detail/329/210119−c35504fe.html),引用日期:2023年4月25日。
③ 参见企鹅智库《知瓜数据:11月3日淘宝双11直播Top榜》,见"商业新知"网(https://www.shangyexinzhi.com/article/2649966.html),引用日期:2023年5月10日。

高；另一方面说明，电商直播平台是一个具有媒介塑造力的梦工厂，素人通过平台能够成为达人。

主播成为达人、网红既是其人格需求的延伸，也是商家成功销售的佳径。数据显示，在观看直播带货的受访者中，超过90%的受众会购买明星、网红主播推荐的产品。[①] 只要直播仪式开启，表演活动就开始了。用户进入直播间观影、追星、购物同时进行，主播则从头到尾倾情表演，无论观众多少。人类社会因需求而发生购买的动机和行为被一步步娱乐化，在娱乐消遣过程中被刺激出超越需求的消费。优秀的表演者成为达人主播，达人主播因为粉丝量大被平台优先推送，于是获得可观的销售收益和粉丝打赏，其自我价值与社会价值同时实现。直播间的粉丝是与主播保持较高关系质量的群体，直播平台用户→直播间的观众/普通消费者→粉丝/忠实消费者，是用户价值被深度开发的过程和关系质量的理想化进程。粉丝因为认同主播而产生认知一致性，因为认知一致而购买主播推荐的产品。与被网民捧红的网红店、网红主播和达人主播不同，知名品牌拥有广泛的影响力和众多线下用户，一般上线后能迅速聚集消费者。即便如此，知名品牌还是会运用各种传播手段争夺用户和粉丝，"总裁表演"就是一种重要手段。格力、欧莱雅、联合利华、美宝莲、居然之家、慕思家居等很多知名品牌的总裁都曾开播带货。数据显示，高级管理人员开播给店铺带来的粉丝和成交量平均能增长3倍以上。[②] 因此，在直播间，谁表演、怎么演，即信息源和信息传递方式，这成为产品销售的重要影响因素。

（二）互动传播下的情感链接式消费

互联网把无数相互本无关联的主体置于一个空间开设自媒体，用户不仅可以观看各个直播间的表演，还可以在直播间中随时发表意见和表达情绪，所有主体间都具有人际互动的技术条件。保罗·莱文森在《莱文森精粹》指出："人类技术开发的历史说明，技术发展的趋势越来越像人，技术在模仿、复制人体的感知模式和认知模式。"[③] 人际的交流互动是人类最基本的需求，面对面交流是商品买卖最原本的传播形态，电视购物、传统电商购物虽以自己的媒介特性改变了交易中的部分环节，但这并不意味着人类会因此而遗忘最熟悉和认同的消费交流方式。因此，网络直播下的商业活动是对购物方式某些原始特征的还原。

于是，直播购物的过程也是社会交往的过程，彼此本无关系的主体在购物过程中建立了联系，而且链接范围远远广于现实购物，其中主播与用户的链接度强

---

① 参见《2020年电商直播行业用户画像及行为洞察》，见艾媒网（https://www.iimedia.cn/c1020/69178.html），引用日期：2023年3月20日。

② 参见《理性回归："618"大促开启全民直播 精细化运营时代来临》，见搜狐网（https://www.sohu.com/a/402539620_116237），引用日期：2023年5月20日。

③ ［美］保罗·莱文森：《莱文森精粹》，何道宽译，中国人民大学出版社2007年版，第4页。

于用户与用户的链接度。用户一旦进入直播间，即使不发生"交易"行为，也可自由发生"交往"行为。查尔斯·霍顿·库里（Chardes Horton Cootey）认为，交流有两个意思：既是思想上的交谊，又是距离的消除。① 约翰·彼得斯（John Peters）早就指出："人能够脱离肉体'显身'，也许是新的视听媒介最令人不安的事情"。② 直播技术和应用方式不仅很大程度上削减了人与人、人与物之间的物理距离，还超越商场购物和电视购物拉近了参与者的心理距离。主播们也以各种方式强化与用户的交往。比如，以"宝宝"亲切称呼用户，以购物券激发用户点赞，向用户发红包，等等。而戈夫曼则认为，交流与互动其实也是一种表演——一种舞台上的表演，参与者在交流互动中寻求达成对当前情境的一种共识。成功的互动协调或完整的社会结合会使身在其中的人产生自豪感。③

长期交往会使主播与消费者之间形成或隐性或显性的"关系纽带"。关系营销学认为，消费者与品牌之间的互动可以形成亲密、持久和稳定的关系，而一个公司最宝贵的资产就是公司与客户之间的关系。粉丝数量与关系亲密度是主播品牌资产的内在核心，粉丝在直播间的积极行为是主播品牌价值的外在体现。积极行为在电商直播中有多种表现方式，如购物消费、点赞、延长观看时间等，这些积极行为可带给主播收益或提升主播地位。

维系这种关系的则是更隐性的情感。兰德尔·柯林斯认为，情感是一种强大的动能，仪式效果和凝聚力很大程度上取决于仪式参与者的相互关注度和情感共享度。"互动仪式链中经常会有一种循环的、自我延续的形式。那些支配仪式的人们获得个体情感能量，他们可以借此继续控制将来的互动仪式。处于关注中心的人们也会获得情感能量，他们可以借此去聚集和激发更多的集会，以使自己再次成为关注的焦点。"④ 很显然，在直播互动中，主播是互动仪式的发起者和支配者，他们也是成功互动后情感能量的最多获得者。从行为层面进入到情感层面，充分体现着达人主播情感能量累积的价值。可见，物品与货币的交换，在直播平台中加入了"情感"这一调节变量。情感认知会大大缩减用户对产品的认知过程。在消费决策中，人们的认知决定态度，态度决定行为。主播通过长期表演与交往积累的文化资本和社会资本最终会演化为经济资本，而经济资本又促动主播持续表演与交往，即文化资本、社会资本与经济资本在电商直播中进行持续交换。研究发现，越积极持续开播的主播、越受欢迎的主播，就越具有情感资本的创造力。梅洛维茨也指出"我们扮演某个角色的时间越长，角色就越真实，

---

① 转引自［美］约翰·彼得斯《交流的无奈》，何道宽译，华夏出版社 2003 年版，第 175 页。
② ［美］约翰·彼得斯：《交流的无奈》，何道宽译，华夏出版社 2003 年版，第 132 页。
③ 参见［美］兰德尔·柯林斯《互动仪式链》，林聚任等译，商务印书馆 2009 年版，第 175 页。
④ ［美］兰德尔·柯林斯：《互动仪式链》，林聚任等译，商务印书馆 2009 年版，第 188 页。

这一点不仅仅是对我们的观众而言，对我们自己也是如此。"①

（三）场景传播下的沉浸体验式消费

场景中的"场"是一个源于物理学的概念，"一个场就是一个整体性的存在，其中每一部分的性质与变化，都由场的整体特征所决定"②，"景"指景物、景观。知名学者 John M.（约翰·M）和 Andrew（安德鲁）将场景定义为由空间分布合理的背景和离散的物体构成的真实环境的连贯图像，而其中每一部分的性质与变化，都由场地整体特征所决定。罗伯特·斯考伯（Robertes Cobb）和谢尔·伊斯雷尔（Shel Israel）在《即将到来的场景时代》一书中提出"场景五力"，即大数据、移动设备、社交媒体、传感器和定位系统，认为这些因素将推动建构一个未来真实可感的场景时空。③

技术是场景构建的根本保证，而人则是实现场景构建的关键要素。网络直播正是在互联网、视频实时传输、即时社交、智能手机等技术或设备支持下，在众多主播和用户的应用下，以媒介传播的方式营造出了前所未有的景观卖场和消费情境。销售者和消费者均脱离了传统购物的空间束缚，且无时间差地传播和体验着场景，这也就把商业领域向景观社会再次大大推进了一步。商品展示是自古以来的买卖方式，商场试图通过装饰设计使各种商品情境化得到展示，而网络直播把这种情境推向了更广阔、更真实的空间。所有生产生活场景都能被网络传播，所有产品都可以被置于不同场景中售卖。产品的原料取材、设计加工、包装运输、使用方法等在直播中均被真实化展示和传播，产品从产地开始就被场景化地"直播"到消费者手中，直播间使地理空间失去了间隔性和物理意义，地区关系被弱化，原本物品先从产地被运输再摆上柜台进而被选购的程序被简化，产地与销售地、生产者与消费者仅一屏之隔。用户则被赋予跟随式体验和沉浸式消费的机会。真实的观看体验在社会影响线索和消费者行为意图之间起着重要的中介作用。④ 主播选择并传输场景，用户选择并体验场景。此时，场景既是一种传播方式，也是一种生产方式和消费方式，还是一种链接方式。德波就指出："景观不是影像的聚积，而是以影像为中介的人们之间的社会关系。"⑤ 耳听为虚、眼见为实，通过场景链接增加了消费的临场性、指引力和可信度，既简化信息加工过

---

① ［美］约书亚·梅洛维茨：《消失的地域：电子媒介对社会行为的影响》，肖志军译，清华大学出版社 2002 年版，第 28 页。

② 郜书锴：《场景理论的内容框架与困境对策》，载《当代传播》2015 年第 4 期，第 38 页。

③ 转引自杨丽著《汉、英母语者空间感知倾向对句子在线加工的影响》，首都师范大学出版社 2018 年版，第 16 页。

④ T. Ang, S. Wei and N. A. Anaza, "Livestreaming vs Pre-recorded: How Social Viewing Strategies Impact Consumers' Viewing Experiences and Behavioral Intentions", *European Journal of Marke-ting*, 2018, Vol. 52, No. 9/10, p. 10.

⑤ ［法］居伊－埃内斯特·德波：《景观社会》，王昭凤译，南京大学出版社 2006 年版，第 3 页。

程，提升理性认知；也增强感性冲击，加速消费进程。

在直播平台这个巨大的景观带中，每个直播间都是一个独立的场景，有各种室内室外的背景、各种类型风格的主播、各种外形功能的产品，客观实在的背景和物体是场景的两个重要部分。主播作为"制景人"，深入景观之中，而用户只需要用指尖轻触就可以完成场景的切换，场景游移付出的时间成本、资金成本、体智成本几乎为零，并因为下一个未知场景的出现而获得间歇性变量奖励。视频媒介替代了双腿，人们不必出入商场、工厂、餐厅……却有幸进入各种场景。英国社会心理学家玛罗理·沃伯（Maroli Warber）早就发现，越是不用动脑筋、越刺激、越令人兴奋的内容，越容易为观众所接受。① 因此，电商直播的场景沉浸式购物很容易产生广泛的使用诉求，并把大众消费的线性行为变为多空间跳跃行为，大大拓宽了消费空间、放大了消费视角、增进了消费趣味。所以，直播间中的消费对象不仅仅是被售卖的有形产品，还包括推介产品过程中呈现的空间场景和场景体验。亨利·列斐伏尔（Henyi Lefebvre）认为，（社会）空间就是（社会）产品，空间本身也是行动和思考的工具，是一种生产方式和统治方式。②

（四）价值群体传播下的价值共创式消费

网络直播的技术特性使得主播和用户进行着群体性的信息交互和公开化展示，直播间的所有参与主体构成了一个开放的传播群，群内所有主体都是传播者，都可能在某一时刻参与传播。每一位用户的发言、每一条信息的分享和每一次情绪的表达形成直播间的内生性传播合力，共同构建直播间的场域氛围，共同谱写消费指引图谱，直接或间接地影响主播的售卖性表演行为和用户的购买行为。在公开化群体传播过程中，交往公开化、议价公开化、交易公开化……原本个人化的商品买卖变成了公开化展示，展示过程中各种符号有着或积极或消极的作用。也就是说，电商直播中媒体消费和商品消费是一个集体性过程，所有人通过各种信息碰撞和情绪共振共同建设销售社区、参与产品售卖。主播是群主和传播核心，用户在扮演咨询员、评论员、导购员等角色。亦或者说，主播是主演，用户构成"戏班"，参与互动和购买的用户为戏班中的本场出演者，出演者与主演在特定场景下一起完成每一场演出。

研究证实，在数字化的社会观看环境中，其他社会角色在影响消费者真实观

---

① 转引自钱智民、李沐樨著《电视艺术传播理论专题研究》，吉林大学出版社 2009 年版，第233 页。

② 转引自商建辉著《媒介问题内容产制研究 一种批判的视角》，中国传媒大学出版社 2016 年版，第43 页。

看体验和行为意向方面起着重要作用。[①] 在参与式传播中，传播成为一种在所有利益相关者中开启对话以产生分析和解决问题策略的工具，最终目标是利用传播作为一种赋权工具，让所有的利益相关者在决策过程中发挥积极作用。[②] 一些主播的行为实则已经积极地践行了价值共创的理念。例如，以红包刺激用户转发直播链接。而群体中每一个成员把直播间向外部推荐时，都是在扩散直播间的传播域和知名度，关系直播间的外生性传播范围和销售机遇。

直播间群体共同营造的空间文化和主体间信任度，直接影响成员之间的合作与集体创造力。在直播价值共同体中，主播是价值创造的发起者和主要风险承担者。在主播的主导下，从群体传播到群体共营再到群体共赢，既是过程也是目的。直播间的用户在其中扮演着积极价值创造者、消极价值创造者和沉默价值创造者三个角色。积极价值创造者是指在直播间传播积极信息的用户，如各种正面的询问、协商，客观的评价、点赞，以及积极对外传播直播信息的用户。约翰·费斯克（John Firske）的粉丝理论认为粉丝具有生产力，包括符号生产力、声明生产力和文本生产力。[③] 积极性用户也是最具群体归属性和持续消费性的群体。消极价值创造者是指在直播间传播无关的、低俗的、负面的信息的用户，如挑逗主播、恶意评价产品。沉默价值创造者是指登录直播间观看但保持沉默的用户，其也是直播人气的重要贡献者。直播平台中每一个直播间的观看人数、排名、点赞量、助力榜等指数都被清晰展现，这是直播间受欢迎度和基础性人际资本的标识。"受众商品"理论告诉我们，受众在媒体接触过程中不知不觉成为资本积累劳工。对于主播而言，粉丝数量、观众数量都与商品最终销量正相关，商品销量又与价格反相关。越是影响力大、粉丝量大、销量大的主播，就越具有议价权。主播的议价权意味着消费者的价格优惠度，价格优惠度又影响着粉丝聚集的持续性和粉丝的增长量。"全网最低价"已经成为知名主播的身份象征，并同时强化他们在用户群体心目中的地位。因此，电商主播不仅需要会表演、会交流，还需要懂得如何组织群体传播、提升粉丝数量、培养积极消费者、鼓励价值共创，以获得最广泛的价值。

---

① T. Ang, S. Wei and N. A. Anaza, "Livestreaming vs Pre-recorded: How Social Viewing Strategies Impact Consumers' Viewing Experiences and Behavioral Intentions", *European Journal of Marke-ting*, 2018, Vol.52, No.9/10, p.20.

② 参见韩鸿《参与式传播：发展传播学的范式转换及其中国价值———一种基于媒介传播偏向的研究》，载《新闻与传播研究》2010年第1期，第41页。

③ 转引自沈毅、高丽华、孟祥路等著《传媒·文化·品牌论集》，企业管理出版社2014年版，第100页。

三、电商直播的模式创新助推商业变革

历史学家莉萨·吉特尔曼（Lisa Gittelman）曾提出了一种在两个层面上起作用的媒体模型：①媒体是一种实现传播交流的技术；②媒体是一组围绕技术逐步兴起的相互关联的"协定"或社会与文化实践。[①] 电商直播及其意义的延伸正是这两个层面的综合体现。直播本是互联网的一项技术创新和传播功能叠加，可当它在主播的驾驭和商品、物流、支付系统等的配合下，即以一个具有高度体验性、实时性大卖场的身份进入大众生活时，既销售商品也传播文化。电商直播的售卖过程：首先，通过各种角色扮演和倾情表演引起用户关注（attention）；然后，使用户沉浸于表演、场景、互动交流中而对推介的产品产生兴趣（interest），最后，用户在主播和群体影响下产生购买欲望（desire），最终下单交易（action），成为真正的消费者。

不难发现，直播通过表演观赏、互动交往、场景沉浸、群体共创等极具趣味性和参与性的传播与消费方式实现商品交易，不仅展示了传播与销售呼应、特色鲜明的商业传播逻辑，也使得电商直播的销售模式迥异于商场购物、电视购物、电商购物等先前的销售模式（具体对比见表8－5）。电商直播中销售者和消费者同时拥有了更多的角色、权利和表现方式，消费的综合体验感被大幅提升。这既迎合了体验经济时代消费者的需求特征，也符合媒体受众的心理需求。过去70年中国视频受众变迁的规律，显示了"受众需求一定是向着有更多权利、更完美体验、更便捷获得的方向发展"。

表8－5　四种购物模式特征对比

对比角度	商场购物	电视购物	电商购物	电商直播
销售主体	导购员	电视主持人	无	网络主播（含明星、网红、素人）
销售主体任务	销售产品	主持节目、销售产品	无	直播策划、角色扮演、交流互动、销售产品
销售方式	话语推介	表演展示＋话语推介	文字图片	表演展示＋话语推介＋场景营造＋人际交往
销售场景	商场	演播室	无	各种空间

---

① 转引自［美］亨利·詹金斯《融合文化》，杜永明译，商务印书馆2012年版，第44页。

续表 8 – 5

对比角度	商场购物	电视购物	电商购物	电商直播
消费主体	消费者	观众（消费者）	网民（消费者）	用户（观众、粉丝、消费者）
消费过程	咨询—选择—购买	观赏—选择—购买	查阅—选择—购买	观赏—咨询—选择—购买
消费目的	购物（含消遣）	购物（含消遣）	购物（含消遣）	购物（含消遣、追星、社交等）
链接方式	商场品牌＋产品品牌	电视媒体品牌＋节目品牌	购物平台品牌＋店铺品牌＋产品品牌	直播平台品牌＋直播间或主播关系＋产品品牌

直播技术通过被合理应用与商品销售形成了闭环呼应性对接，并以个性化的动力助推商品零售业多维度变革发展。

第一，助推产业结构的变化。电商直播的不断完善和销量的不断增加，已经对原有的商场购物、电视购物、电商购物等商业模式产生了巨大冲击。

第二，助推商业模式的变化。以情境化传播的方式构建了 C2M（Customer to Manufacturer）商业模式，消费者直观工厂，先下单再生产和运输。

第三，助推购物形态的变化。商场购物、电视购物、电商购物以个体购物为主要形态，而电商直播形成了集体购物的形态，可称之为 B2CC（Business to Community＋Customer），即群体性社区化销售与消费模式。

第四，助推销售规律的变化。商场中大品牌一般占据优势位置，传统电商以销量、信用、价格排序，排序越靠后的商品被关注度越低。但电商直播中，达人主播却能瞬间改变商品品牌的位次和销量，把本不被广泛关注的商品或品牌推向消费场域中心。

第五，助推售卖主体角色的变化。在电商直播中，用户具有信息消费者、信息生产者、商品消费者等多重身份，主播对应拥有信息生产者、信息消费者、商品销售者等多重身份，电商直播主体的角色和行为多元。

第六，助推消费体验的变化。电商直播把大众带入具有娱乐性、交互性、观赏性、场景性、共创性等体验的新消费场域，打破了购物即货币与商品的线性交换行为，购物的体验被丰富化。这些内外反应，是媒介创新后的产业效应，更是社会发展过程中媒介向社会延伸和影响社会的再一次叠加。

四、电商直播的创新意义与产业启示

消费者总是在寻找一种真实的体验。[①] 消费者参与社交观看与消费者寻找真实观看体验之间存在某种联系。[②] 对比研究发现，"直播视频社交观看比录播视频观看对消费者的行为意图影响要强"[③]。这印证了社会影响理论的观点，即社会存在和同步性等线索影响着个人的感知、看法、意图和行为，也说明了直接传输、同步社交、真实体验的技术和应用特性天然地赋予了网络直播商业优势。电商直播把人与人、人与产品、人与场景同时联通和视觉化呈现，其中蕴含的表演展示、知识传播、人际交互、场景塑造、群体共创等，已经超越了商品售卖的传统功能和意义。它突破了 4P（product，price，promotvon，place）的竞争格局，大大推进了 4C（Cuslomer，Cust，Convenvience，Communication）理念的实践效果，带来消费方式的再一次创新，消费资源的再一次分配，以及产业模式的再一次突破，把明星、表演、粉丝、交友这些原本与商品售卖并无紧密关系的概念和元素输入其中。电商直播是对新的媒介技术和社会资源充分利用下的社会化商业奇观。这些背后是技术撬动下现代媒介与商业体系的一次重要融合，是对产业全链条的影响。"产地销售化—销售表演化—表演社交化—社交场景化—场景消费化—消费集体化"是其个性化传播与消费，以及再消费过程。媒介产业与相关产业通过内在机理的深度融合，延伸了很多概念，启示了更大的想象空间。我们不难发现，产业延伸并不仅仅是以直播的技术功能与某一领域的简单相加，链接后的"独特性"是其生命力的关键。网络直播与商品销售链接后，产生的特有的销售模式和消费体验，成为电商直播迅速被广泛认可和使用的关键。随着国民可支配性收入的持续增加，文化消费需求的不断增大，科学技术的不断升级，电商直播将具备更多外部条件，如果能够有充足的优质内容和货品的保障，其持续健康发展是必然的。

① M. S. Featherman, J. S. Valacich and J. D. Wells, "Is that Authentic or Artifificial? Understanding Consumer Perceptions of Risk in E-service Encounters", *Information Systems Journal*, 2006, Vol. 16, No. 2, p. 156.

② A. M. Hede, R. Garma A. Josiassen and M. Thyne, "Perceived Authenticity of the Visitor Experience in Museums: Conceptualization and Initial Empirical findings", *European Journal Marketing*, 2014, Vol. 48, No. 7/8, p. 180.

③ T. Ang, S. Wei and N. A. Anaza, "Livestreaming vs Pre-recorded: How Social Viewing Strategies Impact Consumers' Viewing Experiences and Behavioral Intentions", *European Journal of Marke-ting*, 2018, Vol. 52, No. 9/10, p. 132.

第四节　网络直播撬动媒介竞合发展

一、网络直播促进媒介思维变革

60 年以前，国人主要通过登上舞台或戏台（如学校的舞台、礼堂的舞台）来表演；20 世纪 80 年代，随着电视节目的多样化，人们开始能够登上电视荧幕来展示自我，比如 1981 中央电视台主办首届《北京市中学生知识竞赛》，人们通过参加这些大型活动就有机会上电视荧幕展示自我；21 世纪以来，真人秀节目开始风靡全国，大众不仅可以报名参加很多节目，而且能够从素人华丽转身为明星，例如，《星光大道》的阿宝、《超级女声》的张靓颖、《非常 6 + 1》的阿尔法等，数不胜数；10 年前，人们开始通过网络视频表演，表演的平台向多元化和自由化转变。当人人都有权利传播并成为大众媒介台长和主播的时候，媒介就不再高高在上，不再是统治阶层的特殊工具，而是扁平化于每个个体。

美国前总统发言人丹·普费弗（Dan Pfeiffer）曾预测，随着人们成为自己的主播，各种直播平台将会影响美国 2016 年的总统大选，就好像 Twitter 对 2012 年总统大选的影响和 Facebook 对 2008 年总统大选的影响。[①] 事实与普费弗的预言基本吻合，唐纳德·特朗普（Donald Trump）甚至被称为"推特总统"。"你等着，我去发 Twitter"成为很多媒体对特朗普媒介使用行为形象的比喻。特朗普曾经在接受美国 NBC 电视台的采访时，就认为社交网络能使自己更快速地表达想法，他说道："这是一种现代化的交流方式，我在此发表意见要比通过新闻稿快得多。比起在工作中与那些不诚实的记者们交谈，我在社交网络上可以更真诚地发言。"[②] 这对于之前任何一任美国总统或总统候选人而言都是不可想象的，因为大众媒体是民意的主要影响者。《华盛顿邮报》就直接发文："是时候封他的号了！"《芝加哥邮报》说特朗普"只图自己爽"。特朗普的一条推特就能使丰田汽车股价一天下跌 3%，于是，有公司甚至设置了舆情岗位专门用于夜间监视这位未来总统的 Twitter——因为特朗普住在东部，而很多公司尤其是科技互联网公司都在西部，特朗普早上 6 点发 Twitter 的时候硅谷还只是凌晨 3 点。但这些都不会影响这位总统想说就说的行事风格，因为他不在乎大众媒体了。曾有人

---

① Dan Pfeiffer, "How Meerkat is Going to Change the 2016 Election for Every Campaign, Reporter and Voter". *WIRED*, https://www.wired.com/2015/03/how - meerkat - will - change - the - 2016 - election - for - every - campaign - reporter - and - voter/, 2015 - 03 - 18.

② 《特朗普谈"推特治国"：社交网络更快捷》，见网易（https：www.163.com/money/article/C7PJ33LT002580S6.html），引用日期：2023 年 10 月 1 日。

评价说，集"美国总统候选人"＋"千万粉丝"于一身的特朗普，俨然成了自媒体的一种"极端"。

土耳其总统雷杰普·塔伊普·埃尔多安（Recep Tayyip Erdogan）就利用直播成功保住了自己的总统宝座。2016 年 7 月 15 日深夜，土耳其发生军事政变，政变部队占据了国家电视台。在传统的政变套路中，控制电视台是必然的套路，因为控制了电视台就控制住了最有力的国家声音。可在新媒体时代这一手法就不一定奏效了。7 月 16 日早晨 6 点多钟（北京时间）的时候，土耳其总统埃尔多安通过手机视频聊天软件 Face time 接受美国有线电视新闻网土耳其语频道采访，并发表讲话，号召民众走上街头，抗议政变。土耳其民众确实纷纷走上街头与政变军人对峙，呼喊让军人们滚回军营，结果，7 点多钟的时候，政变者已经被控制；8 点多钟，埃尔多安的飞机降落在了伊斯坦布尔，政变结束。要知道，埃尔多安对社交媒体一直持反感态度，认为这一平台经常被利用发出反政府声音，此前还曾多次公开批评 Twitter 和 Facebook。可见，新媒体平台对于任何人都有公平的机会。

综合上述两个事例可知，理论上人人都具备了绕开主流媒体而成为意见领袖、全民明星的可能，具备了即使不被主流媒体和各种专家的认可也能够成为明星的可能。汤普森认为："电视媒体的存在产生了行动的范畴，行动以上电视为目的而做出，那就是，能被认为值得通过电视传播给遥远和数量巨大的受众。"① 诸多人参加选秀节目，诸多个人或企业制造公关事件，其目的都是想引起大众媒体的关注，以提升社会知名度。现在，这一切都因为自媒体配置而有了更多选择途径，上电视已经不再是不可超越的行动范畴了，于是，诞生了很多没经过电视的推送从直播平台走出的明星。

在越来越多人的传播思维中，广播、电视、报纸、杂志已不占有绝对的空间，互联网也成为一个大的框架概念，其中的微信、微博、短视频、直播等传播渠道都占有一席之地。无论是个体还是组织，一旦需要通过视频呈现或展示自我，寻求电视台的支持已不再是唯一选择，"我的直播频道"已经成为当下重要的被选择对象。例如，2016 年 8 月 27 日，上海杨浦控江旭辉 MALL 开业庆典，上海多名网红作为媒体被邀请参加开业和直播报道。同时，互联网技术的覆盖区域和主播粉丝的密集分布区域构成"我的直播频道"实际覆盖区域，可以是一个城市、一个省、一个国家，甚至很多个国家。在这种传播境况和效果的冲击下，传统的传播理念和媒介思维被彻底改变了。

---

① ［英］约翰·B. 汤普森：《意识形态与现代文化》，高铦等译，译林出版社 2008 年版，第 232 页。

二、网络直播引起媒介生态变化

"生态"（ecology）一词源于希腊语"oikos"，原意是"家""家园"的意思。后来，这一词语的含义被逐步延伸、扩展，"家"被用来指自然界，最终成为对所有有机体相互之间以及它们与其生物及物理环境之间关系的研究，成为一个生物学或者说自然科学领域的概念。媒介也是一个有生命体的生态系统，并与其他社会生态子系统相互关联、相互作用，包括人与媒介、媒介与媒介、媒介与社会、国家与国家之间，等等。互联网自诞生起就一直在持续激荡着媒介社会。报纸从经营困难到大批量关门停刊。电视广告投放量自 2015 年以后也开始持续下滑，2017 年以来头部卫视的多档节目都招商无力，东方卫视《花样好友记》（吴彦祖领队）、江苏卫视《时空摆渡人》（王家卫、梁朝伟等综艺首秀）等很多人牌演员站台的节目都不得不延期或取消拍摄计划，与此相对应的是开播概率不断降低。作为一种新的媒介技术，网络直播必然带来媒介领域的新竞争和媒介格局的新变化。罗杰·菲德勒指出："传播媒介的形态变化，通常是由于可感知的需要、竞争和政治压力，以及社会和技术革新的复杂相互作用引起的。"① 网络直播对于媒体领域的意义不仅是内容制作方式和传输途径的增加，而且对媒介生态、网络生态产生巨大的变革作用力。

（一）时效性的创新

首先，网络直播将在时效性方面彻底击垮传统大众媒体以及其他新媒体，让诸多媒体新闻节目一直宣称的"第一时间、第一报道"的优势荡然无存。自媒体诞生后，公民记者一直在推进着新闻的发布速度。美国"9·11"事件发生后仅 4 分钟，网上就出现了相关报道。本·拉登（Osama Bin Laden）被击毙后，人们从 Twitter 上第一时间获知。美国前参谋 Kieth Urbahn 在 Twitter 发出这样一条信息"So I'm told by a reputable person they have killed Osama Bin Laden. Hot damn."直播会把新闻更快速化传播和更形象化呈现。因为公民手中的手机就是一台微型"直播车"，即时性音视频传输的特征保证了第一时间对事件的清晰呈现，连其他自媒体打字或录像的时间都"删除"了。巴黎暴恐袭击发生后，第一时间的现场视频来自直播平台 Periscope。网易早就开始在世界上招募媒体人和学者"特派员"，通讯员距离任何事发地点不超过半小时，这样的报道速度，显然是传统媒体的外派记者方式难以企及的。《2018 中国媒体消费趋势报告》显示，受众对"好内容"的认同中有 80.90% 的被调查者选择"足够及时和准确让

---

① ［美］罗杰·菲德勒：《媒介形态变化：认识新媒介》，明安香译，华夏出版社 2000 年版，第 18 页。

我了解此刻世界"这一项。① 这说明信息的快捷性获知仍然是重要的媒介需求。与此同时，网络直播的交互性特点还能使其可以根据观众的要求来调节传播视角、传播长度等。

（二） 内容上对"独家解读"的变革

网络直播将在时效性的基础上对"独家解读"提出挑战。我们知道，在独家新闻稀缺的时代，独家评论或独家解读就成为大众媒体的重要声音。但是，由于网络直播具有了互动功能，于是任何受众都可以成为评论员，这就必然会对媒体的观点构成一定的挑战和稀释。网易传媒 CEO 李黎表示，直播颠覆了传统的资讯报道方式，是网易新闻重构新闻渠道的方式和手段。② 网易在 2016 年就开始重新建构网易天网直播的采编架构。要发展 5000 人以上的草根合作伙伴，在全球拉起一张资讯的天罗地网，在全世界已经安排了数以千计的"全球特派员"，形成全球化、全天候的直播响应机制。CCTV5 总监江和平曾经对伦敦奥运会的转播进行总结时谈道："网络铺天盖地的声音给我们造成了双重威胁，一是我们的报道人员会依托网络资讯，受网络舆论的影响；二是网络媒体的视频力量变得越来越强大，也会影响和分流我们的能量。"③ 而上述相应变化和挑战还是在网络直播还没有广泛使用的时候。根据路透新闻研究院的一份报告表明，67% 的人认为新闻媒体往往受到强势人物和特殊利益集团的影响，只有 40% 的人信任新闻媒体，认为记者在检查消息来源、核实事实、提供证据来支持索赔方面做得很好，只有 24% 的人认为新闻媒体比社交媒体更受信任。④ 这愈加说明了，人们对新信息渠道的需求强烈。

（三） 空间上的"近距离交互体验"

直播的"近距离交互体验"让电视媒体长期以来优于其他媒体的体验感受到威胁。大众媒介中视听媒介因为对视听感官系统形象的刺激而成为体验感最强的媒体，从电影、电视到互联网视听都是如此。但是，电影、电视给予观众的"感知式体验"多于"沉浸式体验"，直播的交互功能和与主播无距离感的交流使其比传统的视听媒体具有更多的沉浸体验感，直播的游戏性也是沉浸式体验的

---

① 参见企鹅智库《2018 中国媒体消费趋势报告》，见网易网（https://www. 163. com/dy/article/E-2OOMGK20518V6J5. html），引用日期：2023 年 5 月 1 日。

② 参见周雅《"天网计划"，没想到你是这样的网易新闻直播计划》，见搜狐网（https://www. sohu. com/a/109115527_114765），引用日期：2023 年 3 月 1 日。

③ 江和平：《央视形象中国声音——浅谈伦敦奥运会的主持、解说与评论》，载《现代传播》2012 年第 10 期，第 75 页。

④ 参见《路透调查报告：仅 4 成受众信任专业新闻，年轻群体偏爱社交媒体》，见百度网（https://baijiahao. baidu. com/s?id = 1586455861921248026&wfr = spider&for = pc），引用日期：2023 年 4 月 2 日。

证明，其未来跟 VR 的结合将使用户沉浸体验会更强。最早的直播平台六间房就曾有主播猛子和他的小伙伴眼镜，在江西宜春一片野林里展开长达 10 天的野外生存挑战，进行全天候 18 小时无间断直播，住野外，捕鱼，吃蜻蜓、螳螂、小甲鱼，等等；同时，类似于神农架探秘、荒野求生等野外生存直播，直播的内容包括地形探险，搭建简易房屋、生篝火、捕捉猎物和野外烹煮，等等，在高度视讯化的场景还原下，我们能跟随主播体验城市空间所缺乏的"本真"。[1]

网络直播自诞生起，即从时间上、空间上和内容上挑战着传统媒体。网易传媒直播中心高级总监庄笑俨说："网易内部把直播称为一种战略，直播其实是一种手段，一种可以让整个互联网生态发生改变的特别的方式。"[2] 网络直播对传统媒体和新媒体的生态改变可能还会持续和升级。其带来的竞争势态，包括媒体之间的竞争和因为竞争带来的创新，使我们看到从"电视综艺节目"到网络综艺再到直播综艺等内容及形式方面的变革和演变，也看到越来越多的大型转播不再动用转播车而是通过网络传输完成的转变。而直播业内部则必须进行规范以保持良性的生态环境，一旦生态被破坏所有的物种都会面临生存困境。媒介也同样是一个"家园"，这个家园要想健康、生机盎然地发展，就必须处理好内外部关系。

三、网络直播与短视频的竞合发展

网络直播的直接竞争对手或者说当前最直接的竞争对手，是比网络直播稍晚起步的短视频。网络短视频的魅力其实可以溯源于 2005 年胡戈对电影《无极》重新剪辑而来的短视频《一个馒头引发的血案》。2015 年 10 月，Papi 酱开始在网上发布原创短视频。2016 年，其凭借变音器发布《男性生存法则》等原创短视频一举成为网络红人，获得 1200 万元的融资。自此，短视频一下子吸引了很多人的眼球。

2015 年后，随着抖音、快手等短视频软件的出现或广泛应用，短视频迅速普及，2018 年被称为"短视频元年"，其发展速度甚至比直播更快，截至 2018 年 12 月，短视频用户规模已达 6.48 亿，[3] 短短两年之内已经比直播多出大约 2.5 亿用户。15 秒拍摄就可以完成一次短视频发布，这比完成一次直播的难度系数更低。传播门槛越低的媒体，越容易让更多的人参与其中，或成为发布者，或

---

① 参见张斌、吴焱文《网络直播景观与反景观二重性分析》，载《现代传播》2017 年第 11 期，第 75 页。

② 《直播不是单一"产品"，而是改变互联网生态的方式》，见搜狐网（https://www.sohu.com/a/122823615_515557），引用日期：2023 年 3 月 1 日。

③ 参见中国互联网信息中心《中国互联网络发展状况统计报告》，见国家互联网信息办公室官网（http://www.cac.gov.cn/2019zt/44/index.htm），引用日期：2023 年 4 月 10 日。

成为接受者。短视频同样具有满足人们的猎奇欲、窥探欲、陪伴感、愉悦感等功能。拍摄者记录生活瞬间，分享生活片段，享受他人的观看和点赞。观看者每次手指下滑，似乎永远猜不到下一个视频会是什么，被称为"间歇性变量奖励"。视频的内容一般无法展现完整的故事和情节，给人一种戛然而止的感觉，人们不会因此放弃，反而会不由自主地多看几遍。这是一种被称为"蔡格尼克记忆效应"的心理现象：人们本能有着将事情做完的驱动力，而那些尚未处理完的事情，会比那些已经处理的事情让人印象更加深刻。

传统媒体也纷纷生产短视频，突破了传统的视频制作风格，动画短视频、脱口秀短视频等传播样态被不断创新，以迎合时代发展和受众观赏习惯。例如，2017 年由中央电视台制作，讲述习近平总书记在"梁家河""正定""宁德"生活工作情况的 3 集短视频《初心》，在中央电视台新闻客户端发布后 24 小时内点击量突破 4 亿，总阅读量超 12.6 亿人次。两会、阅兵等重大活动和仪式的视频爆款层出不穷，给受众呈现了不同于传统报道方式的视频节目。一方面，传统媒体纷纷构建自己的网络视频平台，如中央电视台的"央视频"、湖南台"芒果TV"、《新京报》"我们视频"、浙报集团"浙视频"等；另一方面，传统媒体纷纷进驻新媒体平台，像央视新闻、新华社、《人民日报》等国家级主流传统媒体先后建立抖音官方账号，且粉丝数量均在 400 万以上。

短视频的迅速发展使其成为网络直播在视频自媒体领域的直接竞争对手，成为流量的主要切分者，但也是网络直播最直接的合作者，因为直播和短视频在本质上非常相近。二者在大众化内容生产、平台传播、用户自由选择观看，以及产业链构成等方面基本一致。因此，各种调研报告、学术研究和日常表达中，往往把"直播"和"短视频"平行。而且产业动向也显示，二者正在被网络平台兼容。快手、美拍、秒拍等短视频平台就加入了直播功能，映客、花椒、酷狗直播、YY、斗鱼等直播平台也入局了短视频，且流量不错。"短视频＋直播"已经成为网络平台的互补性产业战略和主播的组合传播策略。直播平台可以增强其非直播时间的用户黏性，强化社交属性；短视频更具实时性与互动性，使短视频成为粉丝流量入口，通过直播打赏和卖货产生直接的变现。直播平台与短视频平台二者一长一短，一个一次性播出，另一个可以反复播出，二者长短结合，相互补充。本研究采访的网红中，开设直播同时开设短视频的主播占 90% 以上。从MCN 机构的视角看，《中国网络直播行业景气指数及短视频报告》指出，具备较高商业价值的优质短视频和直播内容都依赖新颖创意、专业技术和多渠道分发，整合创作者群体的 MCN 模式有助发挥机构的专业优势，实现内容生产和渠道分发的专业化。①

四、网络直播与传统媒体的竞合发展

每一个生物都要在食物链上扮演一定的角色，一个新的物种诞生需要获得使其生存的食物，这就必然导致与原有生物对同一种食物的竞争。在这种态势下有两种结果：一种是大家相互合作寻找更广阔的食物源，一起改善生存状态，提升生存质量；另一种是大家相互之间进行恶性竞争，最终原有食物源都有可能被破坏。很显然第一种是理想路径。网络直播无疑将从时间上、空间上对传统视频形成挤压。尤其是大型网站一方面本身具有较完备的传播技术、通道和流量，与直播结合后会爆发出更大的能量。例如，2016 年春节，网易推出了"2016 年春运直播"，全程 360 小时不间断进行全景直播，吸引了超过 2200 万网友参与直播讨论；科比告别战中 1108.9 万受众观看直播和互动；4 月份对日本熊本地震的跟进报道，连续 5 天不间断直播救灾进展，创造了 3500 万用户参与量。② 但是，传统媒体亦有其自身优势，结合媒介特性、使用方式、使用人群和历史积淀等诸多因素分析不难发现，网络直播与传统媒体在内容制作、传播通道等方面存在巨大的合作空间。据不完全统计，仅 2016 年 3 月至 6 月，BBC 和《纽约时报》在Facebook 上直播就超过 99 次，《今日美国》超过 19 次。③

第一，时间空间覆盖度与内容制作精度深度相互配合。网络直播拥有 24 小时的全民传播队伍，能够呈现诸多主流媒体无力顾及或不易顾及的场景、人物和事件。本研究选取科比退役当天北京电视台、浙江电视台、上海东方电视台、爱奇艺等几家媒体对这一事件的报道作为研究对象，做受众实验分析。虽然每个电视台因为自身定位和新闻报道的栏目不同，且退役赛当场比赛的内容和回顾科比篮球职业生涯传奇的内容都占主导，但参与实验的观众印象最深的两个镜头是"当天洛杉矶市政厅亮起了象征湖人的紫荆灯光""斯坦普斯球馆的地铁站当天临时改名为'科比站'"；而这两处都不是球场内的信息，属于典型的后台信息，这恰恰说明今天的人们对非传统性主要信息的获知欲。自媒体内容制作的高度、深度、精度与主流媒体还存在很大差距，因此，我们完全可以想象，网络直播是

---

① 参见中国信息通信研究院政策与经济研究所《中国网络直播行业景气指数及短视频报告》，见微信公众号（https://mp.weixin.qq.com/s?_biz = MzA3OTk5NDg0Nw = = &mid = 2650433734&idx = 2&sn = 99ea2ee010eb815bd7ee340ad7bab475&chksm = 87a5c276b0d24b60a12bfe011e4bea8528df30fc5e6de5983f21409 eed17528421781c0c4a97&scene = 27），引用日期：2023 年 4 月 5 日。

② 参见黄佳念、刘书田《当"直播 +"涌入新闻业——移动新闻直播在新闻场景中的应用分析》，见人民网（http://media.people.cn/n1/2017/0109/c409688 - 29009851.html），引用日期：2023 年 4 月 10 日。

③ 参见李琳《新闻网络直播——媒介融合时代下新闻报道的新思维》，载《新闻世界》2017 年第 2 期，第 50 页。

快速的信息源，而主流媒体是深度内容提供商，二者的联合可形成时空优势、平台优势与内容优势的互补。2020 年，中央电视台推出 24 小时不间断直播特别节目《共同战"疫"》，"央视频"则开设系列慢直播，全景式呈现武汉火神山、雷神山医院建设场景，呈现出精制的新闻内容与直播长时间、全方位展示的相互配合。Facebook 与《纽约时报》之间的合作关系就是这种合作理念的体现，Facebook 负责支付费用，《纽约时报》负责直播视频的制作。腾讯公司与人民网也形成类似的合作关系。2018 年 3 月，腾讯公司宣布，将签订视频版权采购框架协议，采购人民网的优质视频内容。①

第二，便捷性时效性与公信力影响力形成互补。大众媒体多年来积累的公信力和影响力是自媒体难以企及的。即使同样的内容，经过大众媒介的把关和传播就具有更高的可信度。因此，如果网络直播尤其是移动直播能够跟大众媒体结合，其传播力会大幅提升，而大众媒体也可以更迅速便捷地获得信息源。2016 年 3 月，BBC 就通过 Facebook Live 对欧盟与土耳其的峰会新闻进行直播报道，这则新闻直播一共有 12 万多人在线观看，并收到 1400 条评论。英国凯特王妃生产后首次亮相公众，CNN 记者通过 Periscope 进行直播。不难想象，未来这样的报道方式将趋向常态化。

第三，传播主体跨屏与影响力跨屏。多屏时代的屏幕虽然是物理性的客观存在，但视频内容可以融合，传播主体可以移动和合作。主体的移动不仅是拍摄空间和传输屏幕的变化，更是影响力的移动和粉丝的跨屏。2020 年 5 月 1 日，"央视 boys"亮相国美直播卖货，中央电视台 4 大知名主持人康辉、尼格买提、朱广权、撒贝宁进行了脱口秀式的售卖，在京东、拼多多、中央电视台各大新媒体端口同时播出，直播 3 个小时累计观看人次超过 1600 多万，卖货金额达 5 个多亿。②

这个数字的得来，显然既有他们的网络粉丝的支持，也有他们在国家级媒体积累的影响力带来的围观，还有电视受众的跨屏收视，甚至有人大呼"央主播一出手，所有主播都下岗"。2020 年 5 月 5 日，主持人汪涵、音乐人主持人张大伟直播碧桂园购房节，两小时累计总观看人次近 800 万。③ 这样的传播主体跨屏案例正在不断涌现。

第四，经营与生产的融合发展。新媒体对电视台媒体产生巨大冲击已是不争的事实了。一直领跑各大卫视广告收入的湖南卫视，近几年广告营收呈明显下滑趋势：从 2016 年的 110 亿元跌至 2018 年的 86.8 亿元。媒介融合是新媒体诞生

---

① 参见刘阳、王宇鹏《人民视频客户端上线》，载《人民日报》2018 年 3 月 3 日，第 4 版。

② 全网云《cms：撒贝宁、朱广权、康辉……央视 Boys 直播卖货 5 个亿》，见百度（https://baijiahao.baidu.com/s?id=1673672135152637190&wfr=spider&for=pc），引用日期：2023 年 3 月 1 日。

③ 《汪涵、大张伟坐阵碧桂园购房节，直播卖房到底可行吗？》，见网易严选（https://www.163.com/dy/article/FC1M7VEF05390TQD.html），引用日期：2023 年 3 月 20 日。

后媒体发展不断强调的路径，网络直播与电视媒体在各种功能、特征、人物相互补充与配合的基础上，最终与电视媒体在内容和经营上全面融合。2016 年东方卫视播出的综艺节目《女神的新衣》第 3 季《我的新衣》在电视节目中引入移动端入口，观众通过扫码即可以进入购买页面，既提高了观众的节目参与度，又直接实现了跨平台购物。2017 年 6 月，"东方购物"天猫旗舰店铺火热开张，打造了极具东方购物特色的直播间平台"臻品惠生活"。2019 淘宝直播盛典在杭州隆重举行，东方购物成功摘得"2018 年度优秀 PGC 机构"奖项。这便是我们以往看到的电视媒体主导的大型评选的反转。2020 年以来，多家电视台都带着自家综艺进了直播间。江苏卫视入驻淘宝直播，开设账号"荔枝台"，在《新相亲大会》的综艺现场搭建直播间，探班正在做节目的孟非；湖北经济卫视的《一夜惊喜》则邀请了 10 位网红主播，在现场进行同步网络直播；芒果互娱与淘宝在内容生态方面达成合作，湖南卫视《中餐厅》等王牌节目衍生成淘宝直播节目进行带货。上述事例充分说明，网络直播节目与电视节目已经可以相互生产内容、相互迁徙节目和相互支持经营。

世界各个国家的传统媒体已经看中了网络直播的优势，正在积极地拥抱网络直播。在美国，Periscope 与新闻直播合作常态化，亚利桑那州的 KGUN 电视台在新闻播报的同时，运用直播技术与观众互动，并直播节目间隙的主持人活动。[①]《纽约时报》一直把发展视频直播业务作为向数字化媒体转型的重要战略手段。2016 年 4 月，《纽约时报》与 Facebook 旗下的直播平台 Live Video 合作，到年底直播浏览量就超过 1 亿。公开资料显示，在共和党人特朗普和民主党人希拉里·克林顿（Hillary Rodham Clinton）展开第一场总统辩论时，《纽约时报》直播视频的观看人数超过 500 万人次；埃里卡·巴杜（Erykah Badu）和歌手兼演员克里斯汀·肯诺恩斯（Kristin Chenoweth）合办的演唱会视频播放次数为 390 万人次。2016 年 3 月，BBC 就通过 Facebook Live 对欧盟与土耳其的峰会新闻进行直播报道，为观众带来了全新的新闻体验。这则新闻直播一共有 12 万多人在线观看，并收到 1400 条评论。[②]

在国内，以人民日报为代表的媒体都抓住了直播和短视频这一融合发展的机遇和契机。2018 年 3 月 2 日，人民网、腾讯、歌华有线共同宣布启动视频战略合作，成立合资公司，共同发力直播和短视频业务。人民视频客户端同日正式上线。央视新闻移动直播负责人董大伟说："我们从后台在直播中截取画面、截取短视频，做成微视频，进行二次传播。我们开了微博账号、央视新闻客户端，现

①　Michael Malone, "Scoping Outthe Next Newsgathering Trend", Broadcasting & Cable（https://www. broadcastingcable. com/news/scoping - out - next - newsgathering - trend - 142181），引用日期：2023 年 4 月 20 日。

②　参见李琳《新闻网络直播——媒介融合时代下新闻报道的新思维》，载《新闻世界》2017 年第 2 期，第 50 页。

在有了央视新闻移动网。我们认为，社交媒体是有效补充，它是不可或缺的。但是核心内容，还是在自有网站上进行第一次转播。"①

20世纪之初，出现了以电力、化学、内燃机和轿车为代表的工业浪潮；50年代再一次出现了工业浪潮，其特征是电子、航空和石油化工。20世纪的大部分时间里，人们认为国家的经济实力尤其是工业实力要通过烟囱、铁路和空中运输系统来实现。从20世纪末期开始，互联网发起的由信息构成的服务型经济——基于知识和创新的经济开始超越传统的工业经济。比如，在1995年至1998年间，信息技术对美国经济增长的贡献至少占了1/3，国民生产总值提高了22%。②网络直播诞生于信息产业时代，抓住产业机遇无可厚非。在内容规范、质量保障的基础上推动产业持续健康发展是长远之道，科学的管理理念和恰当的产业思路至关重要。根据内容产业的本质和关系经济的特点，创新内容与链接他者并行，同时打造产业群，力求立体式全面发展。无论是与商业领域的链接，还是与传统媒体的合作，都是其在直播媒介本体和产业经济特点使然下的合理应用。

第五节　网络直播的未来走向

媒介作为人的延伸，具有工具性，使得人类的审美方式、知识范围、交际空间等得到了扩容。媒体使用者由传统手工时代的"静观"、机械复制时代的"震惊"，扩展到了数字虚拟时代的"融入"。数字时代人与媒体越来越近，相互伴随的时间越来越长。与此同时，人们的社会信息拥有量和消费量大规模增长。目前，人类社会信息倍增时间仅18个月左右，互联网媒体一路高歌猛进，网络直播亦搭乘在这班列车上。尤其是2020年，网络直播成为流行的信息传达、商品销售、文化娱乐的方式，其使用率和使用范围大幅增长。互联网技术是时代发展的催化剂，推动新事物、新思维、新产业层出不穷，不断突破人们的想象力，延伸人们的行为方式。网络直播是在技术支持下的媒介实践、文化实践和商业实践，满足了人们在身体、心理、精神等多方面的需求，如果其发展方向正确、管理科学、内外协同，那么，其自身发展与联动效应都将有着巨大的潜力。

一、媒介实践不断被科技推动并加速前进

从"互联网"到"视联网"，人类正在被技术牵引，进行一场万物连接和视

---

① 参见2016年6月6日"全国党媒视听内容融合发展论坛"举行期间的发言。
② 参见［美］伯纳多·A.胡伯曼《万维网的定律——透视网络信息生态中的模式和机制》，李晓明译，北京大学出版社2009年版，第9页。

界无限的革命。视联网是借助图形图像、视频识别、人文智能、移动计算等技术产生虚拟对象，并通过空间定位、三维注册、多种传感、无线传输等技术将该虚拟对象准确地"放置"于真实环境中。同时，通过互联网实现显示终端与云计算中心之间的信息交换和通信，给使用者呈现能反映应用当时环境、气候、场景等相关三维信息的感官效果真实的新环境，具有虚实结合、实时交互、多维显示特点的全新网络。网络直播能够实现全网高清视频实时传输，将众多业务应用推向高清化，实现面对面的体验，最终将实现世界"无距离"，实现全球范围内人与人的距离只是一个屏幕的距离。

从人工生产到智能生产，人类正在进行着一场内容生产多元化的革命，智能化内容生产时代已经到来。腾讯的 Dreamwriter 软件根据算法在第一时间自动生成稿件，1 分钟内可将重要资讯和解读送达用户；封面新闻的"小封"软件不仅可以极速写作，更能够应用语音识别、意图识别等 AI 技术，基于新闻、兴趣、生活与用户展开互动；微软的"小冰"软件可以生产文本，可以通过语音播报 24 小时不间断地向用户提供资讯服务，可以与用户自由对话，用户也可以在不同平台和不同设备上"领养"和"训练"微软"小冰"；百度智能视频合成平台 VidPress 的用户仅需一键输入新闻图文内容链接，视频素材就能智能化聚合、解说词生成、语音合成、音视频对齐和渲染导出，整套制作流程在 9 分钟以内能即可高效完成。中华人民共和国成立 70 周年庆祝活动报道中，央视新闻新媒体首次运用 AI 人工智能技术到短视频剪辑中，AI 剪刀手 1～3 分钟就能出片。视频的智能化生产技术，主要解决的应用包括图片的短视频化、同主题视频集锦生成（如进球集锦）、视频化行业新闻、活动报道视频新闻的自动生产、数据新闻的视频化、智能化导播、自动字幕生成、视频封面的智能化生成、智能编目等。① 相较于人工剪辑和人工传播，AI 技术的加入使得视频产量实现几何式增长，且识别准确率较高，这大大提高了效率，解放了人力。2018 年 11 月，国内首个全仿真男性形象的人工智能主播开始上岗；2019 年 2 月，仿真女性形象人工智能主播上岗。2021 年年初，淘宝推出虚拟主播天团"功夫主播 108 将"，在年货节期间提升消费体验。哪吒重生面具人、三只松鼠、海尔兄弟、天猫国际猫机长等虚拟主播作为超级年货官空降直播间，带动消费者囤年货的同时送福利。虽然目前人工智能主播在人性化、应变性等很多方面还不能与真人主播相比，但其未来不可限量。

从"我演我看"到"技术导看"，用户对内容接收进入了一个新的具有高度体验性时代。增强现实技术（AR），将真实世界信息和虚拟世界信息"无缝"集成，把原本在现实世界的一定时间和空间范围内很难体验到的实体信息（视

---

① 参见彭兰《增强与克制：智媒时代的新生产力》，载《湖南师范大学社会科学学报》2019 年第 4 期，第 133 页。

觉信息、声音、味道、触觉等）通过电脑等科学技术，模拟仿真后再叠加，将虚拟的信息应用到真实世界，被人类感官所感知，从而可以达到超越现实的感官体验。2014 年"两会"期间，有记者佩戴"谷歌眼镜"进行采访；2019 年"两会"期间，再次出现 AR 眼镜的身影。AR 眼镜帮助记者直击现场第一视角直播，让荧幕另一端观看直播的网友感受现场最真实的氛围。虚拟现实技术（VR），利用电脑模拟产生三维空间的虚拟世界，提供使用者关于视觉、听觉、触觉等感官的模拟，让使用者如同身临其境一般，可以及时、没有限制地观察三维空间内的事物。《2020 中国网络视听发展研究报告》还显示：超六成的受访者认为"云模式 + 视听"是未来发展的新方向；云讲座、云论坛、云招聘、云录制、云相亲、云蹦迪等各种云上行为已经层出不穷。VR 技术、云端收看，将会创造出不在现场胜过现场的体验。①

凡伯伦于 1929 年在其著作 *The Engineers and the Price System* 中首次提出"技术决定论"。技术正在向全传播链条蔓延，随着 AI（内容生产端）、5G（传输途径）、VR、裸眼 3D（接收端）等技术的进一步科技赋能，拟境会越来越逼真，网络直播的传播效果会进一步增强，内容的体验度会越来越深；在技术的推动下，用户的身心体验会更直接作用于其观看意愿、互动意愿和消费意愿，人们会成为更忠实的"屏之民"，由此可见，技术对现实社会的影响效果还会持续增大。

二、网络直播不断日常化并传向世界

人类是一个智慧而神奇的物种，大约 1 万年前信息的传播还主要是在仅有一百来人的乡村中通过口语来交流。1895 年电影的发明，人类有了流动视频媒介，其后又有了电视，再后来有了电脑、网络和智能手机。在媒介技术日渐构成生活机理的趋势下，技术对于人类身体的规训和生活的牵引有着愈演愈烈的趋势。智能手表的设计初衷是将人们从手机中解脱出来、将屏幕时间归还于人类，提供了一个回望电脑、手机对人类影响的"后视镜"，帮助浸淫其中的我们意识到媒介技术环境长久以来对身体的控制。② 但是从媒介发展史和对媒介的实际应用来看，新的技术似乎并没有让人们从媒介设定的场域中解脱，或者说从一种媒介场域走出但立刻会进入另一种媒介场域。德国媒介学者弗里德里希·基特勒（Fredirch Kittler）早已发现留声机、打字机、电影等媒介技术改变了人类的思维

---

① 参见《2020 中国网络视听发展研究报告》，见国家广电总局网（http：//www. nrta. gov. cn/art/2020/10/14/art_3731_53332. html.）引用日期：2023 年 10 月 10 日。

② 参见宋美杰、徐生权《作为媒介的可穿戴设备：身体的数据化与规训》，载《现代传播》2020 年第 4 期，第 46 页。

结构和社会秩序，即媒介决定了人们的处境。

视频媒介的一步步前行，使人类一步步成为彼此的社区邻居。直播、短视频向全社会吹响了"视频大生产运动"的号角，也成功地把地球带入"视频大消费运动"。生产视频和消费视频简单如吃饭、睡觉等人类基本生活行为。人类接触视频已经完全不再受制于技术、设备和空间，已经从电视的一对多的星型传播，到了网络时代的多对多的视频传播。有学者认为，21世纪传播或媒介研究的最大挑战可能是媒介的消失不见。这种消失并不是说媒介真的不见了，而是愈加作为一种生活基因贯穿于日常生活。互联网教父凯文·凯利说，我们已经成为"屏之民"。手机屏、平板屏、电脑屏、电视屏都成为无实质性功能区别的综合性内容传输的前端设备，一屏在手，内容尽收，且屏不离手。

尼葛洛庞帝说，"电子邮件"混淆了工作和私人的讯息，将周日变得跟周一没有什么不同。[1] 智能手机又使互联网媒介时时刻刻介入人们的日常生活，在这样的背景下，直播也就成为人们零距离的传播和接收信息的方式。在此之下，直播作为一种互联网传播形态与使用者之间几乎拥有了绝对的"温度"，它不仅成就了无时差人际传播，还实现了无时差人际交流，实现了"直播生活化"和"生活直播化"。而且网络直播平台不断对内容进行垂直化细分，体育、音乐、舞蹈、美食、二次元……被直播场景、主体和主题越来越多元化，老师讲课、院士讲座、医生问诊……网络直播营造出一种只要打开直播，"工作、学习、娱乐"想到什么就有什么的生活陪伴状态。

张爱玲在《公寓生活记趣》中写道："公寓是最合理想的逃世的地方。夏天家家户户都大敞着门，搬一把藤椅坐在风口里。这边的人在打电话，对过一家的仆欧一面熨衣裳，一面便将电话上的对白译成德文说给他的小主人听……"[2] 这也许是网络直播最形象的写照。每一个直播间的门都打开着，每一个直播间都在进行着各自的活动，人们可以在那里寻找到逃避、快乐、友人……

正是因为视频自媒体打破了媒介权力界限，弱化了对阅读能力的要求，以一种生活伴侣的角色陪伴人们，已经成为非常好的对外传播途径。《习近平总书记的一天》在移动端的传播，在国内获得1.2亿直播播放量的同时也收获了来自Facebook、Twitter、YouTube等海外平台超80万的阅读量。皮尤数据显示，2015年的时候，63%的Twitter用户和63%的Facebook用户把其平台当作新闻信息平台。社交媒体早已是最主要的新闻平台。目前，李子柒的海外粉丝量达2000万，成为海外粉丝量最多的中文博主，其中70%～80%的关注者为非华人。通过技术查重和信息抓举对海外评论标签做归类，发现"立志""独立自主""美食"

---

[1]　N. Negroponte, *Being Digital*. New York：New York Vintage Books, 1995, p.195.
[2]　张爱玲：《流言》，北京十月文艺出版社2009年版，第23页。

等成为海外人士关注李子柒的主要理由。① 这说明两点：一是视频确实跨越了语言和文化，以一种直观画面制造出简单的可理解性，二是互联网作为一种跨区域媒介，面向的是世界范围内的用户。在主流媒体西强东弱，在西方舆论常常无端制造谣言，在美国极力限制我国加速超越的国际局势下，视频自媒体是当代对外传播的重要手段，是建设文化强国过程中让中国文化走出去的重要途径。而越是如此，内容质量就越是重要。

三、内容仍然是视界长期竞争的焦点

电影、电视、互联网三大视频媒介深深植入现代人的生活，电影、电视剧、综艺节目、真人秀、动画片……网络大电影、网络剧、网络综艺……短视频、直播等各种类型的视频内容构筑了前所未有的"视频帝国"。这些媒介、内容之间是相互合作、相互融合的关系，更是相互竞争、此消彼长的关系，因为它们都在竞争人们的注意力，而注意力是稀缺资源。视频传播形式在不断创新的同时，人类少许的空闲时间也不断被碎片化占取，连碎片化的时间里都在进行着注意力大战。2021 年 5 月，腾讯推出一款名为"片多多"的 App，看片居然还能赚钱！每看一小时大概可以得到 3600 金币，约可以兑换 0.20 元，这折射出媒介极度繁荣时代的竞争已至白热化。

2021 年 4 月，快手"嗨嗨星朋友"直播正式官宣。2020 年 4—6 月，包括陈坤、黄子韬、李晨、秦昊、伊能静、岳云鹏、郑恺等在内的众多明星总共带来 66 场直播，做到"每周"的覆盖。这说明直播平台在不遗余力地争夺最具影响力、最具内容吸引力的直播主体。网络直播从一开始就在参与视频大战，同时其直播业内部竞争也日趋激烈。2020 年 5 月，微信打通了公众号和视频号直播。具体来说，在视频号和公众号绑定的前提下，如果视频号正在直播，订阅号会显示直播状态。这是腾讯再一次利用其流量先在优势抢占价值领域的大动作，不仅意味着公众号积攒下的粉丝都是视频号直播的潜在观众，更意味着进一步打破了图文和视频的内容界限，增加了内容创作的手段。此举显示出腾讯对直播业未来价值的高度认可，也说明无论是视频巨头还是互联网巨头，都在加速争夺直播产业的市场份额。

平台间、MCN 机构间、主播间全面竞争。回看媒介发展史，媒介的类型随着技术不断地发展而不断增加，随着经济的发展媒体的数量也在增加，随着竞争队伍的不断壮大，竞争日趋激烈在所难免。对人才的竞争大战时常上演，你从我处挖人、我从他处挖人已是常态。熊猫直播刚开业的时候，把斗鱼旗下的 4 大花旦挖走两人，但在斗鱼直播获得腾讯投资以后，不少熊猫直播的知名主播又被斗

---

① 参见李子柒母公司微念品牌管理创始人刘大雄在"2021 苏州·中国文化产业峰会"上的发言。

鱼直播引入。目前，知名主播的转会费已经上亿元。"流量至上"的理念并无问题，只是逻辑上必须先有"品质为王"，主要视频网站抢占独播剧和发力自制内容亦说明深谙此理。

微念品牌管理公司是李子柒 IP 的打造者，创始人刘大雄在中国文化产业峰会上发言时说，李子柒从人设到视频内容都有着不可复制性。"减量提质"或许成为一种发展思路，即平台、主播、MCN 机构不要一味追求播出人数或时长，而是凝心聚力于内容的独创性。因为经过近十年的发展，直播平台、频道、主播都已经有了"大数量"，接下来的关键是"高质量"。这一改革思路在近年中国电视剧产业发展中颇为有效。获国家广播电视总局批准发行的电视剧从 2017 年的 314 部，控制到 2021 年的 202 部，质量得到了更大保障。这一改革思路有两大功能：一方面，保障了资源的相对集中和有效利用；另一方面，保障了资源的高质量转化。

在全球化竞争时代，媒介不仅竞争生产什么，还竞争传播什么。媒介传统的内容生产主要依赖人的判断和经验，但在智能化时代，机器、算法会将人的经验性行为变成程式化的行为。也就是说，媒介传播什么是靠算法算出来的，而不是想出来的，媒介竞争也是技术的竞争和算法的竞争。因此，以内容为核心的用户竞争，必然是一个日益复杂的战场。

四、网络直播不断被社会认可并赋能发展

2020 年新冠疫情期间，网络直播扮演了重要的社会角色，火神山医院建设被直播，线上旅游新体验，地方政府官员开播推销本地特产，名人开播做公益，网络直播在教育、扶贫、旅游等方面的功能凸显，社会形象明显渐好。2020 年年底正式发布的《中国网络直播行业社会责任履行研究报告》显示："精彩""爱""美""摩登""幸福"等词汇成为网友们对网络直播的热评关键词，主流媒体对"直播"呈中立偏正面态度，基本认可了直播平台的社会功能和服务价值。[①] 这说明官方对网络直播从监管逐步走向监管和肯定。第八届中国网络视听大会"视听＋扶贫、抗疫"分论坛上，国家广播电视总局公共服务司司长邓慧文亦指出："网络视听不仅是宣传工作的重要载体，也是脱贫攻坚的重要力量，'视听＋扶贫'成为全社会参与扶贫、了解扶贫的重要途径。"[②] 可见，任何媒介

[①] 《〈中国网络直播行业社会责任履行研究报告〉正式发布——直播行业进入全面推动社会创新发展的 3.0 时代》，见微信网（https://mp. weixin. qq. com/s?_biz = MzU2MTA2MDI5OA = = &mid = 2247486405&idx = 1&sn = e0d3d01f91aa2803620058f0dde87a40&chksm = fc7fcb60cb08427682fcbfdc967a3bd5 2e70ff73bd0d06ef5c40a64a43df26bc7f89a0a15889&scene = 27），引用日期：2023 年 10 月 16 日。

[②] 翁一：《扶贫新模式：短视频、直播＋扶贫》，见《第一财经日报》（http://www.mzb. com. cn/ht-ml/report/210131668 − 1），引用日期：2023 年 2 月 5 日。

一旦在社会发展中显示出其正能量，就会得到社会的认可。在此背景下，政府部门也不断为网络直播的发展开辟通道和赋予动能。

首先是人才赋能。从国家到地方陆续对网络直播人才给予认可。2020 年 5 月 8 日，浙江省义乌市人力资源与社会保障局向 19 名"带货主播"颁发全省首批电商直播专项职业能力证书；2020 年 5 月 11 日，受人力资源与社会保障部委托，中国就业培训技术指导中心发布《关于对拟发布新职业信息进行公示的公告》，拟新增 10 个新职业，其中包括互联网营销师。同时，"互联网营销师"职业下又增设了"直播销售员"工种。如李子柒入选全国青年联合会。多数主播对于这一职业的未来发展也越来越有信心。91.20% 的职业主播表示未来两年会从事主播职业，79.70% 的兼职主播表示未来两年会从事主播职业。[①]

其次是政策赋能。2020 年 9 月，中共中央委员会办公厅、国务院办公厅联合印发了《关于加快推进媒体深度融合发展的意见》，进一步明确了媒体深度融合发展的总体要求，坚持移动优先、科学布局、改革创新，要推动主力军全面挺进主战场，以互联网思维优化资源配置，把更多优质内容、先进技术、专业人才、项目资金向互联网主阵地汇集、向移动端倾斜，让分散在网下的力量尽快进军网上、深入网上，做大做强网络平台，占领新兴传播阵地。这既为广播电视媒体的未来发展建设给出了方向指南，提供了利好政策，也为网络媒体发展注入了正规军的力量。广播电视机构的陆续加入和不断深入网络直播领域，在提升行业内容品质的同时，也在以自有社会公信力提升网络直播的行业公信力，为其积极发展注入动力和拓宽道路。

最后是政府赋能。各地政府意识到网络直播在促进产业发展中的潜力，纷纷积极地牵线搭桥，通过政策吸引、人才培养、基地落户等方式推动直播业尤其是电商直播的发展。例如，2022 年 10 月，农业农村部科技教育司印发《2022—2023 年国家乡村振兴重点帮扶县"农村青年主播"培育工作方案》，聚焦农村电商短视频和直播领域，突出对青年农民的技能培养、实践转化，通过线上学习、集中培训、流量扶持、平台赋能等培育环节，培养一批掌握短视频和直播"新农技"、带动农民增收致富和宣传推广乡村发展的"农村青年主播"。依托直播平台推出 16 门近 400 分钟的公益培训课程，超 54 万人次参加在线学习。为内蒙古、广西、贵州、云南、陕西、青海开展 6 场专题培训，提供 50 余门近 140 学时的培训内容，共 300 人参加培训。截至 2022 年年底，累计培训受众超过 1.85 亿人次。2023 年 8 月，北京市商务局发布《关于征集电子商务创新示范项目的通知》，提出对直播电商、线上线下融合消费、农村电商相关的创新示范项目予以资金支持，符合标准的项目最高可获得 100 万元。同时，各地相继出台了多项

---

① 参见陌陌社交平台《2019 主播职业报告》，见中国报告网（https://news. chinabaogao. com/wenti/202001/0194K0402020. html），引用日期：2023 年 3 月 10 日。

政策措施鼓励电商行业发展。比如，山东发布《山东省跨境电商跃升发展行动计划（2023—2025年)》、广西发布《关于促进电子商务高质量发展的若干政策措施》。此外，上海等地也出台了相关文件鼓励跨境电商发展。

本章小结

从报纸、杂志、广播、电视的信息接收，到博客、微博、微信、直播的信息传播，是从文字媒体走向视听媒体、从大众传播走向大众化传播、从精英专业传播走向大众自由传播的过程。作为自媒体的一员，网络直播带来了"大众表演化—表演社会化—社会媒介化—媒介延伸化"的事实。视频传播越来越成为人们的一种生活方式，受众既是主动型收看者，又是自主创作和传播的主体，其创作包括但不限于剧本创作、视频传输、弹幕发言、打赏定制等。与此同时，视频已经不仅是人们欣赏和获知信息的渠道，还渐渐成为人们进行自我展示、思想表达的重要方式。随着制度的完善，网络直播必然越来越规范；随着技术的提升，网络直播必然会越来越具有体验性；随着行业的发展，网络直播与社会的交叉维度一定会越来越多。应该相信，网络直播会在外部认知渐好的态势下，在多方协同建设中规范度越来越高、生产力越来越强、发展趋向越来越好。

参 考 文 献

一、著作

[1] 高文珺，何祎金，田丰，等. 网络直播：参与式文化与体验经济的媒介新景观 [M]. 北京：电子工业出版社，2019.

[2] 李亚，武洁，黄积武，等. 直播：平台商业化风口 [M]. 北京：机械工业出版社，2016.

[3] 勾俊伟，张向南，刘勇. 直播营销 [M]. 北京：人民邮电出版社，2017.

[4] 高长利，李伟东，郭春光. 直播营销：互联网经济营销新思路 [M]. 广州：广东经济出版社，2017.

[5] 贾毅. 电视节目主持人影响力研究 [M]. 北京：学习出版社，2015.

[6] 喻国明，欧亚，张佰明，等. 微博：一种新形态的考察影响力模型和社会性应用 [J]. 北京：人民日报出版社，2011.

[7] 郭景萍. 情感社会学：理论·历史·现实 [M]. 上海：上海三联书店，2008.

[8] 郑永年. 技术赋权：中国的互联网、国家与社会 [M]. 邱道隆，译. 北京：东方出版社，2013.

[9] 惠志斌. 全球网络空间信息安全战略研究 [M]. 上海：上海世界图书出版公司，2013.

[10] 郭庆光. 传播学教程 [M]. 北京：中国人民大学出版社，2011.

[11] 何明升，白淑英. 网络互动：从技术幻境到生活世界 [M]. 北京：中国社会科学出版社，2008.

[12] 宗益祥. 游戏人、Q 方法与传播学 [M]. 北京：中国政法大学出版社，2017.

[13] 赵宏霞. 关系营销、消费者体验与网购信任的建立及维系 [M]. 北京：中国社会科学出版社，2015.

[14] 刘国华，张鹏. 网红经济 [M]. 北京：新世界出版社，2016.

[15] 高宣扬. 布迪厄的社会理论 [M]. 上海：同济大学出版社，2004.

[16] 马志刚. 中外互联网管理体制研究 [M]. 北京：北京大学出版社，2014.

[17] 许国志. 系统科学 [M]. 上海：上海科技教育出版社，2000.

[18] 高贵武. 主持人传播学概论 [M]. 北京：中国传媒大学出版社，2007.

[19] 赵化勇. 中央电视台品牌战略 [M]. 北京：中国广播电视出版社，2008.

［20］李宇. 中国电视国际化与对外传播［M］. 北京：中国传媒大学出版社，2010.

［21］刘习良. 中国电视史［M］. 北京：中国广播电视出版社，2007.

［22］刘建明. 基础舆论学［M］. 北京：中国人民大学出版社，1988.

［23］喻国明，刘夏阳. 中国民意研究［M］. 北京：中国人民大学出版社，1993.

［24］吴玉兰. 媒介素养十四讲［M］. 北京：北京大学出版社，2014.

［25］张海涛，胡占凡. 视界的革命［M］. 北京：中国广播影视出版社，2019.

［26］顾亚奇. 视听传媒的内容生产传播［M］. 北京：中国传媒大学出版社，2020.

［27］姜明安. 行政法与行政诉讼法［M］. 北京：北京大学出版社，1999.

［28］陈力丹. 精神交往论：马克思、恩格斯的传播观［M］. 北京：开明出版社，2002.

［29］冯平. 评价论［M］. 北京：东方出版社，1997.

［30］高贵武. 主持人评价与管理：思维·路径·方法［M］. 北京：中国传媒大学出版社，2014.

［31］年鉴社编委会. 中国新闻年鉴：传媒调查卷2003（下）［M］. 北京：社会科学文献出版社，2003.

［32］《辞海》编辑委员会编. 辞海（缩印本）［M］. 上海：上海辞书出版社，1989.

［33］梅罗维茨. 消失的地域：电子媒介对社会行为的影响［M］. 肖志军，译，北京：清华大学出版社，2002.

［34］斯考伯，伊斯雷尔. 即将到来的场景时代：移动、传感、数据和未来隐私［M］. 赵乾坤，周宝曜，译. 北京：北京联合出版公司，2014.

［35］阿尔纳博尔迪等. 在线社交网络：在 Facebook 和 Twitter 个体关系网中发现的人类认知约束［M］. 凌非，程之，译. 北京：电子工业出版社，2017.

［36］汤普森. 意识形态与现代文化［M］. 高铦，等译. 南京：译林出版社，2008.

［37］罗洛夫. 人际传播：社会交换论［M］. 王江龙，译. 上海：上海译文出版社，1997.

［38］柯林斯. 互动仪式链［M］. 林聚任，王鹏，宋丽，译. 北京：商务印书馆，2012.

［39］麦奎尔. 麦奎尔大众传播理论［M］. 崔保国，李琨，译. 北京：清华大学出版社，2006.

［40］阿什德. 传播生态学：控制的文化范式［M］. 绍志择，译. 北京：华夏

出版社，2003.

[41] 德弗勒，丹尼斯. 大众传播通论 [M]. 颜建军，王怡红，张跃宏，等译. 北京：华夏出版社，1989.

[42] 韦巴赫，亨特. 游戏化思维：改变未来商业的新力量 [M]. 周逵，王晓丹，译. 杭州：浙江人民出版社，2014.

[43] 菲斯克. 电视文化 [M]. 祁阿红，张鲲，译. 北京：商务印书馆，2005.

[44] 波斯特. 第二媒介时代 [M]. 范静晔，译. 南京：南京大学出版社，2000.

[45] 霍尔，尼兹. 文化：社会学的视野 [M]. 周晓虹，徐彬，译. 北京：商务印书馆，2004.

[46] 戈夫曼. 日常生活中的自我呈现 [M]. 冯钢，译. 北京：北京大学出版社，2008.

[47] 奥尔特. 欲罢不能：刷屏时代如何摆脱行为上瘾 [M]. 闾佳，译. 北京：机械工业出版，2018.

[48] 斯特拉特. 麦克卢汉与媒介生态学 [M]. 胡菊兰，译. 河南大学出版社，2016.

[49] 亚里士多德. 修辞学 [M]. 罗念生，译. 北京：生活·读书·新知三联书店，1991.

[50] 德波. 景观社会评论 [M]. 梁虹，译. 桂林：广西师范大学出版社，2007.

[51] 卡斯特. 网络社会的崛起 [M]. 夏铸九，译. 北京：社会科学文献出版社，2006.

[52] 卡斯特. 网络社会：跨文化的视角 [M]. 周凯，译. 社会科学文献出版社，2009.

[53] 霍布斯. 利维坦 [M]. 黎思复，黎廷弼，译. 北京：商务印书馆，1985.

[54] 库尔德里. 媒介仪式 [M]. 崔玺，译. 北京：中国人民大学出版社，2016.

[55] 彼得斯. 交流的无奈：传播思想史 [M]. 何道宽，译. 北京：华夏出版社，2003.

[56] 鲍德里亚. 符号政治经济学批判 [M]. 夏莹，译. 南京：南京大学出版社，2014.

[57] 鲍德里亚. 消费社会 [M]. 刘成富，全志钢，译. 南京：南京大学出版社，2008.

[58] 布劳. 社会生活中的交换与权利 [M]. 李国武，译. 北京：商务印书馆，2008.

[59] 费斯克. 理解大众文化 [M]. 王晓珏，宋伟杰，译. 北京：中央编译出

版社，2001.

［60］延森. 媒介融合：网络传播、大众传播和人际传播的三重维度［M］. 刘均，译. 上海：复旦大学出版社，2015.

［61］麦克卢汉. 理解媒介：论人的延伸［M］. 何道宽，译. 北京：商务印书馆，2000.

［62］英尼斯. 帝国与传播［M］. 何道宽，译. 北京：中国人民大学出版社，2003.

［63］英尼斯. 传播的偏向［M］. 何道宽，译. 北京：中国人民大学出版社，2003.

［64］利文森. 软边缘：信息革命的历史与未来［M］. 熊澄宇，译. 北京：清华大学出版社，2002.

［65］弗雷泽，杜塔. 社交网络改变世界［M］. 谈冠华，郭小花，译. 北京：中国人民大学出版社，2013.

［66］尼葛洛庞蒂. 数字化生存［M］. 胡泳，范海燕，译. 海口：海南出版社，1997.

［67］奎尔曼. 颠覆：社会化媒体改变世界［M］. 刘吉熙，译. 北京：人民邮电出版社，2010.

［68］巴赫金. 巴赫金全集（第五卷）. 白春仁，等译. 石家庄：河北教育出版社，1998.

［69］海德格尔. 存在与时间［M］. 陈嘉映，译. 北京：生活·读书·新知三联出版社，1999.

［70］史蒂文森. 认识媒介文化［M］. 王文斌，译，北京：商务印书馆，2001.

［71］巴特勒. 权力的精神生活：服从的理论［M］. 张生，译. 南京：江苏人民出版社，2009.

［72］莱文森. 莱文森精粹［M］. 何道宽，译. 北京：中国人民大学出版社，2007.

［73］胡伊青加. 人：游戏者［M］. 成穷，译. 贵阳：贵州人民出版社，1998.

［74］苏贾. 后现代地理学：重申批判社会理论中的空间［M］. 王文斌，译. 北京：商务印书馆，2004.

［75］哈维. 地理学中的解释［M］. 高泳源，等译. 北京：商务印书馆，1996.

［76］吉登斯. 社会学：第5版［M］. 李康，译. 北京：北京大学出版社，2006.

［77］吉登斯. 现代性与自我认同：现代晚期的自我与社会［M］. 赵旭东，方文，译. 北京：生活·读书·新知三联书店，1998.

［78］布尔迪厄，华康德. 反思社会学导论［M］. 李猛，李康，译. 北京：商务印书馆，2015.

[79] 凯利. 网络经济的十种策略 [M]. 肖华敬, 任平, 译. 广州：广州出版社, 2000.

[80] 西美尔. 社会学：关于社会化形式的研究 [M]. 林荣远, 译. 北京：华夏出版社, 2002.

[81] 菲德勒. 媒介形态变化：认识新媒介 [M]. 北京：华夏出版社, 2000.

[82] 波兹曼. 娱乐至死 [M]. 章艳, 译. 桂林：广西师范大学出版社, 2004.

[83] 李普曼. 舆论学 [M]. 林珊, 译. 北京：华夏出版社, 1989.

[84] 派恩, 吉尔摩. 体验经济 [M]. 夏业良等, 译. 北京：机械工业出版社, 2008.

[85] 费瑟斯通. 消费文化与后现代主义 [M]. 刘精明, 译. 南京：译林出版社, 2000.

[86] 李特约翰. 人类传播理论 [M]. 史安斌, 译. 北京：清华大学出版社, 2004.

[87] 齐美尔. 货币哲学 [M]. 朱桂琴, 译. 贵阳：贵州人民出版社, 2009.

[89] 豪格, 阿布拉姆斯. 社会认同过程. 高明华, 译. 北京：中国人民大学出版社, 2011.

[90] 凯尔纳. 媒体奇观：当代美国社会文化透视 [M]. 史安斌, 译. 北京：清华大学出版社, 2003.

[91] 彻纳东尼. 品牌制胜：从品牌展望到品牌评估 [M]. 蔡晓煦, 段瑶, 徐蓉蓉, 译. 北京：中信出版社, 2002.

[92] 罗洛夫. 人际传播社会交换论 [M]. 王江龙, 译. 上海：上海译文出版社, 1997.

[93] 胡伯曼. 万维网的定律：透视网络信息生态中的模式和机制. 李晓明, 译. 北京：北京大学出版社, 2009.

[94] 涂尔干. 社会分工论 [M]. 渠东, 译. 北京：生活·读书·新知三联书店, 2000.

[95] 荣格. 原型与集体无意识 [M]. 徐德林, 译. 北京：国际文化出版公司, 2011.

[95] 梅. 人的自我寻求 [M]. 郭本禹, 杨韶刚, 译. 北京：中国人民大学出版社, 2008.

[97] 戴森. 2.0 版数字化时代的生活设计 [M]. 胡泳, 范海燕, 译. 海口：海南出版社, 1998.

[98] 桑斯坦. 网络共和国：网络社会中的民主问题 [M]. 黄维明, 译. 上海：上海人民出版社, 2003.

[99] TIM J. Cyberpower：The culture and politics of cyberspace and the internet [M]. London：Routledge, 1999.

［100］Michael Walzer. Radical principles：Reflections of an unreconstructed Demo-crat ［M］. New York：Basic Books，1980.

［101］LIN NAN. Social resources and instrumental action：Social structure and net-work analysis ［M］. Los Angeles：Sage Publications，1982.

二、期刊论文

［1］习近平. 切实把思想统一到党的十八届三中全会精神上来 ［J］. 求是，2014（1）.

［2］贾毅. 网络直播的经济形态与产业发展路径研究 ［J］. 编辑之友，2018（7）.

［3］贾毅. 网络视频直播的公民赋权与冲突 ［J］. 现代传播，2017（10）.

［4］贾毅. 网络秀场直播的"兴"与"哀"：人际交互·狂欢盛宴·文化陷阱 ［J］. 编辑之友，2016（11）.

［5］贾毅. 网络直播的失范与规范 ［J］. 中州学刊，2019（8）.

［6］贾毅. 传媒经济学视角下节目主持人影响力解析 ［J］. 河南大学学报（社会科学版），2017（2）.

［7］贾毅. 当代中国受众视频消费的变迁轨迹和内在规律 ［J］. 现代传播，2020（1）.

［8］翚楚. 2020MCN 机构排行榜 ［J］. 互联网周刊，2020（21）.

［9］李琳，贾毅. 网络主播、电视节目主持人的比较研究 ［J］. 新闻爱好者，2019（2）.

［10］喻国明. 从技术逻辑到社交平台：视频直播新形态的价值探讨 ［J］. 新闻与写作，2017（2）.

［11］喻国明，马慧. 关系赋权：社会资本配置的新范式：网络重构社会连接之下的社会治理逻辑变革 ［J］. 编辑之友，2016（9）.

［12］喻国明. "网红"是多元社群的"文化标签" ［J］. 党政干部参考，2016（22）.

［13］喻国明，张超，李珊，等. "个人被激活"的时代：互联网逻辑下传播生态的重构：关于"互联网是一种高维媒介"观点的延伸探讨 ［J］. 现代传播，2015（5）.

［14］唐绪军. 互联网内容建设的"四梁八柱" ［J］. 新闻与写作，2018（1）.

［15］周勇. "自主"的情境：直播与社会互动关系建构的当代再现 ［J］. 国际新闻界 2018（6）.

［16］严三九. 沉浸、隐喻与群体强化：网络直播的新景观与文化反思 ［J］. 学术界. 2019（11）.

［17］马春娜. 网络直播平台的品牌营销优势分析 ［J］. 新闻研究导刊，2017（5）.

［18］廖秉宜，索娜央金. 中国网络直播产业市场结构、行为及绩效分析［J］. 新闻与写作，2019（7）.

［19］朱丽萍. 直播产业品牌传播策略［J］. 出版广角，2017（17）.

［20］林品. 偶像—粉丝社群的情感劳动及其政治转化：从"鹿晗公布恋情"事件谈起［J］. 文化研究，2018（3）.

［21］张凯. 从"网红"到"网红＋"：新时期网络直播的转型与发展［J］. 传媒，2017（13）.

［22］胡鹏辉，余富强. 网络主播与情感劳动：一项探索性研究［J］. 新闻与传播研究，2019（2）.

［23］隋岩，曹飞. 论群体传播时代的莅临［J］. 北京大学学报（哲学社会科学版），2012（5）.

［24］张小强，郭然浩. 媒介传播从受众到用户模式的转变与媒介融合［J］. 科技与出版，2015（7）.

［25］肖鹏，郑景惠，张旭东. 体育节目网络直播历程及发展探讨［J］. 山东体育科技，2008（1）.

［26］冯英华. 网络直播与电视直播［J］. 记者摇篮，2006（8）.

［27］李函擎，论网络直播的审美文化特征［J］. 社会科学战线，2019（5）.

［28］周葆华. 谁在使用视频直播?：网络视频直播用户的构成、行为与评价分析［J］. 新闻记者，2017（3）.

［29］陈新儒，陈卓. 直播弹幕：网络粉都文化的双重符号悖论［J］. 新闻界，2018（3）.

［30］倪琼. 从传播心理学分析网络视频直播［J］. 新闻传播，2016（11）.

［31］李卓敏. 广播节目主持人诞生于四十年代初［J］. 广播电视研究，1997（1）.

［32］徐切. 微博打赏商业模式探析［J］. 青年记者，2015（24）.

［33］彭兰. 增强与克制：智媒时代的新生产力［J］. 湖南师范大学社会科学学报，2019（4）.

［34］彭兰. 网络社区对网民的影响及其作用机制研究［J］. 湘潭大学学报（哲学社会科学版），2009（4）.

［35］彭兰. 场景：移动时代媒体的新要素［J］. 新闻记者，2015（3）.

［36］彭兰. 也谈微博话语权［J］. 信息安全与通信保密，2014（3）.

［37］彭兰. 社会化媒体：媒介融合的深层影响力量［J］. 江淮论坛，2015（1）.

［38］曾一果. 网络女主播的身体表演与社会交流［J］. 西北师范大学学报（社会科学版），2018（1）.

［39］王依玲. 网络人际交往与网络社区归属感：对沿海发达城市网民的实证研

究［J］．新闻大学，2011（1）．

［40］潘曙雅，张煜祺．虚拟在场：网络粉丝社群的互动仪式链［J］．国际新闻界，2019（5）．

［41］陈思，唐国俊，杨雪，等．中国网络视频精品节目调查报告［J］．当代传播，2018（4）．

［42］戴斯敏，曲天谣，杜子程．全民直播的隐喻：后现代视角下青年重建社群的尝试［J］．青年探索，2017（3）．

［43］邵道生．近20年来国民心态发展轨迹研究［J］．浙江学刊，1999（4）．

［44］钟绪君，王燕荣．浅析网络直播火爆的原因［J］．东南传播，2016（9）．

［45］陈素珍，邹小雨．浅谈电视主持人明星制［J］．新闻实践，2011（2）．

［46］范如国．复杂网络结构范型下的社会治理协同创新［J］．中国社会科学，2014（4）．

［47］江和平．央视形象中国声音：浅谈伦敦奥运会的主持、解说与评论［J］．现代传播，2012（10）．

［48］张斌，吴焱文．网络直播景观与反景观二重性分析［J］．现代传播，2017（11）．

［49］袁三标．西方媒介话语权力生产机制研究［J］．山东社会科学，2015（4）．

［50］张琦，贾毅．电视综艺娱乐节目主持人的舆论影响力［J］．新闻爱好者，2015（11）．

［51］展江．十五名美国电视新闻节目主持人的经历与素质［J］．现代传播，1996（2）．

［52］马志浩，葛进平．日本动画的弹幕评论分析：一种准社会交往的视角［J］．国际新闻界，2014（8）．

［53］郜书锴．场景理论的内容框架与困境对策［J］．当代传播，2015（4）．

［54］邵培仁，杨丽萍．转向空间：媒介地理中的空间与景观研究［J］．山东理工大学学报（社会科学版），2010（3）．

［55］吴金明，邵昶．产业链形成机制研究［J］．中国工业经济，2006（4）．

［56］胡泳，张月朦．网红的兴起及走向［J］．新闻与写作，2017（1）．

［57］李琳．新闻网络直播：媒介融合时代下新闻报道的新思维［J］．新闻世界，2017（2）．

［58］李思屈．论中国文化产业发展的"3P战略"［J］．西南民族大学学报（人文社科版），2009（3）．

［59］刘永红，高桂英．中小企业的品牌经营战略［J］．经济论坛，2004（11）．

［60］刘军茹．论我国媒介规制的现实困境及制度原因［J］．国际新闻界，2008（2）．

[61] 赵化勇. 构建播音员主持人管理新体系 塑造播音主持队伍整体新形象：在中央电视台播音员主持人管理改革工作研讨会上的讲话 [J]. 电视研究, 2007 (4).

[62] 张新宝, 许可. 网络空间主权的治理模式及其制度构建 [J]. 中国社会科学, 2016 (8).

[63] 许玉镇, 肖成俊. 网络言论失范及其多中心治理 [J]. 当代法学, 2016 (3).

[64] 邹军. 从个人管理到全球共治：互联网治理的历史变迁与未来趋势 [J]. 现代传播, 2017 (1).

[65] 何明升. 中国网络治理的定位及现实路径 [J]. 中国社会科学, 2016 (7).

[66] 张志安, 聂鑫. 互联网内容生态变化：历程、路径与反思 [J]. 新闻与写作, 2018 (10).

[67] 姚建华, 徐偲骕. 全球数字劳工研究与中国语境：批判性的述评 [J]. 湖南师范大学社会科学学报, 2019 (5).

[68] 谢新洲, 宋琢. 构建网络内容治理主体协同机制的作用与优化路径 [J]. 新闻与写作, 2021 (1).

[69] 周峰. 协同生产研究 [J]. 武汉冶金科技大学学报 (自然科学版), 1999 (1).

[70] 周鸥鹏, 张婉. 区块链技术驱动下媒介内容生产机制优化研究 [J]. 中国管理信息化, 2020 (9).

[71] 杜梅. 法律监管下网络直播平台责任研究 [J]. 法制与社会. 2021 (1).

[72] 韩鸿. 参与式传播：发展传播学的范式转换及其中国价值：一种基于媒介传播偏向的研究 [J]. 新闻与传播研究, 2010 (1).

[73] 朱力. 失范范畴的理论演化 [J]. 南京大学学报 (哲学·人文科学·社会科学版), 2007 (4).

[74] 刘颖, 孟健. 国际网络视频直播研究述评 [J]. 信息资源管理学报, 2018 (11).

[76] 秦前红, 李少文. 网络公共空间治理的法治原理 [J]. 现代法学, 2014 (4).

[76] 李维安, 林润辉, 范建红. 网络治理研究前沿与述评 [J]. 南开管理评论, 2014 (10).

[77] 范如国. 复杂网络结构范型下的社会治理协同创新 [J]. 中国社会科学, 2014 (4).

[78] 张玲. 媒介素养教育：一个亟待研究与发展的领域 [J]. 现代传播, 2004 (1).

［79］郑恩，杨菁雅．媒介治理：作为善治的传播研究［J］．国际新闻界，2012
（4）．

［80］郑恩，徐雅兰．媒介善治：公共危机治理的新模式［J］．新闻界，2012
（7）．

［81］章晓英，苗伟山．互联网治理：概念、演变及建构［J］．新闻与传播研
究，2015（9）．

［82］谢俊贵．网络社会风险规律及其因应策略［J］．社会科学研究，2016
（6）．

［83］李雪枫，罗喆．"泛交流时代"：社交直播热像下的交流幻象［J］．山西大
学学报（哲学社会科学版），2018（1）．

［84］郭卫东，李静芳．对网络直播"下半场"发展的思考［J］．新闻战线，
2018（10）．

［85］袁爱清，孙强．回归与超越：视觉文化心理下的网络直播［J］．新闻界，
2016（8）．

［86］王欢，庞林源．网络直播监管机制及路径研究［J］．出版广角，2017
（6）．

［87］王长潇，李爽．网络视频直播平台发展及其对商业场域建构的影响［J］．
当代传播，2017（1）．

［88］严三久．网络直播与视听媒体运营创新研究［J］．现代传播，2017（9）．

［89］许向东．我国网络直播的发展现状、治理困境及应对策略［J］．暨南学报
（哲学社会科学版），2018（3）．

［90］张宁，苏幼真．网络直播间：新部落的建构及其亚文化特征［J］．现代传
播，2017（10）．

［91］章晓英，苗伟山．互联网治理概念演变及建构［J］．新闻与传播研究，
2015（9）．

［92］胡泳，张月朦．互联网内容走向何方？：从 UGC、PGC 到业余的专业化
［J］．新闻记者，2016（8）．

［93］王晶．从网红到网红经济：自媒体传播新探索［J］．出版广角，2017
（5）．

［94］黄也平，周晟羽．今天的"网红直播"与明天的"人人直播"：对网络视
频直播的几点思考［J］．吉林师范大学学报（人文社会科学版），2018
（1）．

［95］张琦．新媒体环境下主持人的形象塑造［J］．新闻界，2014（1）．

［96］杨小军．网络直播面临哪些法律风险［J］．人民论坛，2016（8）．

［97］宋美杰，徐生权．作为媒介的可穿戴设备：身体的数据化与规训［J］．现
代传播，2020（4）．

［98］桂栗丽. 网络直播平台的版权保护问题研究：以版权法适用争议为视角 ［J］. 甘肃理论学刊，2017（6）.

［99］吴峰. 政府首脑发布会上的记者选择机制：理论阐述、影响因素与改革策略 ［J］. 国际新闻界，2017（2）.

［100］商建辉，贾绍茹. 网络视频直播的产业链解读 ［J］. 现代视听，2017（3）.

［101］章晓红. 电视直播报道常态化的重大进步："汶川地震"电视直播报道带来的思考 ［J］. 现代传播，2008（3）.

［102］胡智锋. 为尊严而战：对汶川大地震电视特别直播报道的探析与思考 ［J］. 现代传播，2008（3）.

［103］李岭涛，戚缤予. 中国电视直播发展态势分析 ［J］. 现代传播，2011（6）.

［104］彭锦. 网络直播热潮下的冷思考 ［J］. 电视研究，2016（9）.

［105］ANATOLIY G, BARRY W. Networked influence in social capital and social networks to improve theory and research. American Behavioral Scientist, 2009, 52.

［106］ANG T, WEI S and ANAZA N A. Livestreaming vs pre-recorded: How social viewing strategies impact consumers' viewing experiences and behavioral intentions, European Journal of Marketing, 2018, 52.

［107］STIG H. The mediatiztaion of society——A theory of the media as agents of social and cultural change ［J］. Nordicom Review, 2008, 29.

［108］LATANÉ B. The psychology of social impact ［J］. American Psychologist, 1981, 36.

［109］FRASCA K J, EDWARDS M R. Web – based corporate, social and video recruitment media: Effects of media richness and source credibility on organizational attraction ［J］. International Journal of Selection and Assessment, 2017, 25（2）.

［110］SCHEIBE K, FIETKIEWICZ K J, STOCK W G. Information behavior on social live streaming Services ［J］. Journal of Information Science Theory and Practice, 2016, 4（2）.

［111］FEATHERMAN M S, VALACICH J S, WELLS J D. Is that authentic or artifificial? understanding consumer perceptions of risk in e-service encounters ［J］, Information Systems Journal, 2006, 16（2）.

［112］HEDE A M, GARMA R, JOSIASSEN A, THYNE, M. Perceived authenticity of the visitor experience in museums: Conceptualization and initial empirical findings ［J］. European Journal Marketing, 2014, 48（7/8）.

［113］ POST D G. Against "against cyberanarchy" ［J］. Berkeley Technology Law Journal, 2002 (1).

［114］ JIMMY S. From loving the hero to despising the villain: Sports fans, Facebook, andsocial identity threats ［J］. Mass Communication and Society, 2013 (4).

［115］ MAX S, JUHO H. Why do people watch others play video games? an empirical study on the motivations of twitch users ［J］. Computer in Human Behavior, 2017, 75.

［116］ van den BERG P E W, ARENTZE T A and Timmermans H J P. New ICTs and social interaction: Modelling communication frequency and communication mode choice ［J］. New Media & Society, 2012, 14 (6).

［117］ LIU C, ZIIANC Y, ZHANG J, The impact of self – congruity and virtual interactivity on online celebrity brand equity and fans' purchase intention ［J］, Journal of Product & Brand Management, 2020, 29 (6).

［118］ LOROZ P S, and Braig B M. Consumer attachments to human brands: The 'oprah effect' ［J］. Psychology & Marketing, 2015, 32 (7).

［119］ ELBERSE A, VERLEUN, J. The economic value of celebrity endorsements ［J］. Journal of Advertising Research, 2012, 52 (2).

［120］ CHOI W, LEE Y. Effects of fashion vlogger attributes on product attitude and content sharing ［J］, Fashion and Textiles, 2019, 16 (1).

［121］ THOMSON M. Human brands: Investigating antecedents to consumers'strong attachments to celebrities ［J］, Journal of Marketing, 2006, 70 (3).

［122］ MAZODIER M, MERUNKA D. Achieving brand loyalty through sponsorship: The role of fit and selfcongruity ［J］, Journal of the Academy of Marketing Science, 2012, 40 (6).

［123］ LOUIS LEUNG. User – generated content in the internet: An examination of gratifications, civic engagement and psychological empowerment ［J］. New Media & Society. 2009, 11 (1 – 2).

［124］ NICOLE B E, HARLES TEINFIELD LIFF LAMPE. The benefits of Facebook "friends:" Social capital and college students' use of online social network sites ［J］. Journal of Computer – Mediated Communication, 2007, 12 (4).

［125］ HOGAN J E, Expected relationship value: A construct, a methodology for measurement, and a modeling technique ［J］. Industrial Marketing Management, 2001, 30 (4).

［126］ DANIELA C, IVAN S. Searching for Relationship Value in Business Markets: Are we MissingSomething? ［J］. Industrial Marketing Management, 2010, 39

(6).

[127] GILLIAN M, and Elizabeth W D. Social interactions and well-being：The surprising power of weak ties ［J］. Personality and Social Psychology Bulletin. 2014, 40 (7).

[128] PATRICIA R T, JOANNA M. Gender and live-streaming：Sourcecredibility and motivation ［J］. Journal of Research in Interactive Marketing, 2018, 20 (5).

[129] KATHARINA R, TOMMASO V. Ploughing digital landscapes：How Facebook influences the evolution of live video streaming ［J］. New media & Society, 2018, 20 (9).

[130] CHRISTIAN L. Visuality, text and talk, and the systematic organizationof interaction in Periscopelive video streams ［J］. Discourse Studies, 2018, 20 (5).

[131] GILLIAN M S, ELIZABETH W D. Social interactions and well-being：The surprising power of weak ties ［J］. Personality and Social Psychology Bulletin. 2014, 40 (7).

[132] KATRIN S, KAJA J F, WOLFGANG G S. Information behavior on social live streaming service ［J］. Journal of Information Science Theory and Practice, 2016, 4 (2).

[133] PATRICIA R T and JOANNA M. Gender and live-streaming：Sourcecredibility and motivation ［J］. Journal of Research in Interactive Marketing, 2018, 20 (5).

[134] KATHARINA R, TOMMASO V. Ploughing digital landscapes：How Facebook influences the evolution of live video streaming ［J］. New media & Society, 2018, 20 (9).

[135] CHRISTIAN L. Visuality, text and talk, andthe systematic organizationof interaction in Periscopelive video streams ［J］. Discourse Studies. 2018, 20 (5).

三、学位论文

[1] 游泓. 情感与信任关系的社会学研究 ［D］. 武汉大学, 2009.

[2] 张东. 中国互联网信息治理模式研究 ［D］. 中国人民大学, 2010.

[3] 钟瑛. 社交媒体中青年网民的信息互动与平衡机制研究 ［D］. 华中科技大学, 2014.

[4] 赵红艳. 热点事件中网络媒介权力运行机制及管理策略 ［D］. 哈尔滨工业大学, 2013.

[5] 赵放. 体验经济思想及其实践方式研究 ［D］. 山东大学, 2011.

[6] 赵宇翔. 社会化媒体中用户生成内容的动因和激励设计研究 ［D］. 南京大

学. 2011.

［7］任薇. 基于微博的社会网络特征研究［D］. 西南大学，2014.

［8］周学春. 社会化媒介的价值、机制和治理策略研究：以百度百科为例［D］. 武汉大学，2013.

［9］崔安顺. 微博热点事件的公众情感分析研究［D］. 北京：清华大学，2013.

［10］艾布拉－木吉－雷曼. 社交媒体上的自我呈现策略与社会资本：一个使用与满足的理论视角［D］. 武汉：华中科技大学，2014.

［11］陈静茜. 表演的狂欢：网络社会的个体自我呈现与交往行为［D］. 上海：复旦大学，2013.

［12］李青青. 社交媒体中青年网民的信息化互动与平衡机制研究［D］. 武汉：华中科技大学，2014.

［13］刘怡. 美国互联网内容生产与消费融合研究［D］. 上海：华东师范大学. 2012.

［14］范孟娟. 社交媒体用户互动机制及关系转化研究：以微信微博为中心［D］. 武汉：华中科技大学，2017.

［15］栾颖. 视频社交：关系视域下网络直播的人际交往研究［D］. 武汉：华中科技大学，2018.

［16］祝婷. 社会化媒体驱动的用户关系构建、维持、深化的研究［D］. 武汉：华中科技大学，2019.

［17］曹达海. 新浪 NBA 文字直播发展现状及对策研究［D］. 上海：上海体育学院，2011.

［18］林静时. 互联网治理中行业自律机制研究［D］. 北京：北京邮电大学，2011.

［19］郭磊. 我国弹幕视频网站的受众研究［D］. 昆明：云南大学，2015.

［20］CHRISTOPHER C N. Live versus recorded：exploring television sales presentation［D］. University of South Florida，2012.

［21］HYOSUN K. Whom do you follow?：Examining social distance in Facebook friendship and its influence on brand message adoption［D］. University of North Carolina at Chapel Hill Graduate School，2015.

［22］HOFFMANN B C. An exploratory study of a user's Facebook security and privacy settings［D］. Minnesota State University，2012.

［23］TANG J C，VENOLIA G，INKPEN K M. Meerkat and periscope：I stream, you stream，apps stream for live streams［D］. Conference：the 2016 CHI Conference. California，USA，2016.

四、报纸文章

［1］蔡逸. 打赏经济:互联网思维下的双向激励［N］. 江苏经济报，2016 – 09 –

02（A01）．

［2］高佳晨．网络主播"带货力"有多强？两小时销售额近 3 亿［N］．钱江晚报．2019 - 05 - 25（A0004）．

［3］王晓红．网络直播的本质是互动［N］．中国新闻出版广电报，2016 - 11 - 17（007）．

［4］吴定平．微博"大 V"为何更要讲社会责任［N］．联合日报，2013 - 08 - 13（03）．

［5］张静．中国人压力全球第一［N］．生命时报，2012 - 10 - 18（06）．

［6］高岳．揭秘网络主播背后"那群人"：经纪公司公会"水更深"［N］．法治日报，2017 - 04 - 12（05）．

［7］赵欣乐．直播的未来不是秀场［N］．中国新闻出版广电报，2016 - 11 - 17（07）．

［8］朱清海．网络直播平台监管：不许女主播有挑逗地吃香蕉［N］．新快报，2016 - 05 - 05（A09）．

［9］刘思羽．百年中国影院史［N］．中国艺术研究院，2012：95．

［10］陈俊，汤阳．网红主播：日均直播时间超过 15 个小时，背后辛酸几人知？［N］．秦皇岛日报，2017 - 11 - 22（A7）．

［11］聂辰席．开拓创新 奏响恢宏乐章：新中国 70 年广播电视和网络视听文艺成就与经验［N］．人民日报，2019 - 09 - 10（20）．

［12］刘阳，王宇鹏．人民视频客户端上线［N］．人民日报，2018 - 03 - 03（04）．

［13］徐海波．小小自拍杆撬起千亿大市场［N］．经济参考报，2019 - 04 - 01（008）．

［14］赵欣乐．直播的未来不是秀场［N］．中国新闻出版广电报，2016 - 11 - 17（07）．

［15］刘超．网络直播：加速行业洗牌［N］．光明日报，2016 - 06 - 11（08）．

［16］刘蓓蓓．网络直播行业如何优化发展［N］．中国新闻出版广电报，2019 - 03 - 06（007）．

［17］黄冲，娜迪亚．调查显示 72.4% 的人赞成网络分级［N］．中国青年报，2010 - 01 - 07（07）．

［18］魏蔚．扎堆谋求上市 网络直播生死挣扎［N］．北京商报，2018 - 03 - 13（C3）．

［19］张燕．"直播产业"揭秘：不仅仅是色情［N］．南安商报，2016 - 05 - 11（A05）．

［20］刘苗．不良直播"七宗罪"：低俗引诱造谣炒作皆为流量，利益裹挟下的网络直播乱象［N］．南方都市报，2018 - 01 - 29（AA12）．

［21］ 朱宁宁. 建立健全网络信息分类分级制度［N］. 法制日报，2018－04－19（10）.

［22］ 任祎寒. 推出电视直播流媒体服务［N］. 中国新闻出版广电报，2017－08－12（07）.

［23］ 宗玟. 网络直播，小心触犯法律［N］. 东方头条，2018－01－08（07）.

［24］ 肖帝雷. 网络直播的"冰与火"［N］. 中国文化报，2016－07－09（002）.

［25］ 张贺. 人民时评：网络直播当纳入法治轨道［N］. 人民日报，2018－08－23（05）.

［26］ Grace Tsoi. 英媒：中国的网红利润厚 赚钱不逊于一线明星［N］. 丁雨晴，译. 环球时报，2016－08－02（03）.

［27］ 翁一. 扶贫新模式：短视频、直播＋扶贫［N］. 第一财经日报，2020－10－27（A11）.

五、网络文献

［1］ 沈敏. "网络直播第一人"今何在 走红源于咖啡壶？［EB/OL］. （2016－11－08）［2023－04－02］. http://www. xinhuanet. com/world/2016－11/08/c_129354258. htm.

［2］ 麦肯锡全球研究院. 中国的数字化转型：互联网对生产力与增长的影响［EB/OL］. （2014－07－02）［2023－04－01］. http://b2b. toocle. com/detail—6187285. html.

［3］ 爱秀美网. 第一个在网上直播的人是谁？每天直播些什么内容？［EB/OL］. （2017－02－06）［2023－04－02］. http://www. ixiumei. com/a/20170206/225618. html.

［4］ 周莹. 手机直播：网络视频新风向［EB/OL］. （2022－09－23）［2023－04－02］. https://www. wenmi. com/article/py9g4j00pxwr. html.

［5］ 亿邦动力网. 扎克伯格、俞敏洪、罗振宇是这么玩直播的［EB/OL］. （2016－06－18）［2023－03－02］. http://www. siilu. com/20160618/180068. html.

［6］ 中文互联网数据资讯中心官网. 陌陌：2017 主播职业报告［EB/OL］. （2018－01－08）［2023－03－15］. http://www. 199it. com/archives/673026. html.

［7］ 国家广播电视总局. 2019 年全国广播电视行业统计公报［R/OL］. （2020－07－08）［2023－03－15］. http://www. nrta. gov. cn/art/2020/7/8/art_113_52026. html.

［8］ 国家统计局官网. 2018 年居民收入和消费支出情况［EB/OL］. （2018－07－16）［2023－02－01］. http://www. stats. gov. cn/tjsj/zxfb/201807/

t20180716_1609880. html.

［9］中国贸促会研究院. 2017/2018 年中国消费市场发展报告［EB/OL］. 经济
日报（2018 - 02 - 06）［2023 - 02 - 15］. https：//baijiahao. baidu. com/s？id
= 1593273919304487181&wfr = spider&for = pc.

［10］中国产业信息网官网，2018 年中国个人奢侈品行业发展现状及发展趋势分
析［EB/OL］.（2018 - 05 - 07）［2023 - 03 - 20］. http：//www. chyxx.
com/industry/201805/637919. html.

［11］新浪财经. 爱奇艺发布 2020 年 Q2 财报：订阅会员人数 1. 049 亿人同比增
长 4%［EB/OL］.（2020 - 08 - 14）［2023 - 02 - 01］. http：//finance. si-
na. com. cn/stock/relnews/us/2020 - 08 - 14/doc - iivhuipn8565147. html.

［12］脉脉.《中国职场生存压力详解 2018》报告［EB/OL］.（2018 - 07 - 30）
［2023 - 03 - 18］. http：//finance. jrj. com. cn/2018/07/30113624878489. ht-
ml.

［13］华米科技. 2017 中国人睡眠白皮书［EB/OL］.（2018 - 03 - 21）［2023 -
03 - 14］. http：//www. sohu. com/a/226030769_586072.

［14］艾媒网. 直播电商行业数据分析：2019 年中国 35. 04% 直播电商用户因带
货风格喜欢某一主播［EB/OL］.（2020 - 03 - 09）［2023 - 03 - 21］. ht-
tps：//www. iimedia. cn/c1061/69635. html.

［15］艾媒网. 2020 年中国直播电商行业发展现状、挑战及趋势分析［EB/
OL］.（2020 - 02 - 24）［2023 - 04 - 05］. https：//www. iimedia. cn/c1020/
69211. html.

［16］搜狐网. 理性回归："618"大促开启全民直播精细化运营时代来临［EB/
OL］.（2020 - 06 - 18）［2023 - 03 - 20］. https：//www. sohu. com/a/
402539620_116237. html.

［17］郭庆娜. 美媒看中国网络直播：催生草根主播 多数月入仅几千［EB/
OL］.（2016 - 10 - 15）［2023 - 03 - 15］. http：//www. cankaoxiaoxi. com/
china/20161015/1347313. html.

［18］周雅."天网计划"，没想到你是这样的网易新闻直播计划［EB/OL］.（2016 -
08 - 04）［2023 - 03 - 15］. https：//www. sohu. com/a/109115527_114765.

［19］中娱智库. 2017 中国网络直播行业发展报告［EB/OL］.（2018 - 01 - 19）
［2023 - 03 - 18］. http：//www. entbrains. com/news/shownews. php？lang =
cn&id = 70.

［20］KURT W. Meerkat is ditching the livestream-and chasing a video social network
instead［EB/OL］.（2016 - 03 - 04）［2023 - 03 - 20］. https：//
www. recode. net/2016/3/4/11586696/meerkat - is - ditching - the - livestream -
and - chasing - a - video - social - network.

［21］孟得明. 2016 中国首份网红经济白皮书发布［EB/OL］.（2016 – 02 – 21）
［2023 – 03 – 09］. https：//c2. m. ifeng. com/shareNews？aid = sub_1881917.

［22］百度发布中国网红十年排行榜 papi 酱仅位列第九［EB/OL］.（2016 –
04 – 07）［2023 – 03 – 10］. http：//www. china. com. cn/cppcc/2016 – 04/
07/content_38191761. html.

［23］黄佳念，刘书田. 当"直播 +"涌入新闻业：移动新闻直播在新闻场景中
的应用分析［EB/OL］.（2017 – 01 – 09）［2023 – 03 – 20］. http：//media.
people. com. cn/n1/2017/0109/c409688 – 29009851. html.

［24］MICHAEL M. Scoping outthe next newsgathering trend［EB/OL］.（2015 –
06 – 29）［2023 – 03 – 04］. https：//www. broadcastingcable. com/news/sco-
ping – out – next – newsgathering – trend – 142181.

［25］WILEY D. Why brands should turn to bloggers instead of celebrity spokespeople.
Marketing（2014 – 03 – 7）［2023 – 03 – 17］. http：//marketingland. com/
brands – turn – bloggers – insteadcelebrity – spokespeople – 75971.

［26］新浪网. 行业年度盛典在京落幕，花椒凭直播综艺《料事如神》获创新大
奖［EB/OL］.（2019 – 02 – 28）［2023 – 03 – 19］. https：//tech. china.
com/article/20190228/kejiyuan0129246534. html.

［27］艾瑞网. 2018 年中国泛娱乐直播营销趋势解读［EB/OL］.（2018 – 07 –
11）［2023 – 03 – 01］. http：//report. iresearch. cn/report/201807/
3240. html.

［28］企鹅智库. 流量重构时代来临：中国消费互联网新趋势报告［R］.（2021 –
01 – 18）［2023 – 02 – 15］. https：//mp. weixin. qq. com/s/r1D WLL5RrAT2
vcTeE 2weDA.

［29］艾媒网. 2020 年电商直播行业用户画像及行为洞察［EB/OL］.（2020 –
02 – 20）［2023 – 03 – 15］. https：//www. iimedia. cn/c1020/69178. html.

［30］MICHAEL S. 2016 social media marketing industry report：How marketers are
using social media to grow their businesses［EB/OL］. Social Media Examiner
（2016 – 05 – 24）［2023 – 03 – 07］. https：//www. socialmediaexaminer. com/
social – media – marketing – industry – report – 2016.

［31］STEVE G. Major marketing trends of 2016：Live video for brands［EB/OL］.
Brandlive（2015 – 12 – 18）［2023 – 03 – 05］. https：//www. brand. live/
blog/live – streaming – video – marketing – trends – 2016.

［32］新闻实验室. 直播真的适合新闻媒体吗？关于新闻类直播的 8 个误区［EB/
OL］.（2016 – 10 – 14）［2023 – 03 – 01］. https：//mp. weixin. qq. com/s？src =
3&timestamp = 1555151321&ver = 1&signature = LJAKdgmN3IPrEnEH5f – VX6
eROOOYbnp6AGp – k4TsdfIZg4tpwer6y6rRxkVdM *OpIxrAbSCpZCTCzECHikclr7

gAXcg4ut－＊qOCHWzZEzjfJW1ATbHUo＊reQOIWVLM90suo9jWa0I6W1eQmG0
Se2yItzNRrEZDIOdcsW6S99YHw＝.

［33］新浪网. 美国女主播们直播是什么样的?［EB/OL］.（2016－07－13）
［2023－04－02］. https://www. sogou. com/link?url＝6IqLFeTuIyiixm9sHSw8
wPvrp38G3T1utmRidBW1L7Mi8kUz44kDjrwfeHNvomoVT.

［34］新浪网. 美国直播平台火不火，探究中美直播差异［EB/OL］.（2016－
07－13）［2023－04－09］. https://www. sogou. com/link?url＝BluioFHAuo-
HqH3mvN_HQuCdQRoztLvNX9knj9No9Am03hCkGfM_asUVVdmrnSRptD－v_
wZv－w5SuLaNMGv04nw.

［35］浙江法院新闻网. 杭州知识产权法庭做出禁令 责令直播平台停播世界杯比
赛［EB/OL］.（2018－07－04）［2023－02－01］. http://www. zjcourt. cn/
art/2018/7/4/art_84_14181. html.

［36］搜狐网. 风口上的直播答题鼻祖 HQ 在美国是怎么炼成的?［EB/OL］.
（2018－01－11）［2023－03－02］. https://www. sogou. com/link? url＝
xn5acRrLcVEKc40Ys1prwTqbIi7eEwo5SY6F1G2V2o84PWl3HoUFgdM7Xe6uZ5eq.

［37］现代快报网. 全民直播时代成就网红梦，土豪看客有钱任性［EB/OL］.
（2016－06－05）［2023－05－01］. http://www. xdkb. net/index/article/
2016－06/05/content_1000418. html.

［38］110 律师在线. 网络直播要自律，更要法律［EB/OL］.（2017－12－07）
［2023－03－04］. https://www. baidu. com/link?url＝tRDJpn91EUQb－
SCPf1XpVaOzqB0U4fjL1_oT_753K4rweQDMjT_A9CPoff0Nw7G7&wd＝&eqid
＝cc773bf7002145f8000000065d16bcd8.

［39］杨乐，孙那，田小军. 网络直播野蛮生长，这五大法律风险你真的知道吗
［EB/OL］.（2019－03－29）［2023－03－04］，https://www. baidu. com/
link? url＝r0UYFHVN6kyIo9_a7Beulje4qd8bWBxn_opS78aNJBvyupx－
Q8egJSHlvwHkR_Ti&wd＝&eqid＝d85a3479001079e4000000065d16bc84.

［40］腾讯科技. 美国服装协会：亚马逊假货泛滥 建议将其列入"恶名市场"
［EB/OL］.（2018－10－03）［2023－03－04］. https://www. baidu. com/
link? url＝zCVZhg5cGHqehmv5skIZbHfwQ7VJwNxewmsaz－T2hFYiV1Zo－
oi96Ou7f1Vx_m2GsiQ9PqbzgAo20G－6Z2R5l_&wd＝&eqid＝ac3ba6fa00682
3b9000000065d16c057.

［41］DAN P. How meerkat is going to change the 2016 election for every campaign,
reporter and voter［EB/OL］. Wired（2015－03－18）［2022－12－25］，ht-
tps://www. wired. com/2015/03/how－meerkat－will－change－the－2016－e-
lection－for－every－campaign－reporter－and－voter/.

六、报告

［1］廉思. 关于中国网络直播发展态势调查［R/OL］.（2018－01－12）［2023－04－12］. http://www.xinhuanet.com/zgjx/2018－01/12/c_136889831.html.

［2］企鹅智库. 2018 中国媒体消费趋势报告［R/OL］,（2018－05－22）［2023－04－02］. https://www.163.com/dy/article/E2OOMGK20518V6J5.html。

［3］世纪佳缘. 中国单身青年孤独感指数调查报告［R/OL］.（2013－06－19）［2023－04－05］. http://district.ce.cn/newarea/roll/201306/19/t20130619_24492657.shtml.

［4］中国网络视听节目服务协会. 2020 中国网络视听发展研究报告［R/OL］.（2020－10－12）［2023－04－10］. http://www.nrta.gov.cn/art/2020/10/14/art_3731_53332.html.

［5］陌陌社交平台. 2017 主播职业报告［R/OL］.（2018－01－10）［2023－04－25］. https://www.163.com/dy/article/D7QAM1US0518D0F5.html

［6］陌陌社交平台. 2018 主播职业报告［R/OL］.（2019－01－08）［2023－04－10］. https://www.pcpop.com/article/5142695.html.

［7］陌陌社交平台. 2019 主播职业报告［R/OL］.（2020－01－08）［2023－03－10］. https://news.chinabaogao.com/wenti/202001/0194K0402020.html.

［8］阿里研究院. 2020 淘宝直播新经济报告［R/OL］.（2021－03－31）［2023－04－10］. https://tech.sina.com.cn/roll/2020－04－01/doc－iimxyqwa4390398.html

［9］央视市场研究股份有限公司. TGI 目标群体指数数据库［R/OL］.（2021－10－19）［2023－04－01］. http://media.whu.edu.cn/c/20211009te4d.

［10］中国信息通信研究院政策与经济研究所. 中国网络直播行业景气指数及短视频报告［R/OL］.（2018－7－11）［2023－04－05］. https://mp.weixin.qq.com/s?_biz＝MzA3OTk5NDg0Nw＝＝&mid＝2650433734&idx＝2&sn＝99ea2ee010eb815bd7ee340ad7bab475&chksm＝87a5c276b0d24b60a12bfe011e4bea8528df30fc5e6de5983f21409eed17528421781c0c4a97&scene＝27.

［11］陈业祺. 试论自媒体乱象及其治理路径［R/OL］.（2019－12－10）［2023－04－03］. http://media.people.com.cn/n1/2019/1210/c431118－31499488.html.

［12］艾瑞咨询. 2020 中国网络广告市场年度研究报告［R/OL］.（2020－07－10）［2023－04－10］. https://baijiahao.baidu.com/s?id＝1671699195181606293&wfr＝spider&for＝pc.

［13］艾媒咨询. 2017—2018 中国在线直播行业研究报告［R/OL］.（2018－01－25）［2023－04－10］. https://www.iimedia.cn/c400/60511.html.

［14］艾媒咨询. 2020 年 11—12 月中国直播电商行业月度运行及年终盘点数据监测报告［R/OL］.（2021 – 01 – 23）［2023 – 03 – 20］. https://baijiahao. baidu. com/s?id = 1689856420617093404&wfr = spider&for = pc.

［15］艾媒咨询. 2019—2020 年中国移动社交行业年度研究报告［R/OL］.（2020 – 03 – 20）［2023 – 04 – 01］. https://www. iimedia. cn/c460/70165. html.

［16］中国互联网络信息中心官网. 第 40 次、41 次、42 次、43 次《中国互联网络发展状况统计报告》［R/OL］.（2017 – 08 – 04）［2023 – 03 – 01］. http://www. cac. gov. cn/2017 – 08/04/c_1121427728. htmL.

［17］中国互联网络信息中心官网. 第 47 次《中国互联网络发展状况统计报告》［R/OL］.（2021 – 02 – 03）［2023 – 04 – 10］. http://www. cnnic. cn/hlwfzyj/hlwxzbg/hlwtjbg/202102/t20210203_71361. html.

［18］中文互联网数据资讯中心官网. 陌陌：2018 主播职业报告［EB/OL］.（2019 – 01 – 08）［2023 – 03 – 20］. http://www. 199it. com/archives/818625. html.

七、其他

［1］广播电影电视部. 广播电影电视部关于对部分影片实行审查、放映分级制度的通知. 广发影字〔1989〕201 号.［A/OL］.（1989 – 03 – 25）［2023 – 04 – 15］. https://www. zhengzhifl. cn.

［2］RICHARDSON M，DOMINGOS P. Mining knowledge-sharing sites for viral marketing［C］//Proceedings of the 8th ACM SIGKDD International Conference on Knowledge Discovery and Data Mining，Edmonton，Alberta，Canada，2002.

后 记

转眼间，网络直播已经走过了十年的高速发展期，而我自己也走过了近十年的网络直播研究学术之路。从 2015 年开始关注网络直播这一新兴传播现象，到 2016 年第一篇论文正式发表，再到这本著作的出版，我对网络直播进行了较为全面的调查和研究，从秀场直播到电商直播，从主体传播到媒介融合，从媒介变革到产业发展，从规范治理到内容提升，采用传播学、经济学、社会学等多门学科的知识进行立体剖析。其间，我发表了一系列论文，产生了一定的学术影响，有文章被引用次数达到 200 次，有文章被《中国社会科学文摘》摘引，有文章获得了中国高等院校影视学会"学会奖"。对网络直播的研究，既是我个人多年来从事的主体传播研究之延续，也是从广播电视到新媒体的学术拓展。从电视的辉煌到网络视频媒体的崛起，传播主体这一角色的重要性从未发生变化，而且在主体角色大众化之后，其社会角色甚至更为重要，也更值得关注。

本书既是对网络直播的深度剖析，也是对自媒体时代传播主体从理论到实践的系统思考。在本书的调查研究过程中，我的几位研究生在资料查找、深度访谈、数据分析等方面做了大量的协助工作，他们分别是王秀芸、李容、丁肖荷、陈涛、菊相雨、司马汝珈、幸岱微、邓伯仟、莫海珊，尤其是丁肖荷同学还协助我运用扎根理论对访谈内容进行了深度推理，在此均表示感谢。此外，在本书的出版过程中，中山大学出版社的陈霞编辑在审校方面给予了大力支持和帮助，她极为专业和认真，很多我自己从来没有意识到的小瑕疵，都被她一一发现，在此表示真诚的致敬和感谢。

最后，我想说，社会对网络直播的应用仍然在不断拓展之中，本书的出版是我在这一领域研究的一个"逗号"，而不是"句号"，让我们一起来关注和期待网络直播以优质内容发挥更多的社会价值。

贾毅

2023 年 8 月 30 日于广州